『十三五』國家重點圖書出版規劃項目

【東亞筆談文獻研究叢書】第一輯

王勇 總主編

名倉予何人筆談文獻研究

王勇 謝咏 編著

上海交通大學出版社
SHANGHAI JIAO TONG UNIVERSITY PRESS

国家出版基金项目
NATIONAL PUBLICATION FOUNDATION

内容提要

名倉予何人(1821—1901),浜松藩藩士,1862 年随日本幕府派遣的商船"千歲丸"號抵達上海,後又四次出訪中國,在簽署《中日修好條規》草案的談判過程中發揮不可忽視的作用。

本書通過對名倉予何人一生相關史料的鈎沉,展現其跌宕起伏的外交人生,并選取其訪華的筆談文集《滬城筆話》《航海漫録》進行録文、標點、校注及初步解讀,考察其生平,叙述歷次訪華的背景、情形,以及近代日本人在中國的形象的演變,力圖從更加全面的角度展現當時中日關係的發展以及晚清的上海社會狀態。

图书在版编目(CIP)数据

名倉予何人筆談文獻研究/王勇,謝咏著. —上海:上海交通大学出版社,2018

ISBN 978-7-313-20751-7

Ⅰ.①名… Ⅱ.①王…②謝… Ⅲ.①文人—筆記—研究—日本 Ⅳ.①Z431.3

中國版本圖書館 CIP 數據核字(2018)第 282572 號

名倉予何人筆談文獻研究

著　　者:王　勇　謝　咏
出版發行:上海交通大學出版社　　地　　址:上海市番禺路 951 號
郵政編碼:200030　　電　　話:021-64071208
發 行 人:談　毅
印　　製:當納利(上海)信息技術有限公司　　經　　銷:全國新華書店
開　　本:710mm×1000mm　1/16　　印　　張:25
字　　數:360 千字
版　　次:2018 年 12 月第 1 版　　印　　次:2018 年 12 月第 1 次印刷
書　　號:ISBN 978-7-313-20751-7/Z
定　　價:138.00 圓

目　録

中編　校注編

下編　文獻編

凡　例

一、本叢書係國家社科基金重大招標項目“東亞筆談文獻整理與研究”階段性成果、“十三五”國家重點圖書出版規劃項目、2018年度國家出版基金項目，并得到浙江大學“雙一流”項目“經典文化傳承與引領——‘東亞漢典’編纂與研究”支持。

二、叢書總名“東亞筆談文獻研究叢書”，此爲第一輯，共有7册，分别爲《東亞筆談文獻經眼録》《名倉予何人筆談文獻研究》《〈朝鮮漂流日記〉研究》《朱舜水筆談文獻研究》《東亞醫學筆談文獻研究》《内藤湖南筆談文獻研究》《朝鮮通信使筆談文獻研究》，每册選定一種至數種筆談文獻爲研究對象。

三、除《東亞筆談文獻經眼録》之外，各册體例大抵統一，即首載總序、凡例，正文分成上中下三編，上編爲“論述編”，中編爲“校注編”，下編爲“文獻編”，書末附參考文獻。

四、“論述編”係對該册所選筆談文獻的綜合介紹與個案研究，一般包括筆談文獻的形成經緯、作者生平、時代背景、作品特點等，宏觀鋪叙與微觀考據相結合，多維度發掘相關文獻的價值與意義。

五、“校注編”包括文獻的解題、録文、注釋。録文務求忠實於底本，并盡可能參照其他傳本校核，具體遵循以下原則：

(1) 新舊字形不一者，概改爲新字形；異體字、俗字、生造字徑改爲規範繁體字，有特殊意義的異體字予以照録，并在注釋中説明；手寫體中的如“扌”與“木”等偏旁混用一般徑據文意録定。

(2) 原文中錯、訛、漏、衍處照録,出注加以説明。

(3) 文字闕失或不能判讀者,以“□”標示。

(4) 原文中的重文符號,一律改成漢字。

(5) 原文中雙行夾注,録文時改爲單行,小一號字,楷體。

(6) 原文中的抬格、空格等不予保留,按文意直接接排。

(7) 録文基本按原文分段。原文無分段時,據文意分段,原則上以固定的時間、空間内,固定人物間的一次談話爲一段。

注釋依據以下原則:

(8) 采用頁下注形式,序號以①②③標示,每頁重新編序號。

(9) 注釋以文中出現的人名、地名、書名、地理、職官、生僻字詞爲主,與文中相關的歷史背景等在“研究篇”中加以介紹,不再出詳注。

(10) 注釋句子或詞彙時,先解釋整個句意或詞彙,再解釋單個字詞的意思;例證一般列舉最原始的出處,再舉後世書證。舉例僅限 1 至 2 例,避免煩瑣。

六、“文獻編”影印相關筆談文獻,遵循以下原則:一是影印文獻限於“校注編”涉及的筆談文獻;二是影印文獻獲得收藏者的授權;三是多版本的情況下影印録文所依據的底本。

總序　無聲的對話

——東亞筆談文獻的特徵與意義

從隋唐至明清的千餘年間,東亞各國之間保持着頻繁的人員往來、物資流通、文化交流關係。然而,我們似乎缺失了一段至爲關鍵的記憶——在翻譯知識與制度極不完善、區域通用語言尚未普及的前近代,跨越國界的東亞各國人士之間是以何種方式傳遞命令、互通信息、授受知識、交流情感的呢?

東亞各國不僅語言殊異,而且各地方言林立,極大地阻礙了通常意義上的口語交際。假設一個琉球國使節團從福建登岸,由於琉球多福建移民,隨行的翻譯或許還能與當地人口語交談;但當使節團北上行進到浙江境内,一路上福建方言恐怕難以溝通——即使今天杭州人與福建人也完全無法用方言交流;退一步講,即便使節團配備有浙江各地方言的譯者(浙江境内的温州話、義烏話、江山話與福建話一樣難懂),抵達北京後也無濟於事,因爲没有幾個京官能操福建話。再假設倘若他們在北京遇到越南、朝鮮使節團,那不僅僅是方言的問題了,唯一可能的交流方式便是“筆談”。因爲不管講何種方言的中國官員、操何種語言的外國使節,他們一般均具有中國文化的基本素養——寫漢字、懂漢文、作漢詩。漢文筆談不僅可以跨越語言障礙,而且話題涉及四書五經、唐詩宋詞,他們之間有許多話可以聊。

"筆談"是以漢字爲媒介,通過視覺而非聽覺傳遞知識、溝通信息,是東亞地區特有的跨語言、跨民族、跨文化的交際方式,這種由多國人士參與、話題隨意、現場揮毫形成的文本,無法歸爲任何一種傳統的文獻體裁,其特點可歸納爲:① 新的交際方式;② 新的文獻體裁;③ 新的研究資料。

縱觀東亞各國悠久的交往歷史,作爲跨語言交際之筆談,并非是偶發的、臨時的、應急的現象,而是官方的、持續的、主流的交流形式;同時,作爲常態化的、權威性的、高品位的溝通方式,貫穿了東亞官民交流的千餘年歷史。現存約萬件筆談文獻,蘊涵着豐富的歷史、文學、思想、民俗等資料,是一座亟需發掘的文獻寶庫。

一、"筆談"的稱謂與英譯

2012 年第一學期,我在北京大學爲研究生開設"東亞漢文筆談研究"課程,按照學校規定提交課程的英文譯名時,感覺無法確切翻譯"筆談"一詞。

翻閱多種英漢、漢英詞典,"筆談"多譯作 Conversation by writing,如《新世紀漢英大詞典》[①]列出如下三個義項:

(1) exchange ideas by way of writing instead of conversation

(2) comment in writing

(3) [often used of book titles] sketches; notes

按照第一個義項 Conversation by writing,即以書寫代替口談(Writing instead of conversation),我們可以設想在什麽狀况下,當事人纔會采取這種特殊的交際方式。

① 惠宇主編:《新世紀漢英大詞典》,外語教學與研究出版社,2003 年。

第一種情況是聾啞人，因爲口不能言、耳不能聞，不得不采用書寫方式與他人溝通。徐珂所編的《清稗類鈔》講到“汪穰卿好客”時，説他“好客之名既著，故四方人士無不求與一面。日本人之能作華語者，亦與相周旋，某且舉其家藏之寶刀以爲贈”；接着筆鋒一轉，説“穰卿有弟曰仲閣者，則反是，以耳聾，須與人筆談，人恒厭之故也”①。這段話是説汪康年因爲善談而高朋滿座，其弟因耳聾只能筆談，故交際很少。現代國内外的聾啞人學校，多開設“筆談”課程，畢竟社會上懂得手語之人寥寥無幾，於是隨身携帶筆與記事本進行“筆談”，成爲他們與外界交際的重要方式。

第二種情況是爲了保密而采取的措施，語言交談難防“隔墻有耳”，於是不得已書寫文字傳遞信息。《古代漢語大詞典》對“筆談”的釋義是“以文字交换意見或發表意見”，并舉《兒女英雄傳》第十六回爲例：“如今我們拿分紙墨筆硯來，大家作個筆談。”②

這就奇了，小説裏的人物個個五官健全、能説會道，爲何還會出現此種狀況呢？清人文康創作的小説《兒女英雄傳》共四十回，第十六回的標題爲《莽撞人低首求籌畫　連環計深心作筆談》。兹引録相應段落如下：

> 鄧九公道：“老弟，我説句外話，你莫要鎊張了罷？”
>
> 老爺道：“不然。這其中有個原故，等我把原故説明白，大家自然見信了。但是這事不是三句五句話了事的，再也定法不是法，我們今日須得先排演一番。但是這事却要作得機密：雖説你這裏没外人，萬一這些小孩子們出去，不知輕重，露個一半句，那姑娘又神通，倘被他預先知覺了，於事大爲無益。如今我們拿分紙墨筆硯來，大家作個筆談。——只不知姑奶奶可識字不識？”
>
> 褚一官道：“他認得字，字兒比我深，還寫得上來呢。”
>
> 老爺道：“這尤其巧了。”

① 徐珂：《清稗類鈔》第八册《師友類》十，中華書局，2010 年。

② 徐復等主編：《古代漢語大詞典》，上海辭書出版社，2000 年。

說着，褚一官便起身去取紙筆。

原來衆人爲了“這事却要作得機密”，故以“筆談”密議，提防隔墻有耳，孩子們“不知輕重，露個一半句”。中國人之間的這種“筆談”，無非是偶然之舉、應急之措，并非常態性交際方式。

無獨有偶，2011 年 10 月 28 日臺灣《聯合報》刊發獨家報導《張學良口述歷史首次曝光》。郭冠英問：“談談您四弟張學思，他是不是在溪口書房中與您筆談？”張學良答：

是這樣的，那時我四面都有人（監視），我們也沒談什麼正經事。他寫説他是共産黨，我看書，他説你不要看那些書，那不是正經書（意思是要看馬列）。那時候他很厲害的，他説他在軍校就是共産黨，國民黨怎能不敗呢？內部好多人都投了共産黨。他本來畢業的時候我推薦他去胡宗南那邊，他没去，就跑到東北軍去了，在東北軍中鼓動得很厲害。東北軍後來投去共産黨那邊很多，最厲害的就是吕正操。

顯然這只是一種臨時的規避措施，交談不會長時間持續；又因爲事屬機密，當事人一般不保留筆談原稿。

這類“筆談”雖然有其價值，但存世文獻少之又少，且多爲零星的片段記録，尚不足以進行專題研究。

第三種情況是語言不同，無法溝通，遂借用書寫漢字來進行跨語言交際。1543 年，一艘從暹羅起航赴華的葡萄牙商船，在寧波附近海域遇風漂至日本種子島。當島民面對這批手持鳥銃（日語稱“鐵炮”）、“其形不類、其語不通”的不速之客高度警戒，就在雙方可能因溝通不暢而發生武力衝突之際，同船的“大明儒生”五峰（王直）出面居中調停。島主因與中國人語言不通，“以杖書於沙上”。他問：“船中之客，不知何國人也？何其形之異哉！"五峰即刻也在沙灘上寫字回答："此是西南蠻種之賈胡也。"①

這次筆談在日本歷史上具有劃時代意義，史稱"種子島鐵炮事件"，通過明人五峰居中斡旋，日本人不僅如願重金購得鳥銃，還從葡萄牙人處習得槍械使用要領與彈丸製造方法；隨後日本人開始大量仿製并運用於實戰，因此加快了戰國時期日本全國統一的進程。

以上我們介紹了現實中使用筆談的三種情況，第一種情況僅限於聾啞人等身體殘障者，這裏無須多説；第二種情況乃因環境所限或事態緊急，爲防他人偷聽而權宜爲之，屬於應急措施、偶發之舉，也不在本文討論之列。前述我在北京大學開設的"東亞漢文筆談研究"課程，所要講授的是第三種情況的"筆談"——漢字文化圈特有的跨語言、跨民族、跨文化的視覺交際方式，而西方語境中的 Conversation by writing 基本不包含這層意蘊。

2014 年我申請的"東亞筆談文獻整理與研究"課題獲得國家社科基金重大招標項目立項，於是開始系統蒐集、整理、研究這類尚未被學術界普遍認同的新文獻體裁，意欲建構一個時間上綿延千有餘年、空間上涵蓋整個東亞，且發源於中國文言并殘留古人口語的"漢字視覺話語體系"。因此，厘清此概念的源流成爲當務之急。

首先看東亞，傳統的文化人最講究"斯文"，無論賦詩還是屬文，字字推敲、句句修辭，唐代詩人杜甫在一首"聊短述""漫興"詩作中，首聯即云"爲人性僻耽佳句，語不驚人死不休"②，因此他們把臨場發揮、即興揮毫、未經推敲、不講修辭的筆談視爲"急就章"，稱之爲"談草""談片""文草"等，一般隨書隨棄不予保留，因此幸存的筆談文獻大多湮没無聞。

筆談文獻收入個人文集始自朱舜水，因爲朱舜水到日本後只能靠筆

① 日本禪僧南浦文之(1555—1620)於 1606 年撰寫的《鐵炮記》(收入《南浦文集》)，詳細記録了此次筆談内容。

② 杜甫《江上值水如海勢聊短述》，爲錦江觀景時即興所作的七言律詩，全詩如下："爲人性僻耽佳句，語不驚人死不休。老去詩篇渾漫興，春來花鳥莫深愁。新添水檻供垂釣，故著浮槎替入舟。焉得思如陶謝手，令渠述作與同游。"

談傳授學問、日常交際,他去世後,其日本門人編輯《舜水先生文集》,首次在“(雜著)”類下設“筆語”小項,以此名目收入這些珍貴的資料。

隨着朝鮮赴日通信使配備專事筆談的“製述官”(1624),日朝之間的筆談唱和具有了某些“官方”色彩,當事人編輯了大量筆談唱和集,僅目前存世的就有約二百種[①]。除了“筆談”之外,還使用筆譚、問答、筆語、筆話、答響、對話、問槎、閑譚、摭筆、餘話、醫談等各種名稱;又因爲日朝官民在筆談中喜愛以詩歌唱和的形式展示才華、交流情感、增進友誼,所以就有了唱和、唱酬、對詩、贈答、互咏、同調、雙鳴等稱呼,甚至以塤篪、雅契、文會、傾蓋、璀粲等雅稱美之。

當然,語音相隔、文化迥異的兩個或多個民族的人士坐在一起筆談,不可能總是心意相契、一團和氣。從筆談文獻中時常可以看到,或因措辭不當引起對方不快,或因比拼才華意氣用事,或因話題敏感裝聾作啞,或因話不投機拂袖而走,出現冷場、形成僵局的實例不在少數。日本寶曆十四年(1764)來訪的朝鮮通信使,沿途與日本官民筆談不輟,存世的筆談唱和集超過 20 種,其中由松本興長編輯的書名叫《兩東鬥語》。“兩東”指相對於中國地處東方的日本與朝鮮。“鬥語”這詞不太常見,從好的方面考量指比拼才華、良性競争;從壞的方面着想,或許就有意見相左、惡語相加的意味。

以“鬥語”指稱筆談雖然稀見,但并非獨此一家。日本近代著名漢學家、以卷帙浩繁的《大漢和辭典》名垂青史的諸橋轍次博士,民國初年多次來華,與章太炎、胡適、葉德輝、陳寶琛、曾廣鈞等名流筆談,大概由於政治理念、學術觀點、志向情趣等不盡相同,諸橋轍次回國後將筆談遺稿編輯成册,題名爲《筆戰餘塵》[②]。此外,對於不速之客“漂流民”的筆談詢問記

① 高橋昌彦:《朝鮮通信使唱和集目録稿(一)》,載《福岡大學研究部論集 A,人文科學編》第 6 卷第 8 號,2007 年 3 月;高橋昌彦:《朝鮮通信使唱和集目録稿(二)》,載《福岡大學研究部論集 A,人文科學編》第 9 卷第 1 號,2009 年 5 月。

② 諸橋轍次與中國名流的筆談可參見李慶編:《東瀛遺墨——近代中日文化交流稀見史料輯注》,上海人民出版社,1999 年,第 118、153—170 頁。

録，有個單獨的名號叫“問情”。

如上所述，無論“鬪語”“筆戰”，還是“塤篪”“傾蓋”，筆談别稱異名之多，説明筆談文獻歷史悠久、影響廣泛、形式多樣、内涵豐富。今天我們以“筆談”概括之，實不應忽略各時期、各地區、各階層、各領域的筆談所具有各自的特色。

接下來我們將目光轉向西方，印歐語系散布範圍廣闊，使用人口大抵與東亞的漢字文化圈相近（約 15 億），其主要特徵是屬於標音文字系統，文字本身不具有表意功能，字母組合隨語音的變化而變化，這與漢字包容各種不同的語音（方言、外語）而保持視覺意藴不變的特徵判然有别。比如説，中、日、韓三國人湊在一起，中國説“Gan Xie（感謝）”，日本人説“Kan Sya（かんしゃ）”，韓國人説“Gam Sa（감사）”，相互之間完全不明白對方在説什麽；倘若用漢字標記，便一目瞭然，因爲都寫作“感謝”，只是各國語言發音不同而已。

據我個人與歐美學者接觸獲得的認知，習慣於依靠語音聽覺交際的西方人，很難理解撇開語音、單憑視覺進行筆談的交際方式，因此幾乎檢索不到相關的研究成果。然而，具有漢語、日語背景的學者是個例外，美國加州大學（現任職於加拿大約克大學）傅佛果（Joshua A. Fogel）教授就是其中一個。

1996 年，傅佛果出版了一部别開生面的研究著作《從游記文學看日本人對中國的再發現：1862—1945》，晚清至民國時期來到中國的日本政治家、商人、學者、游客大多精通漢文而不會説漢語，他們與中國人的交流主要通過書寫形式，因此書中涉及大量中日筆談交際的内容。

傅佛果是極少數關注筆談文獻的西方學者，他認識到這是西方知識體系中罕見的文體，是中日乃至朝日之間獨特的語言交際方式。他指出：“漢語書面語作爲交流媒介的重要性，再怎麽强調也不過分。……對於其後赴華的外交使節來説，漢語文言文的使用意味着通過書寫的形式交流——在中國稱之爲‘筆談’。擁有同一語言媒介促成了有意義的交流，即使很少或從不進行口語溝通,因此書寫媒介在中日(而且有趣的是朝日之間也如此)關係中顯得特別重要。"①

爲了避開容易引起西方人誤解的譯詞 Conversation by writing,傅佛果創造性地使用了 Brush conversation 一詞,以 Brush 來限定書寫工具爲東方特有的"毛筆",同時給出通行筆談的三個主要國家的音譯詞,即中國的 Bitan、日本的 Hitsudan、韓國的 P′iltam②。

回過頭來再説"筆談"的英譯。筆談作爲東亞地區特有的文化現象,要在西方文化中表述,不外乎三種方式:一是直接音譯,作爲新概念引入,如用 Bitan;二是用原有概念替代,如用 Conversation by writing;還有第三種意譯的方法,用本國語言加以描述。2014 年 11 月,我在復旦大學做了一次演講,題目是《無聲的對話——東亞視域中的筆談》,這裏"無聲的對話"即是意譯法,翻成英文大概是 The Silent dialogues。

二、東亞千年筆談史

縱觀東亞各國悠久的交往歷史,作爲跨語言交際之筆談,并非是偶發的、臨時的、應急的、輔助的現象,而是官方的、持續的、高品位的、主流的交流形式。此外值得注意的是,在現代科技成果之一的録音機發明之前,不要説幾年之前,就是數天之前的口談内容,其聲音也隨風飄逝、無一留存;然而,筆談記録的視覺特徵,却能够使其保留數百年前,甚至千餘年前的交談記録,這不能不説是一個奇迹!

東亞的跨語言筆談究竟始於何時?雖然我們已經無法確定具體的年份、完全復原當時的情景,但可以依據以下條件框定一個大致的時間段。

① Joshua A. Fogel: *The Literature of Travel in the Japanese Rediscovery of China, 1862 - 1945*, Standford: Standford University Press, 1996. P.20.

② 如同前述"感謝"的例子,中國的 Bitan、日本的 Hisudan、韓國的 P′iltam,用漢字標記都是"筆談"。

第一個條件是漢字的傳播與使用,這意味着漢字從中國傳播到周邊地區,而且周邊民族已能熟練使用漢字;第二個條件是東亞朝貢體系的形成,這意味着各國之間使節往來的常態化,跨語言交際勢在必行;第三個條件是漢文化的普及,俗話説"話不投機半句多",語言有别、民族相異的人士能够順暢地筆談交流,是因爲有相同的漢文化素養,是因爲有異域知音。

閲讀東亞各國人士的筆談文獻,中外人士筆談内容自然以中國爲主題,有趣的是朝鮮人、日本人、琉球人、越南人之間的筆談,或探討儒學佛教,或鑒賞唐詩宋詞,或憧憬中國名勝,或品評明清碩學,周邊各國的歷史文化難成主流話題,因爲這些知識不是東亞文化人必備的素養。舉例説,日本江户時代儒者人見竹洞(1637—1696,名節,字宜卿,通稱友元,别號鶴山)與朝鮮通信使邂逅,雙方以筆代舌交談,人見竹洞將話題轉到"天下勝地"的西湖,并想象與朝鮮使者同游中國,"鼓琴於西湖之上":

> 中國之僧心越者,投化本邦,能琴,太妙。謂是西湖之僧也。又西湖是天下勝地,願一聞其形勝而恨無路矣。……西湖景勝,不可枚舉。或以筆語,或以譯語,稍得聞其地勝。如游中國,恨不與足下携心越,鼓琴於西湖之上。①

2013年9月,筆者主持召開"東亞筆談與西湖意象"學術研討會,復旦大學文史研究院葛兆光教授做基調演講《不在場的在場者——朝鮮通信使文獻對中國的意義》,他把日、朝文人圍繞中國主題展開交流的現象,比喻爲"不在場的在場者",非常貼切,妙不可言。

回到主題。雖然秦漢之際東亞的跨國交往已經開始,但那時擔任外交事務的幾乎都是中國移民。六朝時期,中國大陸與朝鮮半島、日本列島的使節往來依然繼續,但漢字尚未在周邊地區普及到足堪筆談,推測由中

① 澤井啓一編:《人見竹洞詩文集》,汲古書店,1991年。該書係影印日本國立國會圖書館藏本。

國移民及其後裔充當語言溝通的翻譯。隋唐時期,中國結束南北分裂局面而一統天下,對周邊地區的文化輻射力超越此前的任何朝代,朝鮮半島與日本列島也出現了强有力的王朝,紛紛派出使節到中國朝貢,加快了學習中國文化、模仿中國制度的步伐,筆談作爲跨語言交際方式應該誕生於這一時期。

目前我們能够追溯的東亞最早的筆談,發生在日本向中國派出遣隋使的時候。6世紀末執掌日本朝政的聖德太子,在東亞世界初露端倪的背景下,進行了一系列内政外交的改革,其中最重要的舉措是公元607年派出以小野妹子爲首的遣隋使①。

由於此前中日之間的使節往來中斷了百年以上,其間中國從南北分治到全國統一,國際局勢發生了翻天覆地的變化,對第一批遣隋使來説,他們踏上的是一片陌生的土地。據日本史籍《扶桑略記》等記載,小野妹子一行的船隻漂流至中國南方某地,然後輾轉抵達中國五岳之一的南岳衡山(今湖南省衡陽市境内),此時出現了筆談交際的一幕。

小野妹子在衡山的寺院前遇到一位老僧,也許他没有翻譯隨同,或者隨同的翻譯聽不懂湖南方言,因"言語不通"而"書地而語",説明自己的身份及此行來意;老僧得知他們來自日本,想起衡山名僧慧思圓寂後轉世日本爲王的傳聞,便"書地"詢問慧思在日本的情況,此後兩人繼續以筆談形式交换信息②。

這次倉促的邂逅、因地取材的筆談,不僅開啓了隋唐時期中日交往鼎盛局面的端緒,而且也掀開了東亞文化交流史上的重要一頁。這使我們聯想起日本與西方世界在種子島的最初接觸,也是在没有預先準備筆、墨、紙的情況下,以杖代筆、以沙爲紙完成的。兩次事件雖然相隔約千年,但筆談促成了中國與日本、日本與西方的交流,并由此引發日本的唐化與

① 按照《隋書·倭國傳》記載,倭國於600年派出第一批遣隋使;日本史籍《日本書紀》則記載,首批遣隋使607年抵達中國。

② 皇圓編,黑板勝美校訂:《扶桑略記》,經濟雜志社,1897年。

西化，實在令人深思。

讓我們穿越一千多年的時間隧道，將視綫從日本的早期遣隋使投向中國的首批駐日使節。光緒三年(1877)，在負責外交事務的李鴻章極力推薦之下，時任翰林院編修的廣東人何如璋(1838—1891)出任中國首屆駐日公使(正式官銜是“出使日本國正使欽差大臣”)，由此揭開中日近代外交的新篇章。

中日與對方互派常駐外交使節，依據的是1871年雙方簽訂的《中日修好條規》。值得關注的是，該條規第六款規定：

> 嗣後兩國往來公文，中國用漢文，日本國用日本文，須副以譯漢文，或只用漢文，亦從其便。

意思是以後凡兩國往來文書，中國方面當然是用漢文，日本方面也應該使用漢文，如果使用日文則必須附上漢文譯本。也就是說，中國駐日外交官在履行公務時，不需要接觸日文。

1877年11月26日(光緒三年十月二十二日)，何如璋率領四十餘人的使節團，乘坐“海安號”兵船從上海出發前往日本，同年12月28日向日本明治天皇遞交國書，隨後於翌年1月23日選定東京芝山的月界僧院(今增上寺境内)爲駐日公使館址。大概在上述《中日修好條規》第六款誤導下，以何如璋領銜的首屆駐日使團堅信中日是“同文”之國，彼此溝通無須中介翻譯。然而，事實證明這是一個巨大的事務性失誤，同時也是一個歷史上的僥倖。

1893年6月17日(光緒十九年五月初四日)，黄慶澄(1863—1904)從上海出發，經長崎、神户、横濱，6月30日抵達東京，7月6日參觀駐日公使館附設的“東文學堂”。爲何要在公使館内設立教授日語(東文)的培訓機構呢？對此黄慶澄有一段叙述：

往觀東文學堂。學堂在使署西偏。初,中國與日本立約時,以中、東本同文之國,使署中無須另立譯官。嗣以彼此文字往來仍多隔閡,因設東文學堂,旋廢之。前李伯行星使來,開復興焉。内有監督官一人,中、東教習各一人,學徒五六人。①

中國朝廷相信中日是“同文之國”,因此認爲“使署中無須另立譯官”,然一旦到了日本發現“彼此文字往來仍多隔閡”,於是采取一系列應急措施。一是何如璋於光緒四年(1878)十一月十五日上奏朝廷,要求臨時在當地雇傭懂日語的通事,即東京 2 名,横濱、神户、長崎各 1 名,總共 5 名②;二是籌劃在公使館内創辦培養日語翻譯人才的學校,此案經由黄遵憲、何如璋倡議并籌辦,終於在第二届公使黎庶昌任上的 1882 年開花結果③。

然而,歷史總是辯證的,任何事情均具有正反兩面。“同文”的魔咒一方面造成中日雙方事務性交往的困局,另一方面却成就了中日文化交流的諸多佳話,留下一筆彌足珍貴的東亞文化遺産。

話説公使館開張伊始,吸引了大批日本官民前來拜會,如前所述因缺少堪爲雙方語言溝通的翻譯,賓主之間主要依靠筆談交流。當時有位名叫石川鴻齋(1833—1918)的漢學家,恰好在增上寺的净土宗學校任漢學教師,所謂“近水樓臺先得月”,他與何如璋等公使館員“筆談終日不知倦,紙迭作丘,奇論成篇”,後結集爲《芝山一笑》,1878 年由東京文升堂刊印出版。

另一位漢學修養頗高的貴族大河内輝聲(1848—1882)也頻繁與公使

① 黄慶澄:《東游日記》,收入鍾叔河主編《走向世界叢書》,嶽麓書社,1985 年,第 345 頁。

② 何如璋:《使日何如璋等奏分設日本各埠理事摺》,收入王彦威、王亮輯《清季外交史料》卷十四,文海出版社,1963 年,第 34 頁。

③ 有關“東文學堂”創辦始末,王寶平《近代中國日語翻譯之濫觴——東文學堂考》(載《日語學習與研究》,2014 年第 2 期)述之甚詳,可資參考。此外,從國内大背景看,同治元年(1862)創設京師同文館,起初只有英文館、法文館、俄文館,經歷“甲午戰争”至光緒二十三年(1897)始增設東文館,這種明顯的滯後也與“同文”的魔咒有關。

館員筆談交際，他每次把筆談的原稿收集起來，排序整理、裝訂成册後保存，原本有約 95 卷，現存 76 册 78 卷，可謂卷帙浩大，是約六百次中日朝筆談的原始記録，史料價值極其珍貴。

現存的 78 卷《大河内文書》，包括大河内輝聲與何如璋、黎庶昌、黄遵憲、羅雪谷、王治本、張滋昉以及朝鮮人的筆談内容①，按筆談時間及對象分爲以下 8 種：

(1)《羅源帖》：存 16 卷，缺卷一、卷十五，筆談時間爲 1875—1876 年。

(2)《丁丑筆話》：共 7 卷，存 1 卷，卷一至六缺損，筆談時間爲 1877 年。

(3)《戊寅筆話》：存 25 卷，缺卷二十四，筆談時間爲 1878 年。

(4)《己卯筆話》：原有 16 卷，現存卷十五至十六，筆談時間爲 1879 年。

(5)《庚辰筆話》：10 卷全存，筆談時間爲 1880 年。

(6)《桼園筆話》：17 卷俱存，筆談時間爲 1880—1881 年。

(7)《韓人筆話》：1 卷，筆談時間爲 1880 年。

(8)《書畫筆話》：1 卷。

早稻田大學教授實藤惠秀於 1943 年在琦玉縣平林寺最先發現這批珍貴的資料，將其抄録并據此撰寫了《大河内文書——明治日中文化人之交游》②一書；此後實藤惠秀於 1968 年與新加坡漢學大師鄭子瑜合作，整理出版了《黄遵憲與日本友人筆談遺稿》③。此書整理的内容後來被陸續收入《近代中國史料叢刊續編》及各類黄遵憲的文集。

---

① 據王寶平統計，1875—1881 年的 6 年時間，中日朝共有 132 人參與筆談，其中中國 58 人、日本 69 人、朝鮮 5 人。參見王寶平《日本藏晚清中日朝筆談資料——大河内文書》，浙江古籍出版社，2016 年，第 14 頁。《大河内文書》現存卷次與起訖時間，亦請一并參考該書的概述序言。

② 實藤惠秀：《大河内文書——明治日中文化人の交遊—》，平凡社，1964 年。

③ 實藤惠秀、鄭子瑜：《黄遵憲與日本友人筆談遺稿》，早稻田大學東洋文學研究會，1968 年。

實藤惠秀、鄭子瑜的開拓性工作意義重大，但主要集中於黄遵憲的筆談，未能反映《大河内文書》的全貌。2010年，南開大學劉雨珍教授出版了上下兩卷《清代首屆駐日公使館員筆談資料彙編》[①]，筆談原稿雜亂無章，字迹往往漫漶不清，作者將其録文爲上下兩卷，雖僅涉及《大河内文書》之部分，然工作之艱辛可以想見。最近作爲國家社科基金重大項目"東亞筆談文獻整理與研究"系列成果《東亞筆談文獻資料叢刊》第一輯，浙江工商大學王寶平教授影印出版了《日本藏晚清中日朝筆談資料——大河内文書》[②]8册76卷，這是目前最爲完備的筆談資料集。

從607年到1877年的千餘年間，筆談作爲常態的、權威性的、高品位的溝通方式，貫穿了東亞官民交流的歷史主綫。隨着東亞傳統格局的解體與近代新型國際關係的建立，東亞各國加强了外國語言的學習與翻譯機構的建設，"筆談"這種依賴漢字的視覺交際方式逐漸退出歷史舞臺中心。然而，筆談作爲東亞世界輔助的交際手段，民國時期依然存有餘響，甚至到了現代仍有用武之地。

2003年，日本市面上出現一本的暢銷書，題爲《和中國人怎麽筆談》[③]。這本書專爲赴華旅游的日本人編寫，告訴這些游客不懂漢語不打緊，只要利用日本人掌握的漢字就能與中國人無障礙地交流。2017年又出現一本同類型的書，題爲《通過筆談學習中文》[④]，宣稱"如果跳過發音難關，中國語是世界上最容易學習的語言"，認爲"筆談"是日本人的特技，其他國家人無法模仿，并臚列以下幾條理由：

> (1) 日本人使用筆談，可以擺脱漢語發音困難的束縛，準確有效地傳達自己的意圖；

---

① 劉雨珍：《清代首屆駐日公使館員筆談資料彙編》，天津人民出版社，2010年。
② 王寶平：《日本藏晚清中日朝筆談資料——大河内文書》，浙江古籍出版社，2016年。
③ 造事務所：《中國人と筆談する本》，大泉書店，2003年。
④ 陳冰雅：《筆談で覚える中國語》，サンマーク出版，2017年。

(2) 日本人對中文複雜的音韻體系望而却步,但使用漢字却得心應手,因此容易記憶掌握;

(3) 中文與日語的漢字百分之七十相通,只要記憶剩下的百分之三十的單詞即可,記憶量大幅度減少;

(4) 中文語法"動詞在前,賓語在後",除此之外與日語無異。

如上所述,日本方面出現激活"筆談"語言交際功能的動向,而同屬漢字文化圈的韓國則動作更大。高麗大學李振政教授發文倡導"修復韓中漢字筆談交流通路",文章基於"中國與朝鮮半島是一衣帶水的鄰邦,同爲漢字文化圈所屬的中韓兩國直到一百年前還可以利用漢字筆談"這一歷史事實,建議"啓用漢字,研發一種新的現代韓中漢字筆談交流的溝通方法,從而修復半個多世紀以來被阻斷的傳統漢字筆談交流"[①]。

筆談作爲發源於中國的漢字話語權,主導東亞跨語言交際千有餘年,漢字文化圈的形成和發展與此休戚相關,周邊各國以此爲媒介攝取中國文化,大大加快了本國的文明進程,可謂獲益甚多。在全球化日新月異發展的今天,如何激活傳統文化因子,如何發揮筆談跨語言交際的優勢,周邊國家已經表達了强烈的意願,發出了復興優秀文化傳統的呼聲,中國作爲漢字的原創國、筆談的主要當事方,如何繼承燦爛的中華文明、如何擘畫東亞未來的願景,值得我們這代人深入思考、全面籌劃。

三、筆談文獻的特點

陳寅恪先生云:"一時代之學術,必有其新材料與新問題。取用此材

① 李振政:《關於修復韓中漢字筆談交流通路的提案》,載《佳木斯教育學院學報》2012 年第 8 期。

料，以研求問題，則爲此時代學術之新潮流。”[①]大意是説，學術研究的根本動力來自“新材料”的發現，由新的研究素材誘發出“新問題”，使用新方法解決這些問題，便形成該時代的學術“新潮流”。

敦煌文獻之爲“新”，是因埋没沙丘而長久不爲人所知；甲骨文之爲“新”，是因被誤作可以治病的中藥“龍骨”；筆談文獻之爲“新”，是因其文體迄今尚未被歸類定性。作爲“新材料”的筆談文獻，主要體現在以下三點：① 新的交際方式；② 新的文獻體裁；③ 新的研究資料。下面順次略述之。

（一）新的交際方式

明萬曆年間來華的西儒利瑪竇（Matteo Ricc，1552—1610），注意到東亞特殊的語言交際方式，他説中國人、日本人、朝鮮人、交趾人、琉球人雖然“口語差别很大，以致誰也聽不懂别人的話”，但“他們都能看懂同樣意義的書面語”[②]。當東亞各國人士聚集一堂時，即使不懂對方的語言，也能通過書寫漢字進行交流。利瑪竇甚至觀察到中國人之間在語言不通的情況下，也經常采用筆談溝通，“如果手邊没有紙筆，他們就沾水把符號寫在什麽東西上，或者用手指在空中劃，或甚至寫在對方的手上”[③]。見面而不語、默然而書字——這一情景對習慣於語音交際的利瑪竇來説，是多麽陌生與新奇啊！

我們可以設想，當西方人遭遇語言不通的窘境，他們大概只能用極爲原始的“Body language（肢體語言）”來表述意圖，不僅效力低下，而且僅限於少數幾個慣用的動作；然而東亞的情况就大不一樣了，東亞人之間一旦語言無法溝通，如果具備一定的漢學修養，便能“以筆代舌”，書寫漢字進

---

① 陳寅恪：《陳垣敦煌劫餘録序》，收入《陳寅恪集》之《金明館叢編二編》，三聯書店，2001 年，第 266 頁。

② 利瑪竇著，何高濟等譯：《利瑪竇中國札記》，中華書局，1983 年，第 30 頁。

③ 利瑪竇著，何高濟等譯：《利瑪竇中國札記》，中華書局，1983 年，第 28 頁。

行交際。

享有“現代語言學之父”之稱的索緒爾(Ferdinand de saussure,1857—1913)説:“語言和文字是兩種不同的符號系統,後者唯一的存在理由是在於表現前者。”[①]索緒爾説的是西方語言交際的情況,印歐語系“語音”至上,文字被視作輔助符號而已;但我們可以説,在東亞語境中,有時文字比音韻、視覺比聽覺更爲重要,因爲在筆談過程中,傳遞信息的是漢字,這些視覺文字符號不能負載語音,否則筆談交流就無法達成。

2013年1月17日,日本前首相鳩山由紀夫訪問南京大屠殺遇難同胞紀念館,人性良知受到强烈衝擊的他,百感交集地揮毫寫下“友愛和平”條幅,然後署名“鳩山友紀夫”。這裏的關鍵是姓名的標記,“由紀夫”與“友紀夫”在聽覺上毫無差異(中文讀作 Youjifu,日語讀作 Yukio),區别就在視覺上(“由”與“友”不同),這個“友”字可以説濃縮了千言萬語,相信没有一個東亞人認爲這是個錯别字,無疑是鳩山由紀夫的有意之舉,這裏有當事人對軍國主義犯下罪行的愧疚心理,也有面向未來兩國友好的和平祈求。筆談正是這種摒除音障、超越語言的視覺交流。

(二) 新的文獻體裁

近年有學生在編我的著作集,他們遇到的問題是,學者對談、媒體訪談的文章該如何處理?我曾經與日本人、美國人三方鼎談,在公開發表的談話記録中,我只貢獻了三分之一。如果收録全文,似有掠人之美的嫌疑;如果僅截取我的談話,便失去了整個談話的脉絡,變成毫無意義的獨白。媒體訪談的情況也同樣,記者與我一問一答,智慧財産權不應歸我一人所有。對談、鼎談、訪談都屬於新文體,按照傳統的文體分類或個人文集的編撰慣例,難以收入其中。

我們來看筆談的情況。筆談至少兩人以上,也有5至6人會聚一堂

① 索緒爾著,高名凱譯:《普通語言學教程》,商務印書館,1980年,第47頁。

的事例,這就涉及歸屬權;而且筆談多爲跨國交際,還牽涉國籍問題,所以自古以來個人文集不予收録。明清之際東渡日本的朱舜水(1600—1682),留下大量與日本人士的筆談資料,德川光圀領銜編撰《舜水先生文集》[①],把筆談歸入"雜著"類,在"雜著"目下再加"筆語"小目;後來北京大學朱謙之教授整理成《朱舜水集》[②]時,將"雜著"改爲"策問"與"問答",其中在"問答"之三、之四後注"筆語",内容幾乎與《舜水先生文集》雷同;直到近年出版黄遵憲、楊守敬的全集時,編者纔把"筆談"另列一類。

朱舜水没有留下大部頭著作,德川光圀顯然知道朱舜水的學術思想精華凝聚在筆談中,但却無法歸入傳統的某類文體,於是别立"雜著"收納之,有點"名不正言不順"的味道。朱謙之把筆談歸爲"問答"類,比之"雜著"名稱要好些,但朱舜水的筆談也非全然是問答,其中包括討論、述懷等,所以他在"問答"後加括弧注上"筆語",依然没有給筆談正名。

此外,筆談多爲臨場應對、隨意發揮,文字未經推敲,所以當事人也認爲不登大雅之堂,不願傳世。乾隆三十年(1765)洪大容隨朝鮮燕行使抵達燕京,次年二月與赴京趕考的"古杭三士"——嚴誠(1732—1767)、潘庭筠(1742—?)、陸飛(1720—1786)邂逅。中朝文士可謂一見如故,從二月四日至二十三日共進行7次筆談,賓主敞懷放意,竟日方休。五月六日洪大容回到故鄉,六月十五日即將筆談記録與往來尺牘彙編爲三册,名之曰《乾净衕會友録》,此後整理成《乾净衕筆談》(一作《乾净筆譚》)[③]。洪大容對筆談情景有如下描述:

> 與鐵橋秋庫會者七。與篠飲會者再。會必竟日而罷。其談也,

---

① 德川光圀輯,德川綱條校:《舜水先生文集》,小河屋太左衛門刻本,日本正德五年(1715)。該書共29卷(末卷爲附録),其中卷二十至二十三爲"雜著",卷二十二、二十三爲"雜著筆語"。

② 朱謙之整理:《朱舜水集》,中華書局,1981年。

③ 關於《乾净筆談》的成書經緯,參見夫馬進《朝鮮奇書——關於洪大容〈乾净衕會友録〉〈乾净筆譚〉之若干問題》(載《中國文哲研究通訊》第23卷第2期,2013年3月)、蘇揚劍《〈乾净筆談〉的異樣關注》(收入王勇主編《東亞的筆談研究》,浙江工商大學出版社,2015年)。

各操紙筆疾書，彼此殆無停手，一日之間，不啻萬言。但其談草多爲秋庫所藏，是以録出者，惟以見存之草，其無草而記得者，十之一二。其廿六日歸時，秋庫應客在外，故收來者頗多，猶逸其三之一焉。且彼此惟以通話爲急，故書之多雜亂無次，是以雖於其見存者，有問而無答者有之，有答而無問者有之，一語而没頭没尾者亦有之。是則其不可追記者棄之，其猶可記者，於三人之語，亦各以數字添補之。惟無奈其話法，頓失本色，且多間現迭出，或斷或續，此則日久追記，徒憑話草，其勢不得不爾。吾輩之語，則平仲常患煩，故多删之；余常患簡，故多添之。要以幹璇語勢，不失其本意而已，其無所妨焉。則務存其本文，亦可見其任真推誠，不暇文其辭也。[①]

值得關注的是，此處把筆談稱作"談草""話草"或"草"，原因大概是"通話爲急……雜亂無次"。《乾净衕會友録》編成後，致書"談草多爲秋庫所藏"的潘庭筠，請求"尊藏原草，如或見留，幸就其中擇其可記者，并録其彼此酬酢以示之"：

前告《會友録》三本，每乘閑披考，怳然若乾净對討之時，足慰萬里懷想之苦。但伊時談草，多爲吾兄所藏，無由追記。此中編次者，只憑見在之紙，是以可記者既多漏落，語脉亦或没頭没尾。臆料追補，頓失本色，殊可歎也。尊藏原草，如或見留，幸就其中擇其可記者，并録其彼此酬酢以示之。此中三本書，吾兄亦有意見之，當即附便示之也。[②]

① 洪大容：《乾净録後語》，《湛軒書·外集》卷三，收入《韓國文集叢刊》第248册，民族文化推進會，2000年，第174頁。

② 洪大容：《與秋庫書》，《湛軒書·外集》卷一，收入《韓國文集叢刊》第248册，民族文化推進會，2000年，第113頁。

潘庭筠則回信説:"前者客寓筆談,一時酬酢諧談雜出。足下乃從古紙輯録之,雖是不忘舊踪,然語無倫次,恐遺誚大雅,幸芟去其支蔓誕放者。"[①]不僅没有寄回談草,反而要求洪大容"芟去其支蔓誕放者",原因不外乎内容"諧談雜出"、文辭"語無倫次"而不登大雅之堂。

總之,筆談文獻雖然簡單、散亂、粗糙、通俗,但具有臨場感、原生態、真實性的特點,因此被當事人視爲"談草""話草"的筆談記録,介乎文言與口談之間,可以看作是一種新的文獻體裁。

(三)新的研究資料

筆談文獻作爲研究資料,首先是具有重要的文學價值。黄遵憲與宫島誠一郎筆談時賦詩:"舌難傳言筆能通,筆舌瀾翻意未窮。不作佉盧蟹行字,一堂酬唱喜同風。"東亞文人雅會,習慣以酬唱表達心聲,這些當場吟咏、一蹴而就的作品數以萬計,是亟待發掘的明清詩歌寶庫。

其次是筆談文獻流露出當事人私下的真實心態。如一般認爲朱舜水追求經世致用,重經史而輕文學,如在《答古市務本書》中稱"詩不可爲也""今之詩益無用矣",但在筆談中却論詩、作詩、改詩。朱舜水具有很高的文學造詣毋庸置疑,但他置身於明清交替的特殊歷史時期,基於亡命異鄉而不忘復明的個人抱負與際遇,對他而言訴求經世致用的政治理念是當務之急,詩賦等文學衝動必須壓抑在内心。然而,當他與友人、門弟私下筆談時,鬆弛的精神狀態使他釋放出積聚已久的文學能量。

再則就是筆談文獻藴藏豐富的歷史、地理、宗教、民俗的信息。以漂流民爲例,明清時期東亞各國基本閉門鎖國,對不期而至的漂流民嚴加盤問,如朝鮮、日本對中國漂流民的筆談問訊(稱之爲"問情"),包括漂流民居住地的官員姓名、城市規模、名勝古迹、文化名人、當地特産等,可以爲

---

① 潘庭筠:《湛軒·養虛僉尊兄案下》,收入《燕杭詩牘》,哈佛燕京圖書館望漢廬鈔校本。原文未見,據夫馬進《朝鮮奇書——關於洪大容〈乾净衕會友録〉〈乾净筆譚〉之若干問題》(載《中國文哲研究通訊》第23卷第1期,2013年3月)轉引。

編撰地方志提供彌足珍貴的原始資料。

筆談文獻如果以一次筆談(時間、地點、人員相對固定)爲一件計,總數大約超過一萬件,且大多以抄本形式存世,相信這些文獻經整理公之於世,將會爲多個學科帶來新材料、引發新問題、形成新潮流。

四、"此時無聲勝有聲"

回到本文的主題,爲什麽標題用的"無聲的對話"呢？也許有人會質疑:"無聲焉能對話？對話怎會無聲？"這個問題還是讓筆談當事人來回答。

先看前文提及的日本江户時代著名儒學家人見竹洞。他與朱舜水交誼甚厚,兩人不僅尺素往來不斷,而且頻繁進行筆談,目前存世的筆談集有《舜水墨談》與《舜水問答》兩種。《舜水墨談》推測由人見竹洞的家人或弟子多人抄綴而成,共收録約十次筆談,其中第三次筆談的話題圍繞藏書樓展開,交談不長,全文録之:

> 乙巳歲,余新築柳塘之下,開小園,栽花竹,構書齋,起書樓。一日招翁,酒饌各效中華之制。桌椅相對,静話終日,翁欣然,筆語作堆(此筆語亦罹癸丑火)。食了,與翁上書樓,翁觀架上之群書而喜。
>
> 節問曰:先生在貴鄉,造樓藏萬卷之書乎?
>
> 翁曰:然矣。父祖以來,家多藏書,標帙清緻。我父天性嚴肅,不好以朱墨污書,故家藏之書與他人之所藏太别。家遭亂離,不知今何如,可勝嘆也。
>
> 問曰:近歲江府頻有火災,家家藏貲庫壁厚塗,藏書之樓亦然。不知貴國亦如此乎?
>
> 翁曰:或有成避火之備,然凡第宅,與貴國之制太異。宅多餘地,回禄亦稀。藏書太厭濕氣,故架高樓而載之。有一難事,爲龍所害,

每人苦之。

節曰：何言乎？

翁曰：蟄龍有時興雲致雨，一飛過而觸樓，悉爲烏有，如掃地，唯有礎存耳。

節愕然曰：我國無斯害，幸矣。

又問曰：藏書皆挾芸香草，不知何物？

翁曰：貴國未見之。其葉如銀杏稍大，青葱茂生，處處有之，能避蠹耳。①

這次筆談時間是1665年(乙巳)，可惜大部分毁於1675年(癸丑)的祝融之災，不過這點劫後餘灰也足够珍貴。人見竹洞在整理筆談時加了一段按語，描述筆談情景："桌椅相對，静話終日，翁欣然，筆語作堆。"兩人在桌子前相對而坐，朱舜水(翁)興致頗高，筆談的紙張一枚一枚叠加成堆，然而一整天無人出聲，所以人見竹洞稱之爲"静話"。雖然是"静話"，但當事人却"欣然"；既然"筆語作堆"，説明交流無甚阻礙。

再看前面提到過的漢學家石川鴻齋，他是最早與何如璋等駐日公使員筆談的日本人之一，他賦詩吟咏雙方筆談的過程："默對禮終嗤啞然，寒暄無語共俱憐。"(《芝山一笑》)雙方見面首先是行禮，但其間只有動作而無言語，至多是"啞然"一笑，所以是"默對"；接着應該互道寒暄，但依然是"無語"應酬，直到開始筆談，大家才一吐爲快。

還有1844年曾游歷中國一年、寫下《觀光紀游》一書的岡千仞(1833—1914)，特爲《芝山一笑》作跋，其中披露一段軼事，説有一天在家設酒招待中國使館人員，他的家人看到賓主只是飲酒而始終"不接一語"，戲稱他們是"啞飲"。在旁觀者看來筆談者整天啞口無聲，但當事人却不以爲然，岡千仞接着寫道："凡舌所欲言，出以筆墨，縱横自在，不窮其説則

① 人見竹洞編：《舜水墨談》，日本佐賀縣祐德稻荷神社中川文庫抄本，函號6-3-2-239。2005年2月，日本國文學研究資料館製成縮微膠卷，索書號ユ1-285-6。

不止。"只要有想説的話，馬上拿出筆墨書於紙上，盡情表達所思所想，没有任何語言上的障礙。

此外，《大河内文書》研究的拓荒者實藤惠秀，在《大河内文書——明治日中文化人之交游》中介紹一則趣聞：1884年春天，江户幕府第十二代大學頭林學齋（1833—1906）偕僧高岡宴請清朝公使館員黄吟梅，家人見賓主默不作聲，或用手指劃，或低頭寫字，戲稱客人爲"天聾"與"地啞"①。中國民間信仰中，"天聾"與"地啞"是文昌君的左右侍童，一個掌管文人録運簿册，一個手持文昌大印，意思是"能知者不能言，能言者不能知"②。

最後介紹一部筆談書籍，日本慶應義塾大學附屬研究所斯道文庫藏有一册松崎復編的《接鮮瘖語》稿本，内容是文化八年（1811）朝鮮通信使與日本儒士的筆談實録，前後參與筆談者十數人，談話内容非常豐富，但書名却用了"瘖語"一詞。

"瘖"這個字不太常用，意思同"啞"，指失音而不能言語。《淮南子·泰族訓》云："瘖者不言，聾者不聞，既瘖且聾，人道不通。"雖然不能言語，但依然可以交談，這就是筆談的特殊功能及魅力所在。

如上所述，"静話""默對""無語""瘖語"等，這些字面意思均表示静默無言的詞彙，英語大概無法完全傳譯，然而東方人却能心領神會。因爲我們知道，"静""默""無""瘖"是對聽覺與口語的否定，"話""對""語"則是對視覺與文字的肯定，兩者合二爲一便成了"無聲的對話"。

那麽，從語言交際學的角度來看，不假語音而僅憑文字的"筆談"，其實用的功效是否低於依賴語音的"口談"呢？事實并非如此，下面舉幾個實例。

第一例。1771年，日本負責外交事務的新井白石（1657—1725）拜會朝鮮通信使趙泰億，雖然雙方有翻譯陪侍，但趙泰億"取紙筆書示"曰："筆

---

① 實藤惠秀：《大河内文書—明治日中文化人の交遊—》，平凡社，1964年，第11頁。
② 民間流行黄曆通書都配有《地母經》，經文云："地母本是無忌土，包養先天與後天。夫君本是玄童子，他聾我啞配成雙。"這一信仰早就隨民間道教傳入日本。

端自有舌，可以通辭，何必借譯。”①通過翻譯的官方交談，拘泥於禮節而不能暢所欲言，所以趙泰億説“何必借譯”，讓各自筆端的口舌説話，不僅便捷而且更能達意。此次筆談由於話題涉及所謂的“徐福逸書”，朝鮮方面大使以下諸人興致極高。玆録開首一段：

南岡曰：貴邦先秦書籍獨全之説，曾於六一《鏽刀之歌》見之矣，至今猶或有一二流傳耶？

白石曰：本邦出雲州有大神廟，俗謂之大社。嘗聞神庫所藏竹簡漆書，蓋古文《尚書》云。

青坪曰：其書想必以科斗書之，能有解之者，亦有謄傳之本耶？

白石曰：本邦之俗，深秘典籍，蓋尊尚之也。況似有神物呵護之者，亦可以恨耳！

平泉曰：或人傳熊野山徐福廟有科斗之書。古文厄於火而不傳云，此言信否？

白石曰：此俗人誣説。

青坪曰：有書不傳，與無同。果有此書則當與天下共之。深藏神廟，意甚無謂。何不建白謄傳一本耶？

白石又曰：尾張州熱田宫，諸君所經歷也。此宫中亦有竹簡漆書二三策云，蓋科斗文字。

南岡曰：歸時可能得見否？

白石曰：神府之秘，不可獲觀矣。

平泉曰：蔡中郎之秘《論衡》，本不是美事，崇信鬼神，又近於楚越之俗。有書不見，與無有何異？

白石曰：周外史所掌三皇五帝之書，孔子乃斷自唐虞以下，訖於

① 孫文：《新井白石與朝鮮通信使的筆談二則》，收入王勇主編《東亞的筆談研究》，浙江工商大學出版社，2015 年，第 225 頁。

周，凡百篇。秦火之後，漢人始傳今文於伏生之書。嗣後亦得古文，并得五十九篇，而先儒以謂古文至東晉間方出。其書皆文從字順，非若伏生之書，有不可讀者，其亦難言矣。且若始得壁中書云，科斗書廢，時人無能知者。况今去漢已遠，世果有能知其書者哉？後之要見二帝三王之道，何必求於先秦科斗之書？善讀今文，亦既足矣。且夫二帝三王之道，與民同其好惡而已。我先神藏之，後民奉之，而至於今。今且褻神明，拂民情，或索而得之，乃謂我能得二帝三王之書，無乃非二帝三王之心乎？愚所以不敢也。①

這次筆談中的朝鮮通信使“三使官”——即大使趙泰億（平泉）、副使（青坪）、從事官（南岡）從一開始就參與其中，大概新井白石宣揚國威的願望太過强烈，自始至終把話説得很大，既然説了日本藏有蝌蚪之文、古文《尚書》，又無法出示實物一償賓主之願，在朝鮮諸人緊逼追問下，左支右絀頗顯狼狽。此次筆談以一對三，筆鋒之犀利、氣氛之熱烈，無異於“筆戰”或“鬥語”，依靠舌人傳譯恐怕達不到這個效果。

第二例。1803 年夏，琉球文人楊文鳳隨使節團往江户謁見將軍，逗留薩摩藩鹿兒島的琉球館時，與慕名而來的日人石塚崔高筆談。石塚崔高問清朝册封使到琉球是否語言暢通，楊文鳳回答説清朝使節帶有翻譯，但溝通“不甚明暢”；當雙方换成筆談後，“其通快利便不可言也”，此後中琉之間“筆語以爲常”：

石問：見天使言語通否？

楊曰：鳳不知華音，有天使帶來通事通話，然以其不甚明暢。一日，换之以筆，寫字爲問，文鳳亦寫字爲對。天使笑曰：“悔不早請管城子傳言，其通快利便，不可言也。”自是以後，筆語以爲常。當筆語

① 孫文：《新井白石與朝鮮通信使的筆談二則》，收入王勇主編《東亞的筆談研究》，浙江工商大學出版社，2015 年，第 225—226 頁。

時,天使等下筆,千萬言即成,字字句句,明明白白。鳳爲對,語澀筆遲,或至舉筆,沉吟半晌,汗出浹背。①

中國的書面語與口頭語差距甚大,口語很難體現話者的文采;加之中國各地方言互不相通,居中翻譯而“不甚明暢”也屬常事。筆談一方面能跨越方言障礙,另一方面能充分顯示當事人的文學修養、書法功底,所以有時比口談更爲“通快利便”。

楊文鳳還講了一則軼事,數年前他在出使中國時遇風漂流至臺灣,當地官員態度傲慢,“叩頭禮拜而不肯爲答理”,等到他寫字筆談、吟詩相贈,官員們態度丕變,“皆下座答拜”:

石曰:聞舊年貴舟欲往福州,因風不順,漂到臺灣,有之乎?願聞其詳。

楊曰:正是,如命。……鳳等船漂至臺灣地方,船即破矣,所載公私貨物,悉爲烏有。通船八十名,遇土人出來救命,方得上岸。寫字通意,始知其爲臺灣也。……先是地方官待鳳等甚是輕賤,鳳等叩頭禮拜而不肯爲答禮。及見其地方官或秀才等,以詩與鳳相爲贈答,皆下坐答拜,前倨者後皆恭也。鳳竊謂同舟者:“誰道文章不值錢,今日方見文字值錢的。”衆人皆笑。

這則記事説明,寫漢字、作漢詩是東亞人身份認同的標志、野蠻人與文明人之間的界限,一般而言口語重事務性而無此功能。

第三例。1905年,越南革命家潘佩珠(1867—1940)自本土出發,假道香港、上海赴日本,越南“東游運動”從此揭開序幕。潘佩珠東游的目的是尋求日本給予武器與軍隊支援,以驅趕法國殖民者、爭取民族獨立。

① 石塚崔高編:《琉館筆譚》,夏威夷大學阪卷·寶玲文庫所藏抄本,索書號 HWS44。

潘佩珠自云“予在國内，曾得讀《戊戌政變記》《中國魂》及《新民叢報》兩三篇皆爲梁啓超所著者，極羡慕其人”[①]，并聽聞梁啓超在日本政界頗有人脉，遂决定抵日後先謁梁啓超[②]。凑巧的是，從香港赴上海船中遇到留美學生周椿君，“爲予道梁先生住所，則爲日本横濱山下町梁館”[③]。

四月下旬，潘佩珠抵達日本横濱，帶着自薦信赴山下町梁啓超寓所拜訪，信中有“落地一聲哭，即已相知；讀書十年眼，遂成通家云云”，梁啓超閲後感動，將其延入室内。初次見面“酬應語多曾公[④]譯之，心事之談多用筆話”[⑤]。兩人意猶未盡，次日約定到一家小酒樓，筆談三四小時，因係“心事之談”而不置譯者。潘佩珠累數法國殖民者的暴行與越南人民的苦狀，梁啓超獻計曰：

> 一、貴國不患無獨立之日，而但患其無獨立之民；二、謀光復之計劃有三要件：一爲貴國之實力，二爲兩廣之援助，三爲日本之聲援。但貴國苟内無實力，則二、三兩條均非貴國之福。[⑥]

幾天後，梁啓超再次把潘佩珠請到寓所，此次筆談更爲深入，梁啓超向潘佩珠保證：“我國與貴國地理歷史之關係，二千餘年密切，甚於兄弟，豈有兄坐視弟之死，而不救之乎？”告誡潘佩珠“卧薪嘗膽，蓄憤待時”[⑦]。

如上所述，筆談雖然不如口談快捷、簡便、高效，但涉及思想性、學術性、文學性等内容，便具有得天獨厚的視覺優勢。唐代著名詩人白居易

---

① 章收：《潘佩珠年表》，收入《潘佩珠全集》第 6 卷，順化出版社，2000 年，第 411 頁。

② 潘佩珠在《獄中書》中言：“予聞梁久客日，頗熟日事，擬先謁梁，求介紹於日人。”《潘佩珠全集》第 6 卷，順化出版社，2000 年，第 333 頁。

③ 章收：《潘佩珠年表》，收入《潘佩珠全集》第 6 卷，順化出版社，2000 年，第 411 頁。

④ 曾公：即與潘佩珠偕行東渡的越南維新會領袖、精通漢語的曾撥虎。

⑤ 章收：《潘佩珠年表》，收入《潘佩珠全集》第 6 卷，順化出版社，2000 年，第 414 頁。

⑥ 潘佩珠：《潘佩珠自判》，轉引自楊天石《潘佩珠與中國——讀越南〈潘佩珠自判〉》，載《百年潮》2001 年第 10 期。

⑦ 潘佩珠：《潘佩珠自判》，轉引自楊天石《潘佩珠與中國——讀越南〈潘佩珠自判〉》，載《百年潮》2001 年第 10 期。

《琵琶行》中膾炙人口的名句“别有幽愁暗恨生,此時無聲勝有聲”,意思是默默無聲却比有聲更感人,東亞特有的筆談何嘗不是如此呢?

五、“談草”與“斯文”

朱舜水與小宅生順筆談時説:“言者,心之聲也;文者,言之英也。非言,則聖人之心亦不宣;非文,則聖人之言亦不傳。然文須通於天下、達於古今,方謂之文。若止一方之人,自知之而已,則是方言調侃,非謂之文也。”①

朱舜水爲何在筆談當中突發此言呢?猜想是筆談的特殊環境使他有感而發。他在這裏闡述了“言”與“文”的關係:“言”即“語言”,是心聲的自然發露,時間上是瞬間消失的,傳播面“止一方之人”而“自知之而已”,内容則多低俗的“調侃”;與此相對,“文”在時間上能“達於古今”,空間上則“通於天下”,内容應傳播“聖人之言”。

筆談兼具“言”與“文”的元素,翻看王韜的《扶桑游記》,既有低俗的話題(如狎妓),也有高雅的内容(如唱和);猶如日本漂流民與朝鮮官民筆談録《朝鮮漂流日記》,一方面雜有日朝兩國的俚語俗字,另一方面也有援引《詩經》《孟子》等典故,也是雅俗并存。朱舜水的上述議論,似乎告誡域外學子棄“言”重“文”,即使筆談也要講究書法工整、修辭典雅、内容純正,這樣纔有助於相互溝通。

這大概就是東亞傳統文人重視的“斯文”。此語出自《論語・子罕》:“天之將喪斯文也,後死者不得與於斯文也。”後來“斯文”的意思逐漸敷衍擴大,被詮釋爲文人、文化、漢文、禮樂制度等,即東亞共有的文化精粹,而不限於一時、拘囿於一地。

無怪乎木下順庵(1621—1699)與朝鮮通信使筆談時,賦詩感慨道:“相

① 小宅生順編:《西游手録》,收入彰考館編《朱舜水記事纂録・附録》,吉川弘文館,1914年,日本國會圖書館索書號344—433。

逢何恨方言異，四海斯文自一家。”①前述朝鮮燕行使洪大容在琉璃廠邂逅的“古杭三士”之一嚴誠(號“鐵橋”)，臨終前一日賦詩遥寄海東摯友(洪大容)：

京國傳芳訊，遥遥大海東。
斯文吾輩在，異域此心同。
情已如兄弟，交真善始終。
相思不相見，慟哭向秋風。②

中國文人一方面藏匿、銷毁“談草”“話草”，不願其傳世；另一方面走到生命之路盡頭時，依然念念不忘“斯文”之長存。

清人陳澧説：“蓋天下事物之象，人目見之，則心有意；意欲達之，則口有聲。意者，象乎事物而構之者也；聲者，象乎意而宣之者也。聲不能傳於異地，留於異時，於是乎書之爲文字。文字者，所以爲意與聲之迹。”③

“聲”發自於“意”而訴之於“口”，但不能“傳於異地，留於異時”；“文字”則凝聚於心而形之於目，是爲“意與聲之迹”而能“傳於異地，留於異時”。我們討論的“筆談”，乃是殘留“聲音”的文字，或者説是化爲“文字”的聲音，在録音機發明之前，最真實地反映出對話現場的氛圍、對話雙方的心聲、對話過程的情景。

王　勇

2018 年 1 月

於浙江大學古籍研究所

① 木下順庵：《卒賦一律呈成學士》“卓犖高標舉彩霞，英才況又玉無瑕。登科蚤折三秋桂，隨使遥浮八月槎。筆下談論通地脉，胸中妙思吐天葩。相逢何恨方言異，四海斯文自一家。”《錦里文集》卷十二，收入《詩集　日本漢詩》第十三卷，汲古書院，1988 年，第 255 頁。

② 洪大容：《與秋庳書》，《湛軒書・外集》卷一，收入《韓國文集叢刊》第 248 册，民族文化推進會，2000 年，第 116 頁。

③ 陳澧著，楊志剛編校：《東塾讀書記・小學》，中西書社，2012 年，第 228 頁。

上編　論述編

名倉予何人的訪華行紀

1862 年 6 月日本幕府派遣的商船“千歲丸”號抵達上海。這是時隔兩百多年鎖國①之後,日本首次派遣官船訪問中國。“千歲丸”號上的乘員裏的衆多藩國②武士,自踏上中國土地的這一刻起,就以新奇和挑剔的目光審視周圍的一切,并且留下了非常詳細的見聞記録。

從這次訪華團成員撰寫的各種記録看,幾乎大部分的武士對於滿清統治下的中國持有負面與消極的印象,但也有極少數人表現出與衆不同的態度——此人即是本文所要考察的名倉予何人。

名倉予何人是浜松藩(今静岡縣内)藩士,他對處於苦難之中的中國表現出同情之心,同時對傳統的中華文明懷抱敬意。他熟悉中國文化,精通漢文,積極運用筆談這種東亞獨特的交流方式與中國人廣泛溝通,與他們建立了深厚的友誼。

在“千歲丸”訪華之後不久,日本國内發生了驚天動地的巨變——江户幕府壽終正寢,明治政府宣告成立。名倉予何人成爲明治政府初期爲數不

① 日本從寬永十六年(1639)開始頒布一系列鎖國令,主要内容包括三個方面:一是嚴禁日本人出海,二是杜絶基督教傳教,三是限制外國人入境(有條件地允許中國、荷蘭、朝鮮、琉球人員入境)。嘉永六年(1853)美國東印度洋艦隊司令佩里准將率 4 艘軍艦前來叩關,次年迫使幕府簽訂《日美和親條約》(一名《神奈川條約》),至此日本實施兩百餘年的“鎖國體制”宣告結束。

② 江户時代,幕府將軍授予一萬石以上領地的大名(諸侯),根據中國周朝的封建制度而稱之爲“藩屏”,一般略作“藩”。明治維新(1868)後,新政府爲强化中央集權,推行“廢藩置縣”政策,於 1871 年廢除 261 個藩,設置了 3 府 302 縣,隨後經合并減爲 72 縣。

多的中國通,又數次以政府使節身份訪問中國,爲《中日修好條規》[①]草案的簽署立下汗馬功勞。

在與中國文人筆談交流的過程中,名倉予何人刻意保留了當時的筆談原稿,事後進行謄抄及整理,這批基本完好保存至今的資料,忠實還原了當時歷史的細節與原貌。

本書擬通過對名倉予何人一生相關史料的鈎沉,展現其跌宕起伏的外交人生,并在此基礎上,對其筆談文集《滬城筆話》《航海漫録》進行整理及初步解讀,力圖從更加全面的角度展現當時的中日關係以及晚清的上海社會狀態。

一、名倉予何人生平

關於名倉予何人的生平事迹,有多種資料可資稽考,但最爲可信的原始資料,當是《名倉松窗翁自傳》[②]。

《名倉松窗翁自傳》由名倉予何人親自撰寫,由奉公會會員石川二三造[③]向會員雜志《奉公》投稿,刊登時加了一段石川二三造的引言:"予聊感時勢,從松窗翁學唐音,因時時訪問翁。頃日,翁示予自傳。嗚呼!翁熱衷海外事業,我輩感佩之至。兹得翁允許,特向本會投稿。"[④]

名倉予何人師承名家,血脉正統,漢學功底深厚,這篇自傳是用漢文撰寫而成的。文雖冗長,但原始信息豐富,兹全文録之:

名倉信敦,字先之,號松窗,又予何人,且以爲通稱,信敦其名也。

① 1871年(同治十年)9月13日,李鴻章代表清政府與日本大使伊達宗成簽訂《中日修好條規》(日本稱《日清修好條規》),這是近代以來中日簽署的第一個條約。

② 《奉公》,奉公會出版,1895年5月,第21—22頁。

③ 即石川兼六,號文莊,别名石川二三造,生卒年不詳,日本明治時期漢學家,著有《本朝瞽人傳》《根岸人物志》。

④ 這段引言用日語撰寫,由著者翻譯。

初姓野田氏，通稱重次郎，後復本姓。

其先遠之奥山人也，當時名倉主膳服，屬南朝，頗勤勞王事，子孫世爲神官。父信芳仕濱松城主井上公，後從公移居奥之棚倉。文政四年辛巳三月八日，生信敦於棚倉。

信敦年甫十一，仕本藩爲小吏。天保七年丙申十二月，從公移居上之館林。十二年辛丑七月，請官得暇，負笈學武之江户，執贄於一齋佐藤先生。又游艮齋安積先生之門，後入昌平黌舍，雖緫强學有年。於茲，會黌舍罹舞馬之災，暫客居善庵朝川翁之門。

弘化三年丙午三月，學成歸鄉。是歲五月，從公移居遠之濱松，蓋復舊封也。是月，擢任儒員。嘉永二年乙酉四月，以嚴君告老故，襲世禄十口[1]。三年庚戌九月，游江户，再入昌平黌舍，更就箕作氏學横行文字。明年九月，歸鄉。

安政四年丁巳八月，丁父憂，哀毁過禮。五年戊午四月，有故辭職，爲無役。文久元年辛酉秋間，復游江户，就諸兵[2]家偏修兵法，并究極蘊奥。

二年壬戌春間，杭海游清國上海。海外之游，以是爲始（有《海外實録》之著作）。夏間歸朝。是歲十二月，特命賜世禄七十石，追階行（俗稱使番，又取次），掌文學及兵馬之事。

三年癸[3]亥十二月，更游西洋（法蘭西），是爲海外第二游也（有《航海日録》之著作）。元治元年甲子七月歸朝。朝明月加賜世禄三十石，并前一百石，追階步士長，職掌如故。慶應二年丙寅十二月，幕府特命賜游清〇[4]章，明年正月率商民數名游上海及金陵等處，是爲海外第三游也（有《壯游日録》之著作）。四月歸朝，居無幾，天命維新，王

① "十口"之"口"，疑爲"石"字形訛。
② 原文作"兵"字。此處石川二三造《名倉松窗傳》作"名"字。
③ 癸，原文作"發"，此據文意改。
④ 原文如此。此〇符號恐爲石川二三造謄稿時無法辨識之字。從文意推斷，此字似爲"印"。下文凡出現此類情況，一概照録。

政復古。

四年戊辰(是歲十日[1]明治改元)二月,公奉朝命出勤王兵。當此之時,家老伏谷又左衛門爲隊帥,信敦爲之參謀,隨副總督柳原卿東征。是歲五月,信敦奉朝命任甲府市尹,賜薪水月給金百兩。明治二年正月,有藩事罷職歸朝。瀕行賜金五十兩、銀七十枚,蓋賞奉職之功勞也。四月,從公移師南總鶴舞。八月,更奉朝命任開拓大主典,賜歲俸現米八十五石。十一月,轉外務大録。三年春間更轉任外務文書大佑。

是歲七月,隨柳原文書正持節使清國。先是信敦建白通商事誼[2],政府可焉,遂有是命。是爲海外第四游也(有《駐清漫録》之著)。瀕行,有詩曰:

秋風持節出京城,千歲遭逢此是行。
孤劍笑游西海去,欲尋唐代舊鷗盟。

遂杭海過上海,至天津。是夜大臣協議通商,情投意合,內約條成。於是信敦大喜不自堪,即賦詩以示諸[3]友曰:

積年雲霧一朝晴,始仰青天白日明,
尋得舊盟相向賀,是行真個此榮行。

柳原公亦賦贈曰:

數年論策太公明,唾手一朝功業成。
須礬燕然山上石,先鞭正勤信敦名。

閏九月,全了歸朝,賜賞與金二百兩、絹一匹。

四年秋間,以病罷職(爾後,應山梨縣廳,辟任吏志〇輯職;又應元老院及驛遞局,辟爲簿吏,并奉職每半〇〇而罷)。

① 明治天皇的改元詔書發布於1868年10月23日,按農曆當九月初八日,此處"十日"疑誤,當爲"十月"。
② 原文如此,當作"事宜"。
③ 此字一直無法識讀,經仔細辨認,確定爲"諸"字,係排版時橫向顛倒所致。

十二年十一月後，更任元老院書記生。十五年，轉任修史館掌記。十八年七月，爲非職。

廿一年五月，殊應清國巡撫部院劉省三（名銘傳，廿〇前〇交也）招延，帶率井工到臺灣，是爲海外第五游也（有《踰海紀事》之著作）。瀕行，有詩留别鄉友曰：

自古英雄多晚成，芒增六十就功名。

君看老驥逾西海，去向中州建旆旌。

先是省途寄贈送銀二百兩（當我貨幣金二百七十三圓五錢），以充川資。到臺之日，即更有銀一百八十元之賦賜，蓋酬跋涉之勞也。殊任府學教習職，賜薪水月給銀五十元。十一月暫辭率井工筈歸〇爾後，有再游臺通商之志，曾爲奸商所欺，瀕行誤期者數，至今尚未能果行也。

二十六年一月，罹病卧床。自慮不能起，枕上賦詩，以擬辭世作（是時〇七十有三），曰：

五杭蒼海夢悠悠，七十餘年感慨稠。

百事間違我意①，不如去作〇山游。

明月病全瘉。配宫野氏，有二男二女，嫡男信行先死（〇四十有二），次男夭，長女亦殤，次女愛子。

石川二三造撰寫的《名倉松窗傳》②，内容基本與《名倉松窗翁自傳》相同，但補充了名倉予何人自傳未盡的部分，包括他去世前後的事情。兹摘録這部分内容如下：

廿六年一月罹病，自知不起，枕上賦詩，擬辭世作。後病少愈，自蠣殼街移根岸③里。時征清之役方起，翁慨然時事，有詩曰：

---

① 此句缺一字。

② 石川兼六著：《名倉松窗傳》，《弘道》，弘道會，1911 年 9 月，第 31—32 頁。

③ 根岸爲東京地名，現位於日本東京臺東區一帶。

大風吹起遠征春，根岸移居避世塵。

野老不知軍國事，一瓢盛酒待花辰。

時，翁赤貧如洗，揭門以二牌，曰漢學教授，曰圍棋仙集。而家無長物，唯有破書數卷、棋枰一局耳。

一夕，近鄰失火，延燒翁屋。有門生澀谷某，驚惶走來，扶翁而避焉。已而，翁罹病，乃招某謝曰："余中歲以後，轗軻迍邅，事與志違，子男先歿。曩航海之時，有著書數卷，我畢生精神所注。今空爲蠹魚所飽，無所托者。舉以贈吾子，以聊報昔日之勞矣。"後數月歿，年七十餘[①]，實三十四年一月廿七日也。

澀谷某與同門士謀，經紀喪事，葬橋場法源寺。某千住人，家世業商，以篤行聞。翁所著四次游記，外有《刀陣提要》《實操摘要》《繼周易考》《日本紀事》等書。

石子曰：余曾往歲屢訪翁於根岸里。翁年七十餘，容貌甚醜，頭顱秀而齒牙豁。性頗嗜酒，杯杓不離口。醉則賦詩，琅琅之聲動障壁。有客談及時事，則曰："茫茫天地，已無知己；人間萬事，皆與心違。余復何言？"嗚呼！翁夙報有爲志，規畫事業，中歲以後，轗軻落魄。身没而名亦將湮滅，豈不悲哉！因爲立之傳。

通過以上兩篇傳記資料，我們可以大致把握名倉予何人的人生軌迹及主要事迹。但是，對於這位中日近代關係轉捩期的重要見證人、參與者、記録者來説，蜻蜓點水般的生平叙述是遠遠不夠的，我們需要揭示他的内心世界，瞭解他的價值取向，解析他的知識結構，總之有必要知道更多的細節。因此，我們綜合其他多種史料，通過以下幾個方面進一步探討他的生平事迹：

首先，關於其名號的含意。

① 原文如此。按年代推算，此時其年齡應該爲"八十餘"。

"予何人"來源於《孟子·滕文公》中顔回之語:"舜何人也? 予何人也? 有爲者亦若是!"意思是説,舜是什麼人? 我是什麼人? 只要努力有作爲的人,都可以成爲聖賢。名倉予何人對於"予何人"三字非常得意與自信,在與中國人筆談交流時自我介紹道:"取《孟子》所謂'舜何人,予何人'之語。"表明自己仰慕中華文化,是屬於中華文化圈的一員,以此來拉近與中國士人的文化親近感,然後就拜託他們以"予何人"三字"作之《記》以貽子孫"①。

"信敦"一詞取自明治時期外交家柳原前光②的贈詩"須罄燕然山上石,先鞭正勒信敦名"一句。當時正值名倉予何人輔助柳原出使中國歸來,中日建交草約達成,名倉予何人居功甚偉,柳原前光特贈詩表示感謝。

另外,在中國文獻以及名倉予何人和中國人交流中,名倉予何人常常以"倉敦"自稱,這是因爲在名倉予何人與中國人互通名號的時候,這個"名"字常被誤以爲"名×××",爲此名倉予何人屢屢重複解釋:"其實弟複姓名倉,此即鄙姓;敦,此即賤名;予何人,此即拙號。"後來,他索性將錯就錯,主動通報"弟姓倉名敦"。

關於日本人的複姓,名倉予何人在與中國文人筆談交流時還牽扯出一段關於《明史》的正誤之辨,筆者將在後續文章中加以論述。另外,據名倉予何人自傳,名倉予何人最初名爲野田重次郎。據岩波書店《國書人名辭典》③記載,名倉予何人實爲浜松藩士野田仁平的長子,後過繼給同藩藩士名倉信芳作爲養子,但其真實性值得推敲。

其次,關於他的學習經歷與學問專長。

名倉予何人自小天資聰慧,加之其父的悉心栽培,在同輩中出類拔萃,11 歲就成爲藩中小吏。其父名倉信芳是浜松藩士的下級武士,享俸禄十

① 名倉予何人:《滬城筆話》,東京都立圖書館特别買上文庫,編號"特 3800"。1862 年 6 月 17 日(五月二十一日)名倉予何人至西門駐防見守將候儀時語。

② 柳原前光(1850—1894):日本政治家、外交家,明治天皇外戚,大正天皇舅父。參與赴清建交、處理臺灣漂流民事件等中日外交問題談判。

③《國書人名辭典》第三卷"名倉予何人"條,岩波書店,1996 年,第 520 頁。

石,雖然家境不太富裕,但爲了給兒子籌集學資,平時省吃儉用,傾其所能。名倉予何人不負父望,勤學不怠,師從安積艮齋、佐藤一齋、朝川善庵等名儒大家,并且進入江户的最高學府昌平黌學習。良好的儒學教育爲名倉予何人打下堅實的漢學功底,使他後來與中國文人進行筆談交流得心應手。長期的漢學教育也使他對中華文明抱有敬仰之心,也是他一直倡導的"日清提攜論"的主要思想基礎。此後他又師從箕作秋坪學習蘭學,接觸西方的知識體系,所以稱得上是學貫中西的飽學之士。

當美國佩里艦隊的"黑船"①來臨,名倉予何人憂心於日本内外交困之勢,懷抱"天下興亡,匹夫有責"的救國抱負,再次從家鄉來到江户,跟隨久保田清吉學習"長沼流"兵法,成爲一名"兵學者"。日本所謂的"兵學者"相當於中國的兵法家,大致興盛於江户時代。與中國先秦漢初就已經出現兵家學派相比,日本兵學的興起要晚得多,而且受當時社會環境的影響,很大程度上兵學是與儒學、易學、醫學等并列,以一種學問的形式存在,裏面夾雜了諸如武士道、士道等倫理性的理論内容。當時的許多幕末維新志士(如吉田松蔭等)都是兵學家,他們試圖通過改良兵法找到一條與西方列强抗衡之路。

名倉予何人訪滬時在與中國士人筆談過程中,就自詡爲"兵學者"。在"千歲丸"訪問上海的時候,他以兵學者的身份與中國的官吏、將軍探討兵事,并且得以進入李鴻章的淮軍大營觀看操演。"戊辰戰争"②爆發後,他因精通兵法而出任倒幕軍副總督柳原前光的參謀,以此爲契機,兩人建立了良好的私人關係,從而爲他其後進入明治政府外務省鋪平了道路。

還有,關於他的個人特長。

名倉予何人數次訪華,其間通過筆談與衆多清朝官吏、滬上富商以及

---

① 1853 年美國佩里將軍率領 4 艘軍艦叩關日本,這些鐵甲蒸汽船均塗黑色,日本朝野俗稱之爲"黑船"。

② 1867 年明治天皇即位,1868 年發布《王政復古大號令》,令幕府將軍德川慶喜"辭官納地"。德川慶喜拒不從命,於是發兵對抗,最後兵敗,交出江户城,明治政府正式宣告成立。這場内戰發生在戊辰年,故史稱"戊辰戰争"。

學者文人交往，憑藉深厚的漢學功底，可謂游刃有餘，不僅與中國人結下深厚的友誼，而且還收集到當時中國社會的第一手資料。名倉予何人在向左院[①]提交的《清國交際之上儀》中闡述了其對於筆談交流的獨特見解：

> 與清人交往以筆話爲上，而以通辦[②]爲下。信敦在清國逗留期間，曾聽好友説，精於漢語的東洋譯者，其漢語雖佳，但須推量才能領會其意，莫如筆談可以直接讀字連意。而（清國）中擅長於筆談的人，亦爲數不少矣。因此請求派遣長於此道之人出使清國交涉。[③]

名倉予何人作爲政府使節，按慣例回國提交述職報告，這份《清國交際之上儀》當屬其中的一件。他在報告中總結與中國官員交往之道，認爲“運用筆毛之能”效果最佳，建議今後派往中國交涉談判時，應該派遣“擅長於筆談之人”，而非“精於漢語的東洋譯者”。名倉予何人能向政府提出上述建言，是因爲他本人就是位熱衷筆談、擅長筆談之人。考慮到日本漢學家大多不擅漢語，即使有極個別人學習口語，也多是福建一帶口音，到了北京、上海等地照樣無法交際，筆談確實是前近代東亞文人交際的主要形式。名倉予何人是一名“筆談使者”的親歷者、實踐者、成功者，他在《清國交際之上儀》中的建言應該都是他的經驗之談。

此外，名倉予何人還被稱爲“メモ魔”，意思是“記録狂人”。據説，他外出總是隨身携帶毛筆和紙，遇到途中有趣的見聞、思考的事情、碰到的人與

---

① 左院：日本明治初期的立法諮詢機構，設立於 1871 年（明治四年），次於正院，負責制定和修正法規、起草憲法草案等。

② 通辦：即日語中的通弁，翻譯員之意。

③ JACAR（アジア歴史資料センター）Ref. A03030305500（内閣、單行書、藩地處理）件名《左院ヨリ千葉県士族名倉信敦清国交際上建白書回付ノ儀》（國立公文書館）。附日文原文如下：“清国官吏ト交リ候ニハ深ク彼ノ觀心ヲ得ル二非レハ虚実ヲ探リ得難シ觀心ヲ得ル二道アリ筆毛ノ能リ尽ス処二何レ二モカレノ觀心ヲ得ル二長シタルモノ御撰ミ清国へ差遣被游候様奉存候。清国人ト交リ候筆話ヲ以テ上トシ通弁ヲ以テ下トス何トナレハ信敦在清中曾テ親友ノ説話二東洋訳者ノ漢語二巧ミナルモノ二ラモ其意ヲ推量シテ會得ス寧ロ筆話ノ確実ナル二シカズト云ヘリ且筆話ヲ能リスルモノ数多く御座候其人ヲ御撰ミ清国へ差遣被游候様奉存候。”

談的話他都會寫下作爲記録。考慮到當時的條件,隨身携帶筆墨與紙作記録,也實是一件不易之事。儘管如此,他還是持之以恒,堅持不懈,在每一次出國游歷中都以紀行文與漢詩的形式把所見所聞所談巨細無遺地記録下來。其紀行文基本是漢文筆談的實録,爲我們留下了非常詳實的現場記録,有著非常高的史料價值。

最後,關於他的人際交往。

幕府時期與名倉予何人的經歷密切相關的一個人,就是當時的浜松藩藩主井上正直(1837—1904)。浜松藩作爲扼守江户之要地,歷來諸大名交替頻繁(幕府將軍德川家康就是從此處發迹,進入日本權力的最高層),各路大名都紛紛把浜松藩作爲進入權力中心的跳板。根據文獻記載,大概平均每 12 年左右浜松藩的藩主就會出現更替。浜松藩有多人進入幕府要職,也因此被稱爲"出世[①]城"。

井上正直於 1847 年世襲浜松藩藩主,1858 年進入幕府的權力中心,任奏者番[②],於 1862 年 10 月就任老中,正式進入幕府的權力核心。而他掌管的即是幕府的對外交往,即"外御用取扱"一職,直至 1867 年明治維新前夕。正是得益於藩主的權力所及,作爲家臣的名倉予何人才得以在對外鎖國嚴密的幕府時期獲得寶貴的訪華機會,從而成爲明治政府初期少數幾位中國通之一。1871 年"廢藩置縣",井上正直被免去藩主之職,告老還鄉,成爲浜松藩的最後一代藩主。

1868 年"戊辰戰争"爆發,浜松藩奉命勤王,名倉予何人作爲參謀隨副總督柳原前光出征,柳原前光由此成爲影響他人生的另外一位重要人士。名倉予何人與他交情甚篤,在其《海外壯游詩》中有云:

---

① 出世:原義指出生、産生、出現。陳師道《謝寇十一惠端硯》詩:"諸天散花百神喜,知有聖人當出世。"轉義爲超脱凡間、淩駕俗世,多用於得道成仙、棄世向佛,如北齊顔之推:"考之内教,縱使得仙,終當有死,不能出世。"又引申爲超越世人,如陳鴻《長恨歌傳》:"夫希代之事,非遇出世之才潤色之,則與時消没,不聞於世。"日語中即化用此義,多指才華超群、出類拔萃、出人頭地。

② 奏者番:日本幕府時期管理武家禮儀的一種職位。對於武家大名來説,擔任此職意味著"登龍門"、晉升之意。

六月初十夜，青青柳公見臨余官舍，文、酒極有興，賦小詩以奉呈："一夜慶雲繞草堂，鶴輿迎處響鏘鏘。明公手來温如玉，若比連城更有光。"又云：八月三日，柳公特賜乘馬，因裁小詩奉呈謝恩："龍馬忽從天上來，一鞭千里奈難陪。只期悱憤舉騏尾，馳至中原展駑才。"①

得益於幕府期間多次出洋的經歷，明治初期，名倉予何人歷任開拓大主典、外務大録、外務大佑等職，直接參與外交事務。1870 年秋，應柳原之邀再次出使中國，這次出使可以説達到了其事業的巔峰。他在《海外壯游詩》中寫道：

明治二年春，應柳原公召赴京都②，將陪公游海外，因喜作。

五渡蒼洋（初游薩牙連③，再游支那，三游西洋，四游支那，并此行爲五游）有幾人，萬里往來若比鄰。

無奈人世不如意，一縷官繩纏微身。

雙鬢霜降欲秋處，青青柳公挽回春。④

名倉予何人已經有過四次出游經歷，爲什麽接到柳原前光的邀請會如此亢奮呢？第五次出游究竟有什麽特别之處呢？謎底就在柳原前光身上——這位皇親貴族奉命出使中國，爲締結近代中日第一個條約進行談判，作爲一個憧憬中國文化的漢學家，有幸際會如此重大的歷史事件，無法按捺内心的喜悦與激動，是完全可以理解的。

---

① 静岡縣編：《静岡縣史・資料編》十五《近世》七，第 47 頁。

② 京都：首都之義。日語中多指平安時代（794—1192）的首都平安京，即今之京都市。明治元年（1868）首都從京都遷至江户，改名爲"東京"。名倉予何人應柳原前光邀請加入赴清使節團，事在明治二年春，故此處"京都"應爲首都之意，即東京。

③ 薩牙連：即庫頁島。

④ 静岡縣編：《静岡縣史・資料資料編》十五《近世》七，第 47 頁。

二、研究概况

總體來説,名倉予何人雖然在明治初期有曇花一現的表現,但其漫長的餘生却是窘迫潦倒,在日本國内無甚影響力。但是其在幕末時期罕見的海外經歷,也引起日本研究者的關注。

首先是其傳記資料,主要有以下幾種:

(1) 名倉予何人《名倉松窗翁自傳》。這是名倉予何人的自傳,明治二十六年(1893)名倉予何人病重在床,自覺將不久人世,遂在病榻上用漢文記録其一生求學與海外出游的經歷,二年後刊登在日本奉公會出版的《奉公》學刊(1895 年 5 月號)。

(2) 石川兼六《名倉松窗傳》。此篇傳記出自名倉予何人生前好友、漢學家石川兼六之手。石川兼六晚年隱居根岸期間,經常前往拜訪名倉予何人,對名倉予何人晚年境况比較瞭解。此傳記録了名倉予何人完整的一生,從内容上看,與《自傳》無過多出入,主要是補充了名倉予何人 1894 年大病痊癒後至離世一段窮困潦倒的生活經歷。該文刊登在 1911 年日本弘道會的學刊《弘道》[①]。

(3) 志賀重昂《名倉予何人筆那破翁墓之詩》。明治時期著名的地理學家志賀重昂[②] 1911 年在其著作《世界寫真圖説・雪》中特設《名倉予何人筆那破翁墓之詩》一節,并附有名倉予何人小傳。志賀重昂是一名狂熱的國粹主義者,怎麽會與漢學家名倉予何人扯上關係呢?原來名倉予何人出訪法國時曾經"著緋紅縐綢,佩大刀而謁拿破崙之廟,吟誦'千載知己君與余'之詩"[③],志賀重昂對詩中迸發出的日本男兒豪邁之氣産生共鳴,於

① 《弘道》:日本弘道會出版,1911 年 9 月,第 31—32 頁。弘道會其前身爲東京修身學社,由西村茂樹於 1876 年創立,提倡振興國民道德,建設道德國家。1914 年正式成爲日本弘道會社團法人。《弘道》爲其會刊。

② 志賀重昂(1863—1927):地理學家,評論家。參與創立政教社,提倡國粹主義。著有《日本風景論》《南洋時事》。

③ 名倉予何人在 1864 年 5 月 29 日參拜法國拿破崙之墓時作漢詩云:"蟠龍曾駕風雲去,一卷歐洲上碧虚。丈夫在世應如斯,縱觀廟貌想當初。咲撫像背復相語,千歲知己君與余。"其詩收録在静岡縣編《静岡縣史・資料編》十五《近世》七,第 55 頁。

是爲之立傳撰文。此篇傳記篇幅不長,内容也不出《自傳》左右。

(4) 白柳秀湖《松窗・名倉予何人傳》。1936年,静岡縣出生的作家白柳秀湖[①]出版《歷史與人間》一書,其中有《松窗・名倉予何人傳》[②]一篇。此傳記用日文撰寫,分爲上下兩部分,篇幅較長。白柳秀湖以叙寫歷史人物見長,文章除了記録名倉予何人五次海外游歷外,還對社會背景、旅行見聞録以及相關人物作了初步的介紹與分析,應該是較早對名倉予何人的生平進行全面分析研究的文章。但由於該文成文較早,所以相關史料收集僅限於日本方面。

其次是日本方面的專題研究,舉要介紹如下:

(5) 1986年,田崎哲郎發表《名倉予何人〈海外日録〉——文久二年千歲丸關係史料》[③]一文,對名倉予何人隨"千歲丸"的訪華問見聞録的内容進行了介紹,是涉及《海外日録》文本内容的先驅性研究成果。

(6) 2001年,春名徹發表《過渡期間知識分子的異文化接觸——以名倉予何人爲例》[④]一文,考證《名倉松窗傳》史實,介紹游歷同行者的背景,梳理多種見聞録的文本。春名徹是一名紀實文學作家,以研究漂流民著稱,關於"千歲丸"同行相關人員——如中牟田倉之助、峰潔[⑤]等,也發表了相關研究文章。雖然對於名倉予何人的研究没有深入到見聞録文本内容,對涉及的異域文化交流、思想碰撞等著墨不多,但是作爲較早的先行研究,他的成果對於我們釐清名倉予何人的史料分布

① 白柳秀湖(1884—1950):日本明治、昭和時期的小説家、社會評論家、歷史學家。

② 白柳秀湖:《歷史與人間》,千倉書房,1936年版,第182—204頁。

③ 田崎哲郎:《〈海外日録〉—文久二年千歲丸関係史料—》,《愛知大學國際問題研究所紀要》第83號,1986年12月。

④ 春名徹:《過渡期の一知識人における異文化接触の意味:名倉予何人の場合》,《調布日本文化》第11號,2001年3月。

⑤ 關於峰潔的文章發表在1998年3月25日《調布日本文化》第八號,主要是對"千歲丸"同行者大村藩士峰潔的上海游歷以及他的見聞録《船中日録》《清國上海見聞録》的整理與録文。關於中牟田倉之助則有《中牟田倉之助の上海体験—『文久二年上海行日記』を中心に—》,發表在1997年《國學院大學紀要》35號。另外還有《中牟田倉之助の上海経験再考—「公儀御役々唐国上海表にて道台其外と応接書」を中心に》,發表在2001年《國學院大學紀要》第39號。兩篇文章分別以個人見聞録及幕府官員與上海道臺的官方交流的史料爲基礎,是研究"千歲丸"訪滬不可多得的珍貴史料。

與脉絡有很大幫助。另外他的研究還提供了其同行人員非常珍貴的見聞録史料,成爲我們開展深度研究的基礎。

(7) 森田吉彦對名倉予何人的歷史成就以及思想脉絡展開深入研究,主要成果有兩篇,《名倉信敦與日清關係的新摸索》①,對名倉予何人極力提倡的"日清提携論"做了具體分析。該文在分析名倉予何人數次海外游歷經過的基礎上,首次提出其在1870年柳原前光訪清使節團與清朝官員交涉時發揮的積極作用,在研究史上具有突破意義。另一篇論文《兵學者名倉信敦的幕末海外見聞》②,利用其他研究者較少涉及的《滬城筆話》《滬城筆話拾遺》作爲研究基礎文本,集中梳理了名倉予何人兩次海外旅行(1862年隨"千歲丸"訪滬以及1864年法國之行)的思想認識以及開國之初西方文明對日本社會——日本傳統武士以及舊知識分子帶來的衝擊。該研究的特點主要是利用較新的史料開展解讀,但是史料的過多羅列也影響了研究的深入。如果能對名倉予何人整體思想發展進行有層次的全面分析則能將研究引入更深層面。

(8) 2016年愛知大學名譽教授藤田佳久發表論文《幕末訪問上海的日本人青年藩士的行動空間——名倉予何人、中牟田倉之助、高杉晋作》③,使用藩士繪製的上海簡圖,標明三位青年藩士的行動路綫,以全新的方式對"千歲丸"訪滬期間的活動範圍做了梳理,使人一目瞭然。通過圖像與圖表的結合,可以清晰地看出名倉予何人是訪滬期間活動範圍最大、與上海各界人士交往最深的訪華團成員。這個論點與前揭春名徹的論文觀點一致,但是春名徹只提出推斷,未用實例加以實證。但該論文還存有一點缺憾,那就是作者在製作路綫圖時僅參考了名倉予何人的日記《海外日録》與《支那見聞録》,而體量巨大、内容更豐富的《滬城筆話》與《滬城筆話拾遺》

① 森田吉彦:《名倉信敦と日清新関係の模索》,《東アジア近代史》第4號,ゆまに書房,2001年3月。
② 森田吉彦:《兵学者名倉信敦の幕末海外見聞》,《帝京大学文学部紀要日本文化學》第40號,2009年3月。
③ 藤田佳久:《幕末期に上海を訪れた日本人青年藩士たちの行動空間—名倉予何人、中牟田倉之助、高杉晋作—》,《同文書院記念報》第24號,2016年3月。

則没有被采用,這一點筆者將在後述論文中加以補充、完善。

以上簡略介紹了以名倉予何人爲中心的專題論文,如果以事件、活動爲綫索來看,還有以下幾類研究成果值得參考:

首先是其第一次訪華的相關研究,1947—1948 年,沖田一發表《幕府第一次上海派遣官船千歲丸的史料》(上、下)[①],分别以日文史料、漢文史料、英文史料爲綫索,對相關成員留下的旅行見聞録文本以及相關史料做了全面系統的梳理,爲後續開展研究奠定了扎實的基礎,成爲研究"千歲丸"必備的參考文獻。此外,平岩昭三《〈游清五録〉與其周邊——關於幕府貿易船千歲丸的上海之行》[②]、横山宏章《文久二年幕府派遣"千歲丸"成員的中國觀——從長崎到中國的第一號訪問在上海觀察到了什麽》[③]、瀧井一博《創造明治國家的人群(20)來自千歲丸的團體》[④]等,也多少涉及名倉予何人在上海的行迹。

其次,關於名倉予何人第二次海外游歷,即 1864 年赴法國談判關於横濱港鎖港使節團的研究,雖然有較多研究成果與此有關,但筆者尚未找到相關涉及名倉予何人的論文,故此不再贅言。

再有,關於名倉予何人第三次海外游歷,即 1867 年名倉予何人受藩主派遣率浜松藩商民訪問上海之行,閻立發表《一八六七年浜松佐倉藩士的上海視察》[⑤],以名倉予何人的《三次壯游録》卷三、高橋由一的《上海日記》、安倍保太郎的日記《支那見聞録》爲文本,對使節團一行的日程進

---

① 沖田一:《幕府第一次上海派遣官船千歳丸の史料(上)》,《東洋史研究》第 10 卷第 1、第 3 號,1947 年 12 月;《幕府第一次上海派遣官船千歳丸の史料(下)》,《東洋史研究》第 10 卷第 3 號,1948 年 7 月。

② 平岩昭三:《〈游清五録〉とその周辺——幕府交易船千歳丸の上海渡航をめぐって—》,《日本大学芸術学部紀要》第 16 號,1986 年。

③ 横山宏章:《文久二年幕府派遣「千歳丸」随員の中国観—長崎発中国行の第 1 号は上海で何をみたか—》,《県立長崎シーボルト大学国際情報学部紀要》第 3 卷,2002 年 12 月。

④ 瀧井一博:《明治国家をつくった人びと(20)千歳丸という"Natio"》,《本》第 35 卷第 3 號,講談社,2010 年 3 月。

⑤ 閻立:《一八六七年における浜松・佐倉藩士の上海視察》,《大阪経大論集》第 61 卷第 2 號,2010 年 7 月。

行了梳理。管見所及，除了此文之外，尚未發現其他關於此行的研究文章。

此外，關於名倉予何人的第四次海外游歷，即 1870 年 9 月名倉予何人隨從柳原前光赴上海參與清日兩國修好簽約的預備談判之行，除了上述森田吉彦教授論文《名倉信敦與日清關係的新摸索》之外，雖然關於《中日修好條規》的研究成果頗多，可是具體涉及名倉予何人的却不多見。

最後，關於名倉予何人第五次海外游歷，即他接受臺灣巡撫劉銘傳之邀，前往臺灣進行水井挖掘事業，目前僅見岡部三智雄《名倉松窗與劉銘傳——關於清末臺灣水井開掘事業》①一文，考察名倉予何人赴臺灣的背景以及經歷，可是限於史料匱乏，研究并不深入。

日本學界的研究情況大致如上，接下來看看中國學界的研究狀況。

中國國内有關名倉予何人的文獻史料的整理，目前有馮天瑜《"千歲丸"上海行——日本人 1862 年的中國觀察》一書中收録的《海外日録》以及張明傑主編《1862 年上海日記》②中所收録的《海外日録》與《中國見聞録》。國内提及名倉予何人的論文，還有劉岳兵著《近代以來日本的中國觀》第三卷③中引用《大日本外交文書》中的相關部分，對名倉予何人的對華外交觀進行了闡述，指出名倉予何人在最初的中國與日本的外交中起了非常重要的作用。除了上述研究論文之外，中國國内對名倉予何人的專題研究幾乎空白。

至於相關的研究成果，有關"千歲丸"上海之行的研究在國内比較深入。早期的綜述性闡述，可舉出王曉秋《近代中日文化交流史》④、劉德有

① 岡部三智雄：《名倉松窓と劉銘伝—清末台湾における井户開削事業をめぐって—》，《臺灣史研究》11 卷，1995 年，第 13—15 頁。

② 張明傑：《1862 年上海日記》，中華書局，2012 年版。

③ 楊棟樑：《近代以來日本的中國觀》第 3 卷，江蘇人民出版社，2012 年，第 123—125 頁。

④ 王曉秋：《近代中日文化交流史》，中華書局，1992 年，第 163—190 頁。

等主編《中日文化交流事典》[①]等；馮天瑜《"千歲丸"上海行——日本人1862年的中國觀察》[②]一書的出版，使"千歲丸"研究達到了頂峰，此後的相關研究成果基本不出該書範圍。此外，李啓彰《近代中日關係的起點——1870年中日締約交涉的檢討》[③]一文，對名倉予何人在清日兩國談判中起到的積極作用有所闡述。綜上所述，中日兩國的學者在關於名倉予何人的研究方面已經取得了一定數量的成果，由於研究對象的國籍以及資料獲取的便利性方面的原因，日本學者的成果處於領先地位。但是與名倉予何人在幕末明治初期珍貴的海外經歷以及其見聞録史料的稀缺性相比，筆者認爲當前的研究還是遠遠不夠的。與同時代的維新人士相比，名倉予何人的生涯無疑是悲劇性的。比如在"千歲丸"上的同行者中，高杉晋作日後成爲了叱吒風雲的倒幕鬥士，五代友厚成爲與澀澤榮一齊名的著名實業家，中牟田之助則在仕途上一帆風順，升任海軍軍令部部長，而名倉予何人則是在窮困潦倒中終其一生。因此對於他的關注度顯然不及其他人。

另外，此時期的研究史料基本上以日本人所記録的見聞録爲基礎，缺乏中國方面的相關史料。然而隨着臺北"中研院"近代史研究所《同治年間中日經貿交往清檔》[④]公之於世，一大批當時與幕末訪華相關的重要清朝官方文件浮出水面。但是令人遺憾的是，這些史料在幕末日本訪華見聞録的研究中并没有得到應有的重視，這就造成了日方的研究成果因缺乏中方材料支撑而顯得不夠圓滿，難以廓清整個歷史事件的全貌。

再比如1870年名倉予何人隨柳原前光訪問中國時留下的《航海漫録》，雖然日本國立國會圖書館公開了電子版，但迄今尚未見有人深入解

① 劉德有、馬興國：《中日文化交流事典》，遼寧教育出版社，1992年，第531頁。

② 馮天瑜：《"千歲丸"上海行——日本人1862年的中國觀察》，商務印書館，2001年。

③ 李啓彰：《近代中日關係的起點——1870年中日締約交涉的檢討》，《"中央研究院"近代史研究所集刊》第72期，2013年。

④ 臺北"中研院"近代史研究所：《同治年間中日經貿交往清檔》，《歷史檔案》2008年第2期；日文版《幕末期千歲丸・健順丸の上海派遣等に関する清国外交文書について——台湾"中央研究院"近代史研究所所蔵「総理各国事務衙門新档」(一八六二—六八年)一》，見東京大學史料編纂所《研究紀要》第13號，2003年3月。

讀;而比之更爲全面的柳原前光用漢文編寫的《使清日記》(日本宫内廳藏),也未見前文所述相關名倉予何人的研究文章中予以體現,實爲一大缺憾。

從幕末到明治初期,中日雙方在外交上具有千絲萬縷的關聯,所以斷片式的解讀容易引發片面的判斷。而在幕末到明治初期穿梭在兩國官方與士民之間的旅行者——名倉予何人,剛好給我們提供了一個連續性解讀當時兩國關係發展變化的一個絶好的角度與綫索。

三、名倉予何人訪華游記概述

本節將以日本兵學者名倉予何人的歷次訪華旅行爲綫索,探討幕末至明治期間——特别是 1862—1870 年,日本人的中國文化體驗以及中日兩國的互動交流狀況。

名倉予何人作爲德川幕府末期的浜松藩藩士,1862 年隨日本幕府派遣的商船"千歲丸"號訪問上海,成爲開國後首批訪問中國的日本人士。當然名倉予何人與中國的機緣并没有就此止步,1863 年他隨外國奉行池田築後守赴法國談判横濱鎖港之事時又途訪香港、上海。1867 年名倉予何人受藩主的派遣,率領浜松藩的商民再度訪問上海。明治維新後,憑藉其豐富的與中國交往的經歷,名倉予何人歷任開拓外務省的大主典、外務大録、外務大佑。1870 年 9 月,名倉予何人隨從柳原前光抵達上海,參與清日兩國修好簽約的預備談判。他依托數次訪華積累的與中國官吏、文人交往的人脉與經驗,與上海、天津等各路官員周旋,同時極力宣揚"日清提携論"思想,在説服李鴻章等中國官員的過程中發揮了重要推動作用。歸國後由於名倉予何人的思想與明治政府奉行的中國對策不符,遂很快從明治政府去職。1888 年 5 月,受時任臺灣巡撫劉銘傳的邀請,名倉予何人率領掘井工數名前往臺灣,幫助臺灣開展挖掘水井的事業,但事業進展不順,遂於當年 11 月返回日本。後以開設漢塾維生,最終名倉予何人於 1901 年離世，在窮困潦倒中了結餘生。

旅行記作爲記録當事人旅行的見聞與感受的載體，是我們研究其旅行經歷的最基本、最直接的一手資料。因此本研究將基於名倉予何人在歷次訪華中留下的旅行見聞録，同時結合相關史料展開。

名倉予何人曾經將自己的數次海外（中國）旅行記録整理成集，名《杭海集》，并作序曰：

> 余曾跋涉海外凡五次（每次有記〇），初杭乃在文久二年（《海外實録》），再杭乃在元治元年（《航海日志》），三杭乃在慶應三年（《壯游日録》），以上三次之游，并係杭海未再〇[1]時之事；四杭乃在明治三年（《游清漫録》），此行特奉旨持節使清國，此乃清國通信蒿矢也。自國之後杭海之路大國，公也私也，凡有志者之游海外諸國者月加年多；五杭乃在明治廿一年（《蹈濤記事》），此行者所感焉，遂應清國劉省三據延，蹈海游臺灣，承教習之乏，在五杭中以人爲最奇之游也。……然則余之五杭或謂之勝今人百杭亦可也，且今欲知時世之沿革及風俗之轉變者，觀余所著五次《杭海集》（計廿有四卷），則庶幾可以見其一端矣。明治二十陸年秋捌月哉生明東京隱士名倉松窗自序。[2]

據石川兼六撰寫的《名倉松窗傳》記載，名倉予何人在自己病重時曾將自己航海經歷的相關著書贈與照顧自己的門生澀某，此人雖然“以篤行聞”，但“家世業商”，名倉予何人離世後著書合集也就不知所終。筆者根據日本各大學以及圖書館的收藏與出版情況，將目前可以查閲的文獻整理如下：

(1) 1862 年 6—8 月，隨“千歳丸”號訪問上海（對應上文中序的文久二年），訪華行程見聞録爲《海外日録》以及《中國見聞録》，以日文寫成，收入

---

① 此字或爲“開”。

② 名倉予何人：《杭海總序集》，由石川二三造投稿至《奉公》，見《奉公》，1895 年 5 月，第 22—23 頁。

小島晋治主編《幕末明治中國見聞録集成》,中文譯本見馮天瑜《"千歲丸"上海行——日本人1862年的中國觀察》、張明傑主編《1862年上海日記》,在中日兩國普及面較廣。

此外還有體量更爲龐大的訪華筆談記録《滬城筆話》與《滬城筆話拾遺》。《滬城筆話》分别被收藏在京都大學文學部古文書室、東京大學史料編纂所和東京都立中央圖書館,因爲涉及文本内容分析,筆者將在後文中做相關内容解析;《滬城筆話拾遺》收藏在京都大學文學部古文書室,是目前可知的"天下孤本"。

(2) 1864年2—8月的法國之行(對應上文序中的元治元年),有關此次出行法國的記録有其與高橋包所撰《航海日録》與《航海外日録拾遺》(筆談記録),另外静岡縣編《静岡縣史・資料編》十五《近世》七,其中收録有名倉予何人的《海外壯游詩》,其中有關於此行記録的漢詩69首,漢詩按照訪法行程時間的先後排列。雖然法國之行看似與中國無關,但是行程中經過上海、香港,名倉予何人除了拜會上海老友外,還在香港英華書院與王韜面談。

另外《海外壯游詩》中,名倉予何人直抒胸臆,充分表達了其對於西洋、中華以及日本的觀感,是研究考察其思想不可多得的史料,故將其納入研究視野之中。

(3) 1867年2—5月,名倉予何人作爲浜松藩與佐倉藩使節團的團長訪問上海(對應上文序中的慶應三年)。關於此次使節團的記録,名倉予何人著有《三次壯游録》,目前卷三收藏在京都大學京都大學文學部古文書室,其餘不詳。

從資料保存的完整性來看,使節團成員高橋由一的《上海日記》的記録更加完整。此次旅行雖然以貿易的名義展開,但是名倉予何人憑藉其出色的交際能力,成功地把使節團的活動範圍從上海拓展到鎮江、南京。

(4) 1870年9月,名倉予何人隨柳原前光爲中日兩國修約準備前往上海、天津(對應上述序文中的明治三年)。在使節團成員的努力下,順利完成任務,歸國後受到了外務省的嘉獎。

有關於此次行程,名倉予何人著有《航海漫録》,其第一卷目前收藏於日本國立國會圖書館。書中的大部分内容爲名倉予何人與上海各級官吏以及文人的筆談記録,從中可以大致把握柳原前光與名倉予何人等使節團一行到達上海後的交際活動情况以及上海相關官員的應對。涉及的時間是從 1870 年 7 月 27 日從日本横濱出發至 9 月 27 日離開上海赴天津爲止約一個月的時間,赴天津後其餘部分所藏不詳。

(5) 1888 年的臺灣之行(對應上文序中的明治二十一年)。雖然在上述序文中名倉予何人自述著有《蹈濤記事》,但是目前還未獲取相關文本收藏的信息。

四、日本人的訪華游記

日本人記録來華旅行經歷的傳統由來已久。自古以來由於中國在經濟、文化、制度等方面在東亞地區保持領先地位,吸引了周邊的朝鮮、日本、越南諸國派遣使者來華,或朝貢請封,或開展貿易,或觀光神州,或巡禮聖迹,實現了東亞地區的多元互動。

唐代,在規模龐大的遣唐使中,自日本來華求法的學問僧絡繹不絶,最澄、空海、圓仁即是其中的傑出代表。宋元時期,以日本奝然、寂照、成尋等爲代表的入宋僧,竺仙梵仙、圓爾辨圓等爲代表的入元僧,遠涉重洋,甘冒鯨波,參禪學法。

他們中的一些記録下訪華期間對中國社會的觀察,編成來華的使行録、見聞録。舉其要者,唐代有圓仁的《入唐求法巡禮行記》,宋代有成尋的《參天台五臺山記》。有明一代,由於倭寇對中國沿海地區的騷擾以及豐臣秀吉發動萬曆朝鮮戰争,中日兩國關係出現波折,但仍然有策彦周良的《初渡集》《再渡集》,笑云瑞訢《笑雲入明記》,天與清啓《戊子入明記》,了庵梧桂《壬申入明記》等一批代表性的遣明使出使行紀。

總體來説,在這段期間内由於中國在東亞地區確立的絶對經濟與文化優勢,東亞各國基本是以中國爲榜樣,通過與中國的對比來塑造自我形象[①]。所以旅行記録也相應地側重於記録中國。東亞國家因爲在歷史上與中國屬於同一漢字文化圈,所以對於中國的記録既包含了基於相同儒家文化的理解,同時又具有從其自身文化特點的異域理解,所以這些詳細史料成爲研究中國不可或缺的史料,有助於全面厘清史實的真相。

隨着德川幕府在寬永年間(1624—1645)陸續頒布鎖國令,直到1862年幕府派遣的"千歲丸"來滬訪問之前的二百餘年間,前來中國的日本人幾近絶迹。此期間對於中國的直接觀察記録多集中於海上遭遇風暴的漂流民的口述記録,雖然有《韃靼漂流記》《支那漂流記》《榮力丸漂流記談》等史料存世,但總體上來説均與兩國當時的社會經濟發展狀况不相適應。而且由於幕府對於來自海外的信息嚴密封鎖,大部分相關史料只供幕府高官傳閲,没有廣泛在民間流播。這些資料得以付梓出版、公諸於世,基本上是在明治維新以後,因此在當時的社會影響力有限。

1853年美國海軍准將馬休·佩里率艦隊駛入江户灣,1858年《安政五國條約》[②]簽訂,至此幕府的鎖國體制崩潰。與此同時,隨着西方殖民勢力的大舉東擴,首先是英國P.&O.輪船公司[③]開闢長崎—上海(1859年9月)、横濱—上海(1864)航綫,緊接着日本三菱公司於1875年開通横濱—上海航路,中國與日本之間的交通愈加便利,兩國之間的交流在時隔二百多年後再度拉開帷幕。19世紀70年代,兩國政府在天津簽訂《中日修好條規》,開啓了中日兩國近代真正意義上的交流。從此日本官民以各種名目和管道來到中國,或前來考察,或各地觀光,或拜師留學,其中的一些組

---

① 朝鮮的小中華思想、日本的日本型華夷思想、越南的南國意識等,都以中國的儒家思想、華夷思想等作爲參照物。

② 日本安政五年(1858),江户幕府分别與美國、荷蘭、俄國、英國、法國簽訂不平等條約,故稱《安政五國條約》。

③ 英國半島東方輪船公司(Peninsular and Oriental and Steam Navigation Company),於1840年創立。

織與個人把親身所見所聞或者所感所思以日記、筆記、報告書、覆命書乃至詩文等形式記録下來,旅華見聞録的撰寫由此漸臻鼎盛。

關於近代,特别是明治時期的日本人訪華游記文獻概要,張明傑有專文[①]詳細論述,因此本文不再另行贅述。作爲論述的参照性資料,筆者將其中幾部代表性旅行記概要介紹如下:

(1) 首先是 1862 年“千歲丸”渡航上海時乘船藩士留下的關於上海的見聞録。這是自鎖國以來日本官方首次向中國派遣官船。藩士們從外國觀察者的角度記録下來的史料,展現出晚清中國的各個層面的景象,是研究 19 世紀中葉上海的社會狀況、西方列强侵華情況、太平軍與清政府交戰的情況的重要史料。

(2) 海軍少尉曾根俊虎於 1873 年 3 月作爲副島種臣外務卿隨員出使中國,在北方滯留數月,後又至上海辦理軍需物資,居住一年有餘。他於 1875 年撰就《北支那紀行》一書。全書詳盡記録了以天津爲核心的直隸、山東、遼寧一帶的地勢、人口、兵備、産物、人情、風俗、貿易乃至清朝宗室的積弊和鴉片烟的危害。另一部游記《清國漫游志》(1883)記録了他 1874 年第一次踏上中國土地時的情形。1874 年 12 月 11 日他從上海租船出發,經過青浦縣、朱家角、西塘、嘉興府、石門縣,16 日到達杭州,游覽了西湖、净慈寺、岳廟等名勝,在净慈寺與長老吾哲暢談,瞭解太平天國的詳細情況;二十日從杭州出發經過海寧、海鹽、乍浦、平湖、西塘等地,28 日返回上海。

(3) 净土真宗東本源寺僧人小栗棲香頂之《北京紀事》。他於 1873 年來到北京,居住生活了將近一年。《北京紀事》詳細記録了他在北京的生活經歷、所見所聞。他筆下記録了店鋪老闆、夥計、趕考的舉子、生計艱難的書生、喇嘛和尚等各色小人物,寺廟、錢幣、風俗、日用等各種生活側面,透露出他對晚清社會的深刻思考。

---

① 張明傑:《明治時期日本人的中國游記文獻綜述》,《日語學習與研究》總第 168 期,2013 年第 5 期,第 55—59 頁。

(4) 外交官竹添進一郎《棧雲峽雨日記》。全書以漢文體寫就,記録了其一行三人於 1867 年 5 月從北京出發,經河北、河南進入關中,横跨秦嶺棧道進入成都、重慶,後乘舟順流下長江,過三峽,8 月抵上海的旅程。這部漢文體游記,有日記,有詩作,有實録,有感發。卷首有李鴻章、俞樾等名流作序,在中國文人中頗有影響。

(5) 儒學家岡千仞於 1886 年撰寫的漢文體《觀光紀游》,記録了 1884 年 5 月至 1885 年 4 月期間他游歷蘇州、杭州、天津、北京、廣東、香港等地的見聞,其中與各地名流李鴻章、盛宣懷、俞樾、李慈銘、張焕綸等圍繞中國時事的討論交流是本書的亮點,是有助於理解中法戰争開戰前後中國社會尤其是知識階層思想狀況的絶好材料。

(6) 與《觀光紀游》《棧雲峽雨日記》并列爲明治時期代表性三部漢文體中國游記的《燕山楚水紀游》,由山本梅崖在 1899 年寫成,記録了他於 1897 年 9—12 月在北京、上海以及長江中下游部分地區游歷之經過,除了旅華見聞外,旅行體驗以及時政評議皆是此書亮點。

(7) 日本漢學家内藤湖南著《燕山楚水》爲其 1899 年 9—11 月游歷中國後所寫的游記。這次旅行途經天津、北京、上海、蘇州等地,書中有對中國名山大川的描繪,也有關於中國社會現狀的雜感,同時也收録了他與當時中國知識份子會面時的筆談記録。

(8) 此外,日本知名作家芥川龍之介、夏目漱石受到大正時期的"中國趣味"影響來華旅游,其所寫的訪華日記《中國游記》(1925)、《滿韓漫游》(1909),在日本影響頗大。

通觀以上作品,不難發現其中最大特點就是旅行見聞録的寫實性。幕末的日本面臨西方列强侵略,民族危機當前,一大批抱有强烈使命感與責任感的志士探求各種救國之路,欲拯救日本於水火之中。明治維新之後,他們又擔負起富國强兵之責,而考察遭遇更深社會與民族危機的文化母國——中國,即是其中有效途徑之一。

從江户幕府中期開始,日本人對中國的傳統認知開始出現裂變。在進入近代社會前夜的日本江户時代初期，雖然慕華意識仍然在日本社會中居於主流地位，但是隨着日本封建社會的成熟以及近代"西學東漸"影響的加深，所謂的"文化中國"開始受到衝擊與挑戰。

鴉片戰争失敗，暴露了清王朝統治下的中國社會的落後與腐敗。對於日本來説，自古以來作爲文明、先進榜樣的中國，變成了與日本大同小異，墜落爲落後於時代的半開化國，日本社會的主流思想把中國喻爲"殷鑒"，當作反面教材，力圖通過變革而避免重蹈覆轍。

基於以上認識，在幕末至明治初期的數十年内，關於如何處理與中國關係問題上，日本出現了各種不同的主張，中日聯盟論、中日唇齒論、日本盟主論、中國威脅論等不一而足。所以當抱有各種主張的旅行者來到中國後，首先就是基於自己的認知對中國進行各種深入細緻的剖析，反映在旅行記録中則是對中國的政治、經濟、文化、地理、軍事以及風土人情的描述與考察，以及與中國思想人士之間充分的交流、溝通乃至碰撞，而非簡單的游山玩水、尋訪名勝、題詩作詞之類的情懷抒發。1862 年"千歲丸"渡航上海時乘船藩士留下的關於上海的如實見聞的文集可算是開先河之作。從這個角度來講，近代日本之所以能在對華侵略擴張行動中多次得手，很大程度上得益於其對中國彼時現狀的充分把握與判斷。

這些旅行見聞録的第二大特點便是"西洋"因素。在中日兩國都受到西方殖民者武力侵擾與威脅的背景下，來華的日本旅行者無時不刻地關注著西洋因素對於中國傳統社會的侵蝕，進而反觀思考自身，這即是所謂的"攬鏡自鑒"。另外，日本旅行者也通過中國來觀察西洋，觀察西方文明在中國的蔓延與發展。可以説中國是日本與西洋接觸的重要媒介之一。自從日本開港開市以來，西方國家成爲中日關係和中日文化交流中重要的影響因素，日本人不僅通過西方國家接觸瞭解中國，甚至以西方人的視角來認知、評價中國。近代歐美以西洋爲中心的文明史觀以及對亞洲、中國的蔑視思想，勢必會對近代日本的中國認識與對華態度和政策産生消極影響。因此來華見聞録不僅僅是日本人觀察中國的記録，更是貫穿著其觀察西洋、感受西洋的記録。

近代以來中國與日本的相互認知反映到旅行見聞録上，則是相關個人複雜的情感體驗。以上述這些訪華人士的旅行見聞録爲材料，國内外學者對近代日本人訪華問題進行了深入的研究，對於訪華人士的中國觀、中國印象、在華活動等都有深入探討，取得了豐碩的成果。訪華見聞録爲我們研究當時中國的情況、中日兩國關係的發展提供了新視角與新材料，讓研究者可以跳出中國看中國，以異域之眼來審視近代中日兩國關係的互動與發展。

1853 年佩里艦隊憑堅船厲炮威逼日本打開國門，以此爲開端，日本邁出了對外門户開放的步伐。幕末期間，日本一共 6 次派遣歐美使節團①。很顯然，幕府迫於“尊王攘夷”②以及西方列强要求開港貿易的雙重壓力，不得不把主要注意力投向歐美，派遣往歐美的使節團不僅級别高、歷時長，而且國際影響巨大。

相比之下，發展與中國的關係被放在了次要的地位。以 1862 年幕府派遣官方貿易船“千歲丸”號訪問上海爲標志，中日雙方終於邁出了互動的

---

① 幕末日本 6 次遣派歐美使節團分别爲：第一次，爲了交换《日美修好通商條約》的批准書，幕府於萬延元年(1860)向美國派出以外國奉行兼神奈川奉行新見正興爲正使，以箱館奉行、外國奉行兼神奈川奉行村垣範正爲副使，以小栗忠順爲監察使的使節團。第二次，文久二年(1862)，派遣以外國奉行、勘定奉行竹内保德爲正使，以外國奉行、神奈川奉行松平康直爲副使，以目付京極高朗爲監察使的使節團，出訪英國、法國、荷蘭、普魯士、俄羅斯、葡萄牙等歐洲國家。該使節團的主要任務是與“安政五國條約”各締約國交涉有關延期開放兩港(兵庫、新潟)兩市(江户、大阪)的問題。第三次，元治元年(1864)，以外國奉行池田長發爲正使，以外國奉行河津祐邦爲副使，以目付河田熙爲監察使的使節團出訪歐洲。該使節團的任務是爲了要關閉已開放的横濱港而與各締約國進行談判。第四次，慶應元年(1865)閏五月，以外國奉行柴田剛中爲特命理事官的使節團前往法國，爲横須賀製鐵所招聘技師并購買機械，同時招募步兵、騎兵、炮兵等三軍教官，并在完成主要任務之後順訪英國倫敦。第五次，慶應二年(1866)，以箱館奉行兼外國奉行小出秀實爲正使，以目付石川利政爲監察使的使節團出使俄羅斯。該使節團的任務是與俄羅斯談判有關樺太(即庫頁島)邊境劃定問題。第六次，慶應三年(1867)，民部大輔德川昭武作爲幕府將軍德川慶喜的代理，前往法國參加巴黎萬國博覽會，并歷訪歐洲各國。

② 日本幕末時期，面對天皇架空、外敵環伺的險峻内外困境，“尊王論”與“攘夷論”相結合而形成“尊王攘夷”政治思想，其發端起自深受朱舜水影響的水户學派，以下級武士爲中心迅速波及全國，遂成爲王政復古、倒幕運動的思想支柱。

步伐。雖然日本幕府一共派出了四次官方貿易船①訪問中國，但無論是人員數量還是使節級别，與歐美使節團都不可同日而語。

但是如果以 1871 年兩國政府在天津簽訂《中日修好條規》爲一個時間節點，我們觀察這期間中日兩國的社會、政治相關背景情况，就會發現情况的變化是如此之大。首先是日本的倒幕運動成功，以中下級武士爲主體的改革派掌握政權，登上歷史舞臺。1868 年倒幕運動成功後，以明治天皇爲中心的新政府成立，新政府進行近代化政治改革，建立君主立憲政體，經濟上推行“殖産興業”，學習歐美技術，推進工業化建設；文化上，提倡“文明開化”，社會生活歐洲化，大力發展教育等。這次改革使日本成爲亞洲第一個走上工業化道路的國家，逐漸躋身於世界强國之列，是日本近代化的開端，是日本近代歷史上的重要轉捩點。反觀中國，太平天國運動終於在清朝政府與歐洲列强的聯合鎮壓之下被平息，中國社會初現安定；歐美列强在第二次鴉片戰争後轉换方針，以合作扶持代替對抗，開始與清政府走上共同奴役中國百姓之路。在獲得了短暫的安寧之後，中國開始步入所謂的“同

① 第一次使團赴滬：幕府爲恢復 17 世紀 30 年代（寬永年間）以前的朱印船貿易，并瞭解正在上海一帶進行的清朝與太平天國之間的戰况，經過一年的籌畫準備，於文久二年（1962）派遣使團赴滬。使團由御勘定根立助七郎率領，一行 51 人，於 1862 年 5 月 27 日（文久二年四月二十九日），乘幕府官船“千歲丸”，從長崎發航，6 月 2 日（五月初六日）抵達上海港，7 月 31 日（七月初五日）離開吴淞口，在上海逗留兩個月，至 8 月 9 日（七月十四日）返回長崎。第二次使團赴滬：這次使節團的正使爲軍艦奉行支配組頭次席、箱館奉行支配調役并山口錫次郎，隨行者外國奉行支配調役格通弁御用頭取森山多吉郎（1820—1871，幕末著名的荷蘭語翻譯）等 50 人，乘幕船“健順丸”於 1863 年 12 月 21 日（文久三年十一月十一日）從品川啓航，1864 年 3 月 28 日至 5 月 14 日（元治元年二月二十一日至四月九日）逗留上海。使節團在上海拜訪英國、荷蘭等國領事館和海關，爲購買武器到停泊上海的美國船會商，又至道臺府拜訪以候補松江知府代理上海道的應寶時。“健順丸”上海行的主要目的是開展貿易。“健順丸”乘員的紀行文集結爲《黄浦志》。第三次使團赴滬：這次使團負有密命——調查長州藩賣蒸汽船换購槍支的情况。作爲外樣大名、西南雄藩之一的長州藩，與幕府矛盾日益尖鋭。長州藩爲建立自己的陸海軍，違背對外貿易須經幕府許可的規定，自行向外國買賣槍械和船艦。荷蘭總領事將此事密告幕府，幕府遂派員前往上海查證，原擬依賴荷蘭駐滬領事逮捕村田藏六等長州在滬人員，因中國自有法規，幕吏們無法下手，只能調查事件原委。第四次使團赴滬：不同於前三次使團由幕吏率領，這次由浜松藩與佐倉藩共 9 人聯合組團，由浜松藩主井上河内守家臣名倉予何人率領，乘英商蒸汽船“恒河號”（CANGES），於 1867 年 2 月 15 日（慶應三年一月十一日）從横濱啓航，2 月 19 日至 3 月 16 日（正月十五日至二月十一日）逗留上海，3 月 17 日（二月十二日）乘清政府蒸汽船“江南緝捕勇船”從上海駛往金陵。5 月 5 日（四月初二日）從上海返航。第四次上海行的日的是學習西洋戰術和學術文化，并探討開展日清貿易的可能性。

治中興"時期。在鎮壓太平天國運動中以曾國藩、李鴻章爲代表的南方士族力量憑藉其强大的軍事實力,在滿族貴族統治中國二百多年後登上政治舞臺,并且在其後四十餘年左右中國的内政外交。

以1862年日本"千歲丸"號訪華爲開端,兩國開始步入近代互相交往階段。但是由於日本鎖國政策餘緒尚存,以及國民的思想開化乃至交通條件的限制,直至兩國簽定《中日修好條規》,真正前來中國實地考察的日本人爲數不多。因此,多次穿梭於兩國之間的人物——名倉予何人的活動,就值得我們重點關注。

從他在此期間的五次訪華經歷來看,他長時間滯留上海的經歷可以使他多次與本地官民保持穩定與深入的接觸,從而可以透徹地瞭解上海士民特别是新生勢力(上海富紳、漢族將官)的思想動向,他與上海士人深入廣泛筆談的記録也爲我們提供了考察當時實况的第一手史料。由於此期間的日本訪華人數少,在數量巨大的近代日人訪見聞録中,此期間(1862—1871)的相關紀行文數量不多[①]。這與當時中日兩國社會發生的巨大的變革是不相稱的,所以此期間名倉予何人連貫性的紀行文在史料價值上就顯得彌足珍貴。

五、名倉予何人的海外體驗

名倉予何人一生歷訪中國,其生涯可以説是與中國結下不解之緣。據名倉予何人所作《自傳》及《海外壯游詩》記録,名倉予何人有六次出洋經

① 此期間訪華日記中影響最大的當屬1862年"千歲丸"號乘員留下的見聞録:納富介次郎《上海雜記》,日比野輝寛《贅肬録》《没鼻筆語》,高杉晋作《游清五録》,峰潔《船中日録》《清國海上見聞録》,松田屋伴吉《唐國渡海日記》,名倉予何人《海外日録》《中國聞見録》《滬城筆語》《滬城筆語拾遺》。另外還有1864年"健順丸"訪滬後幕吏寫的上海視察覆命書《黄浦志》,1867年名倉予何人著《三次壯游録》,1870年名倉予何人著《航海漫録》與柳原前光編《使清日記》。另外,1866年隨同美國傳教士赫本博士來上海印刷《和英辭林集成》的岸田吟香所著的《吳淞日記》也是其親身觀察上海社會實况的重要文獻。此外,1856年藩學尚德堂編撰的漂流民日記《榮力丸漂流記談》,是從漂流民視角記録中國實况的重要文獻。

歷，除了首次赴蝦夷[①]外，名倉予何人的歷次出游都與中國有關。

首次游蝦夷(時間不詳)，1862 年隨"千歲丸"訪滬，1863 年隨外國奉行池田築後守赴法國談判橫濱鎖港之事(途經香港、上海)，1867 年受幕府派遣率領浜松藩的商民訪問上海，1870 年隨從柳原前光参與清日兩國建交草約的簽訂，1888 年受臺灣巡撫劉銘傳之邀率掘井工前往臺灣参與水利事業。因此他也成爲明治政府初期爲數不多的"中國通"官員。

名倉予何人年輕時候一直不得志，他曾賦詩述懷："曾被囂塵誤我身，多年抱志苦輪困。縱令萬里漫游去，猶是人有此等人。"他的人生轉機出現在 1862 年 5 月 27 日清晨——"千歲丸"啓航離開長崎港，名倉予何人與其他年輕的諸藩藩士一起踏上了赴滬航程。"千歲丸"上海之行成爲他人生的轉捩點，也開始了他與中國一段長達數十年之久的不解之緣。

以下順次介紹名倉予何人數次游歷外洋的經歷以及在此期間留下的紀行文。

(一) 1862 年"千歲丸"訪滬

有關"千歲丸"號訪滬的背景以及乘員之所見所聞，馮天瑜在《"千歲丸"上海行——日本人 1862 年的中國觀察》一書中已有詳細介紹，本文就不再重複叙述。以下重點就名倉予何人在上海之行中的表現加以論述。

在"千歲丸"號的乘員名單中，他的身份是御徒士目付鍋田三郎右衛門的從者。與其他年輕的武士相比，年届四十的他更多了一份成熟的思考與敏鋭的觀察。他在《海外日録》中寫道："此舉意在恢復寛永以前之朱印船，然受官吏之台命而入唐，乃室町幕府以來稀有之事。"意識到"千歲丸"號之行將揭開中日關係新的篇章。

在上海，租界的繁榮富貴和難民的貧窮潦倒形成極爲鮮明的對比，大

① 蝦夷即日本北海道，在明治政府於 1869 年將蝦夷改稱北海道之前，蝦夷地一直屬於松前藩、幕府管理，前往蝦夷被當時不少日本人視爲出洋。

部分日本武士對風雨飄搖中的中國抱有蔑視的態度，曾經的文化母國淪落到如此地步也使武士們的民族危機感進一步加深。

然而與衆人普遍的態度不同，名倉予何人却抱有自己的觀點。面對混亂不堪的中國情勢，他依然對中華文明的優越性持有憧憬之心。在"千歲丸"號抵達中國海域的時候，他就喜不自禁地作詩《始見清國之山鞍島之山喜作》云：

昨上西行萬里舟，東望故園水悠悠。
雲濤相接斜陽處，始見平生夢裏洲。[①]

在與中國文人筆談交流的時候，他介紹自己的名字"予何人"時，總是會説"取孟子所謂舜何人，予何人之語"，由此拉近與中國士人的文化親近感，并且拜託他們以此三字"作之記，以貽子孫"，顯示出對中國古典的熟悉、對傳統文化的熱愛。在詢問中國的文物制度的時候問道："弟聞貴邦立國郡縣，故仕至宰相，亦其子孫勿落在民間，果然否？"[②]表現出相對於日本的諸侯分封制度，更憧憬中國的郡縣制度的心態。

同時，作爲"兵學者"登場的他，始終表現出對於學習中國兵法的執拗。他堅定的認爲日本承平多年，未經戰事，武備鬆弛，在西方列强的進攻前束手無策；而中國爲兵學發源之地，又久經戰事，所以必然有禦敵良策，應該努力學習以振興日本兵學。在觀看李撫軍大營[③]操練之後，他又做如下評論：

余又竊謂，支那自道光鴉片之後，以來至咸豐之辛酉，與洋虜戰，

① 静岡縣編：《静岡縣史·資料編》十五《近世》七，第48頁。

② 此爲6月23日名倉予何人至新北門見守門將官裘綬筆語。名倉予何人：《滬城筆話》，東京都立圖書館特別買上文庫，編號"特3800"。

③ 李撫軍大營：即李鴻章淮軍大營。1862年，太平天國進攻上海，危難之際李鴻章出場。4月率大隊淮軍抵達上海，駐扎上海西郊虹橋，每日在此演練兵陣。淮軍與太平軍對陣期間，恰好與日本"千歲丸"一行訪問時間相吻，名倉予何人得以一窺淮軍大營，并寫下多篇關於淮軍的記録。這也是日本人最早近距離觀察李鴻章及淮軍的真實文字記録。

屢屢致敗,然陣法兵制依然仍其舊貫,决不仿效虜風,縱令有謂之非愚即狂者,余則贊賞其爲守氣節而不失者也(余觀其稱誇西洋者,有氣節者甚少。又,守氣節者,其迹近頑固,故世人或有誤認有氣節者爲非愚即狂也)。夫支那之弱兵,且以舊來之拙劣之火器,與西虜戰而亦有取勝之時,何况以本朝武勇之兵,采用西虜之猖獗并軍艦之制,此所謂如虎添翼,則西虜之猖獗不足慮也。然,陣法兵制仿效西虜,則失氣節而事大也,豈非惑甚耶?①

由於李鴻章統帥的淮軍在與太平軍的對抗中旗開得勝,所以中國軍隊的因循守舊在名倉予何人的眼中亦成爲守氣節之舉,斷定其爲日本學習仿效用於對抗西方列强之利器。

如前所述,此次來華名倉予何人自稱爲兵學者,抱着學習中國實地戰争經驗的明確目的。因此一踏上上海土地,他就開始四處尋訪兵家、探討兵事,求購最新的兵書以求破洋虜之兵法。在尋找兵家未果之後,他又努力尋求進入李鴻章淮軍大營的機會,以求一睹清軍操練實况,終得如願以償。回國之後,他曾作詩在鄉人前自誇:

親閲漢軍余獨能,不從洋俗亦余能。
一般有足誇鄉友,三渡蒼洋余獨能。②

在上海停留的兩月的時間内,名倉予何人表現出驚人的交際能力與過人的精力,與多達三十餘位中國人士筆談交流。對比其他武士的日記,就會發現他們的活動能力遠在名倉予何人之下。乘員的多數筆記是記録在投宿的宏記館内與中國人交流的情况。日本人踏上中國土地,乃是百年以

① 名倉予何人:《海外日録》,小島晋治監修:《幕末明治中國見聞録集成》,第十一卷,ゆまに書房,1997年,第137—138頁。
② 静岡縣編:《静岡縣史·資料編》十五《近世》七,第50頁。

來的稀罕之事，雖然上海爲中國最早開埠之地，萬國商船雲集，上海人見過的世面應該是最廣的，但是還是有衆多的文人墨客慕名而來，由此日本武士們足不出户就可以和中國文人進行交流。而他們交流較多的顧麟兄弟、馬銓、陳汝欽等人士都是由名倉予何人介紹而來的。

據筆者推測，日本武士没有積極外出主要受限於以下幾個條件：首先，"千歲丸"登陸上海之際，正值江南梅雨季節，天氣濕熱，而上海難民衆多，衛生條件極差，同船乘員中就有二人因病客死異鄉，其他乘員都不同程度地感染了瘧疾等惡性疾病，減少外出實是不得已之舉；其次，每當武士外出，上海的百姓往往蜂擁而至，跟在後面圍觀，氣味難聞，馮天瑜書中有一段"圍觀文化"的描寫正是記録了這個場景，這對衛生習慣良好的日本武士來説實在是難以忍受；還有，一部分乘員漢文水準有限，與中國人筆談交流困難。

反觀名倉予何人的日記，可以發現上述幾種限制似乎對他不起作用。他身體健康，日記中僅有一天記録身體有微恙；此外，得益於少時接受良好的漢文教育，他與中國文人交流時毫無障礙，如魚得水。從他的日記記録的地名來看，他的足迹幾乎踏遍上海縣城，而他同情中國的態度又爲他贏得了更多中國人士的好感。此段時間與中國人的交流爲名倉予何人積累了豐富的與中國人打交道的經驗與人脉，爲他在以後更深入地與中國交往中發揮了積極的作用。

有關名倉予何人的此次跟隨"千歲丸"訪華行程記録，以日文寫成的有《海外日録》以及《中國見聞録》，原文收録在小島晋治主編的《幕末明治中國見聞録集成》中，中文譯本收録在馮天瑜著《"千歲丸"上海行——日本人1862年的中國觀察》、張明傑主編《1862年上海日記》中。但是文字數量更爲龐大的訪華筆談記録《滬城筆話》與《滬城筆話拾遺》，却一直未在中日兩國的研究成果中得以充分體現。

（二）1864年出使法國

繼"千歲丸"訪問上海之後，名倉予何人又於1864年隨外國奉行池田長發因橫濱鎖港之事訪問法國。

此次使節團是幕府派遣至歐美的第三個使節團，正使是外國奉行池田長發，副使是外國奉行河津祐邦。此次使節團的出使任務是與各締約國交涉關閉橫濱港的問題。實際上，根據“安政五國條約”的相關約定，橫濱港應該於1859年7月(安政六年六月)開放。那麼爲何已經開放的港口又要關閉呢？原來，1862年(文久二年)遣歐使節已經與各締約國達成了延期五年開放江户、大阪、兵庫、新瀉的協議，但是幕府無法控制國内局面，而且朝廷方面也要求幕府盡快采取攘夷行動，各國和幕府之間的關係日益惡化。幕府方面深知攘夷排外不現實，但是日本尊王攘夷的思想根深蒂固。有鑒於此，幕府一面向朝廷陳述希望能推遲攘夷的期限，另外一方面又向各締約國提出將外國貿易限定在長崎、箱館兩地進行，以緩解緊張局勢。然而就在幕府與西方列强的交涉處於膠著狀態之際，駐扎在横濱的一名法國陸軍中尉被日本浪人殺害，使幕府與法國的關係驟然緊張。於是當時的法國公使建議幕府派遣特使前往巴黎，與拿破崙三世協商解決方案。焦頭爛額的幕府最終接受建議，派出使節團前往巴黎。

訪法使節團於1864年2月6日搭乘法國軍艦從日本出發，在中國上海轉乘法國郵輪後，經過印度、埃及開羅，再穿越地中海進入法國馬賽，最後抵達巴黎。然而在經歷了八次談判之後，法國方面態度强硬。使節團意識到鎖關的不可能性，擅自與法國簽訂賠款條約後就改變原計劃徑直從法國回國，於1864年8月23日抵達日本。使節回國後，以三名使節聯名的形式向幕府上交建議書，公然提出一系列改革建議，要求幕府停止鎖國，幕府的一系列以鎖國爲目的的外交努力由此化爲泡影。

在此次法國行中，名倉予何人是作爲堪定格調役田中廉太郎的隨從出訪的。面臨内外交困的國家危機，在踏上夷國之地時他的思行又是如何呢？不妨讓我們通過其紀行文來作分析。

有關此次法國行的記録有《航海日録》與《航海外日録拾遺》。據春名徹《過渡期知識人異文化接觸的意味——以名倉予何人爲例》一文分析，

《航海日録》爲名倉予何人與使節團的另一名成員高橋包聯合寫作，而且"由於基於中國傳統文化的儒教價值觀在此處無法通用，因此《航海日録》給人留下非常平淡的印象，無非是對於日常見聞流水賬般的記録"[①]。所幸静岡縣編《静岡縣史・資料編》十五《近世》七中收録有其海外壯游詩，其中關於此行記録的漢詩 69 首。漢詩按照時間的先後而作，在詩中，名倉予何人一改《航海日録》中平淡無奇的陳述，時而感懷時事，時而直抒胸臆。對於西洋文明的先進，名倉予何人先是嘆服，但繼而對於西洋的憎惡感却油然而生。如其由馬賽乘坐火車前往巴黎途中而作之詩：

(三月)十五日夜火輪車中即事

月照車窗春意悠，水迎山送影將流。
一詩一景吟難盡，千里如飛過法州。
晚駕輪車辭海隅，春宵賞月酒詩娱。
三千里外温温路，宿醉未醒至法都。

(三月)十六日巴黎西客舍有感作

虜輩常懷無飽求，謙蟲掃地甘包羞。
淫工奇技極精妙，畢竟呼爲玩物州。

(三月)二十日巴黎斯客舍偶成

百貨從來不自由，歐洲生計仰向州。
奇觀必竟屬虚位，將道西洋蜃氣樓。[②]

歐洲文明對於使節成員産生了極大的震動，成員們在相當程度上表現

① 春名徹：《過渡期の一知識人における異文化接触の意味—名倉予何人の場合—》，《調布日本文化》第 11 號，2001 年 3 月。
② 静岡縣編：《静岡縣史・資料編》十五《近世》七，第 56 頁。

出對於先進文明的向往。然而名倉予何人却與公使團的觀點格格不入，對其他成員的行爲耿耿於懷，斥爲“奸猾”“賣國”。

（二月）初六日印度洋有感

事成回國不成死，奉命順天真義士。
只恐舟中奸猾兒，衣裳顛倒誤公使。①

（三月）二十一日巴黎西客舍抒懷

一劍誓天辭故鄉，未曾背國妄西洋。
讜言正義奈難遇，徒弄珊瑚對夕陽。②

（六月）十五日有感作

小吏紛紜能效顰，腥風觸目奈囂塵。
赤心始終守吾節，不學同游賣國人。③

在與法國簽訂賠款條約後，使節團抗命徑直從法國回國，對於簽訂條約之事，名倉予何人表現出了極大的憤慨，直斥同僚賣國。

（六月）二十三日印度洋有感作

舟中小吏腹無腸，不向夷虜放劍光。
白眼看來多賊侶，欲將皇國賣西洋。

七月初二日支那洋有感作

誇稱西洋應唾面，如非狐狸是豺狼。
大師他日征紅髮，先斬此人明典章。

---

① 静岡縣編：《静岡縣史・資料編》十五《近世》七，第54頁。
② 静岡縣編：《静岡縣史・資料編》十五《近世》七，第56頁。
③ 静岡縣編：《静岡縣史・資料編》十五《近世》七，第58頁。

（七月）十四日入神州海有感作

義氣分明誓鬼神，點埃無復犯吾身。
風雲他日把兵柄，滅了東洋賣國人。①

而在出游歐洲長達半年時間的行程中，使節團行程横跨歐亞，航行經過太平洋、印度洋、地中海，所經各地風光秀麗，奇景層出。然而名倉予何人時刻不忘對祖國的思念，以及其身爲“神國”日本國民的自豪之情。

二月初一日印度洋有感作

此行千歲難遭遇，天竺停舟欲吊禪。
神武德輝勝佛德，劍光遍照豈徒然。

（二月）初二日飛魚躍入船室因有感作

神州公使遠征天，時有飛魚躍入船。
正識周王克殷兆，劍光從此照西邊。②

（四月）二十九日觀勃那孛里的③之墓有感戲作

鑾龍曾駕風雲去，一卷歐洲上碧虚。
丈夫在世應如斯，縱觀廟貌想當初。
笑撫像背復相語，千歲知己君與予。④

① 静岡縣編：《静岡縣史·資料編》十五《近世》七，第58頁。
② 静岡縣編：《静岡縣史·資料編》十五《近世》七，第54頁。
③ 勃那孛里的：此爲音譯詞，當指法語拿破崙·波拿巴 Napoléon Bonaparte 之“Bonaparte”的譯音。
④ 静岡縣編：《静岡縣史·資料編》十五《近世》七，第57頁。

（七月）十八日到橫濱偶成有感作

去年辭國在夷鄉，今日歸來夢一場。
萬里江山探討盡，好風景處是東洋。[①]

名倉予何人在拿破崙墓前吟誦的“笑撫像背復相語，千歲知己君與予”一句，表現出了其面對歐洲的强者毫不畏懼，以平等的地位訴其理想的豪邁之氣。這也引起了明治時期著名地理學家志賀重昂的共鳴，因此他在其著作《世界寫真圖説・雪》一書的“名倉予何人筆那破翁墓之詩”節中特爲名倉予何人立傳紀念。

另外在漢詩中表現出來的鮮明的一點就是其心繫中華之心，因爲他一心想聯合中國對抗西洋列强的侵略，因此即使在漫長的旅歐途中，名倉予何人的心中也念念不忘中國。

（十二月）十七日泊香港有感作

我與支那唇齒州，碧瞳紅髮是仇讎。
眼看香港爲虜境，今日誰人不抱憂。
萬里廣東來泊舟，兩涯風景憶神州。
一言足悉港邊趣，彷彿北陸筥館州。

（十二月）二十二日次金上子韻示清人蘇芳

共上南溟萬里船，朝朝弄筆絶塵緣。
多吾邂逅鷄群鶴，喜聽清音耳底聞。

① 静岡縣編：《静岡縣史・資料編》十五《近世》七，第59頁。

同日次清人陳唐臣韻

邂逅相逢交始成，知君寸學動楚荊。

請收匣裏水壺玉，常貯今朝水乳情。①

名倉予何人在訪法歸途期間經過香港，特意去拜訪當時的文化名人王韜。他在爲友人足立如葵撰文中曾作如下記述，曰：

> 元治甲年，余游西洋，歸路過香港，訪英華書院。會名士王韜在坐，其人風采氣象與如葵相似矣。面晤之間，情投意合。
>
> 韜曰："曾在江南作秀才授教諭，然吾志在山林，不在仕途，隱居讀書，天下第一快事。"
>
> 余聞之大喜，以爲在海外更得一如葵也。余及還鄉，復見如葵，儼然如見王韜。夫吾濱松之與香港，其相距不啻萬里之遥也。然而，見季世難得之人，宛如合符節，豈可不謂奇遇哉？②

名倉予何人與王韜在香港邂逅，他們在筆談中意氣相投，成爲海外知己，可謂當時爲數不多的中日文化交流之一例。

（三）1867年再度出訪上海

1866年幕府迫於倒幕運動的壓力，廢止了由其獨斷的海外貿易政策，并且頒發了允許日本人前往海外旅行的《海外渡航差許佈告》。而在此之前，日本人的海外旅行僅限於由幕府派遣的海外考察與留學。因此有着敏感經濟商業意識的浜松藩與佐倉藩迅速行動起來，派出了代表團考察海外通商事宜。使團的一行人等也拿到了由當時幕府的"日本外國事務局"頒發的旅券（護照）。名倉予何人在自傳中提及的"幕府特命賜游清印章"，應

---

① 静岡縣編：《静岡縣史・資料編》十五《近世》七，第53頁。
② 静岡縣編：《静岡縣史・資料編》十五《近世》七，第831頁。

該指的就是頒發的護照。使節團成員高橋由一的史料中詳細地記録了當時旅券(護照)的樣子[1]。

在護照上没有照片的時代,官方用語言詳細描述了當事者的面貌主要特徵,同時更爲重要的是,護照上的旅行目的地是中國的香港,而不是實際的抵達地上海。對此,筆者推斷,因爲當時《海外渡航差許佈告》准許的旅行目的地是與日本簽訂條約的國家,而中國與日本當時并無國家之間條約,在護照上記載著前往作爲英國殖民地的香港也許是一種便宜之計。

使節團於 1867 年 2 月 19 日(同治六年正月十五日)抵達上海,并且於 3 月 17 日至 23 日出游至鎮江、南京。在上海逗留了近三個月後,使節團一行於 5 月 5 日返回横濱。關於此次使節團的記録,從資料保存的完整性來看,首推使節團成員高橋由一的《上海日記》。該日記記録了使節團抵離上海的幾乎每一日的活動,雖然非常簡短,但是我們可以從中大致把握使節團在華的活動脉絡與軌迹:

(1) 此次使節團是以商業貿易活動爲目的的,抵達上海之日不久,參與中日貿易的各色商人便來往穿梭於下榻處,其中有買賣人參的商人魏學松、鮑魚雜貨商人林秋山。從日記資料中也可以看到,這些中國商人一直就從事長崎—上海之間的海商貿易,與 1862 年的"千歲丸"來訪時通過荷蘭爲中介進行貿易相比,此次來華貿易無疑更進了一步。而且從交易的物品來看,多集中於人參、鮑魚等高價物品。使節團一行只有八人,而且搭乘的爲往返上海—横濱之間的"Ganges"號英國郵輪,因此他們携帶的物品必然不會過多,估計也由此避開了海關的申報。

(2) 居留上海的日本人岸田吟香與八户順叔居中參與了聯繫中國商人等事宜,而且始終伴隨著使節團的活動(八户順叔還陪同團員一起前往

① 青木茂著:《高橋由一油畫史料》,中央公論美術出版,1984 年,第 7 頁。旅券(護照)的記録文字如下:"第三拾三號堀田攝津守家來限六十日,高橋佁之介,年齡三拾九歲,身丈五尺三寸,眼常體,鼻常體,口偏大,面偏長,右眼尾一右瞼一黑痣,鼻右側一左鬢。書面之人乃爲修習學業之事前往支那香港,故頒發此證書。途中懇請途經各國使之暢通無礙,如遇危險之時予以保護爲盼。其國官吏江賴入,慶應二年丙寅十二月四日日本外國事務局印。"

南京)。至1866年之前,日本幕府禁止海外旅行,所以岸田吟香與八户順叔是當時活躍在上海的極少數幾個日本人,而使節團在上海的活動無疑得到了他們的大力幫助。關於岸田吟香,海内外學者多有研究;而陳捷則有《幕末中日民間交流一例——不爲人知的日本人八户弘光》[①]一文詳細論述八户順叔,在此就不再多加敘述。

(3) 最爲重要的是,使節團的活動範圍得到很大擴展,除了在上海的活動之外,團員們於3月17日至23日搭乘由上海道臺應寶時爲其提供的"建"字號江南緝捕勇船,出游鎮江、南京。查閲自1862年日本幕府派遣的前三次上海使節團(1862年"千歲丸"號、1864年"健順丸"號、1865年"北京"號)的行程不難得知,使節團在完成上海的使命後就匆匆回國,并無游歷他處。而此行的南京訪問,可以説是取得了巨大的突破。名倉予何人通過筆談與清朝官員——當時的海防同知張秀芝進行交流,而張秀芝亦積極爲之斡旋,爲促成此行發揮了關鍵性的作用。爲此,名倉予何人特賦詩二首以相贈云:

(正月)二十五日咏梅謝張秀芝恩

一朵花從海外來,香風百折未全開。
江南春政落君手,助綻東洋辛苦海。

二月十一日再謝張耔雲恩

重譯欲探山水勝,官船載我至金陵。
堂堂中國恩波大,如比江流深幾層。[②]

名倉予何人於1867年5月歸國。據北京師範大學李小龍發表於2014

① 陳捷:《幕末における日中民間交流の一例——知られざる日本人八户弘光について》,《中國哲學研究》第24號,東京大學中國哲學研究會,2009年,第179—211頁。

② 静岡縣編:《静岡縣史·資料編》十五《近世》七,第62頁。

年《文史知識》第七期的《東瀛訪書紀事(七)新村堂一單疏本〈論語集解〉與〈管子纂詁〉》一文中介紹：名倉予何人受應寶時之托將其所作《〈管子纂詁〉序》[①]一文携帶歸國轉交安井息軒[②]。時正值日本國内戰亂,直到 1870 年安井息軒纔收到應寶時序文。爲此安井息軒作《書應寶時〈管子纂詁序〉後》,感慨當時日中文事交通輾轉之難:“明治庚午(1870)正月十八日,此序傳自名倉氏。據落款,其國同治六年(1867)所撰,爲我慶應丙寅,距今五年,隔海爲國,猶幸其不致沉没腐敗也。……余既以應君爲知己,欲修書質所疑以厚交誼,而國有大禁,乃裝爲横幅,因記其所由,以答盛意。”關於《管子纂詁》的交流實是當時中日文壇交流一段難得佳話。

如前所述,有關此次使節團訪華,時任上海道臺的應寶時是一位不可忽視的重要人物。應寶時(1821—1890),字敏齋,浙江永康人。1862 年太平軍進攻上海時,曾以候補知州身份與當地士紳聯合外僑設立會防局,籌措械餉,迎李鴻章率淮軍來滬。因此他深得李鴻章信任,被委以上海道臺重任。其實在 1864 年“健順丸”號訪問上海的時候,時任上海道臺代理的應寶時就授意海關以“日本番號”對日本商品進行通關,表現出了發展與日本關係的願望。而當時李鴻章對與日本構築關係亦表現出積極的姿態,如他在 1865 年 10 月 11 日給應寶時的信中寫道:“日本來中國通商,乃意中事。中國已開關納客,無論遠近强弱之客,均要接待,無例可以拒阻,然未始不爲西洋多樹一敵。”[③]因此此次名倉予何人一行的南京之游得以成行,實在是順理成章、水到渠成之事。而且名倉予何人精通漢文,對於洋人又有着同仇敵愾的態度,這無疑給當時的清朝官吏留下了良好的印象。時值

---

① 關於《管子纂詁》的來華,李小龍在文中是這樣介紹的:1866 年,日本最有地位的漢學家安井息軒委托率赴英國留學生途經上海的中村正直將所著《管子纂詁》帶往中國。中村記此事:“仲平手授是書曰:子赴英國,必道由蘇松,蘇松者,學人之淵藪也。請携此書,贈之彼國人,或者余著書得傳於彼邦,亦生平一幸也。”中村一行於 1866 年 12 月上旬抵滬,將《管子纂詁》贈予上海道臺應寶時。

② 安井息軒(1799—1876):日本江户末期考證學派儒學者。學於昌平坂學問所,師承於松崎慊堂,後任昌平坂學問所教官。致力於漢唐典籍的注疏考證,著有《管子纂詁》《論語集説》。

③ 顧廷龍、戴逸編:《李鴻章全集》第 29 册《致應觀察》(同治四年八月二十二日),安徽教育出版社,2008 年,第 423—424 頁。

同治中興,南方漢族官員在鎮壓太平天國後嶄露頭角,正在逐漸構建權力體系,所以與此時進入他們視綫的日本使節團建構良好的關係無疑將爲他們的話語權增添分量。另外我們也應該注意到的是,1870年中日建交談判中出場的幾位實務性人物(張秀芝、應寶時以及日本的名倉予何人),其實在本次日本使節團訪華時已經悉數登場,爲今後的進一步接觸做了預熱。

(四)1870年爲中日修約準備出訪中國(上海、天津)

有關中日修約的背景,國内外學術界已經積纍了相當豐富的研究成果,歸納起來大致有如下幾種觀點:

(1) 日本窺探朝鮮已久,而當時中國是朝鮮的宗主國,無疑是日本不可回避的一個存在,所以率先與中國簽約勢在必行。

(2) 豐厚的國際貿易利潤對日本商人吸引巨大,剛剛成立的明治新政府特别需要直接通過貿易來發展經濟,而通過當時號稱遠東中心的中國上海來推進國際貿易,是他們不二的選擇。

(3) 安政條約後日本被迫開國,不少中國商人搭乘歐美輪船前往日本從事貿易活動,但是中日之間尚無條約,如何加强對中國商人的管理也是明治新政府面臨的重要課題。

日本與中國建立外交關係,對於名倉來説無疑是實現其理想中的"大議尋盟",尋求與中國建立同盟以對抗西洋的重要一步,因此他積極參與其中。上文傳記中提到的"先是翁建白通商事宜,政府可焉,遂有是命""王政維新之後朝廷欲與清國修交,予何人獻策,即被嘉納",此指名倉予何人給明治政府上書《清國交際拙議》爲太政官所采納之事。

當時明治政府欲與中國建立外交關係,但是政府内部有兩種不同的聲音,一派主張通過歐美使節作爲中介,與中國談判建交;而以名倉予何人爲代表的一派,則堅持必須與中國自主談判,而不通過歐美仲介。名倉予何人在《清國交際拙議》中臚列不可依賴西方國家的五條理由,兹摘要翻譯如下(編號爲筆者所加):

(1) 皇國與支那締約爲西洋各國所不願,此其不可之一。

(2) 不讓我國與清國締約之事,在舊幕府時代已有之,實在是殷鑒不遠,此其不可之二。

(3) 皇國爲堂堂獨立之國,而要英法等國之介紹,是所謂依人爲事者也,恐會成爲遭恥笑而受辱之媒介,此其不可之三。

(4) 皇國與清國的關係向來是魯衛之政、唇齒兄弟之國,遣特使就可辦理之事而要讓遠在千里之外的西洋來作介紹,豈不是愚蠢且迂腐嗎? 此其不可之四。

(5) 得西洋之介紹而結交,便不得不仰西洋而决斷,這在清國亦爲不願,此其不可之五。

雖然上面説到不可要英法之介紹,但是如果清國有輕蔑皇國之意,那時當然可以使英法等説服之。①

從以上文字我們不難看出,在名倉予何人看來,日本與中國自古以來乃唇齒之交,是比肩同等之國,應該積極發展與中國的關係。儘管當時日本國内的對華政策尚未形成共識,但名倉予何人關於獨立與中國談判建交之建言,顯然得到了外務省的重視,再加上他有多次訪華經歷,因此很快入選赴清談判使節名單。

在得知自己入選赴清談判使節後,名倉予何人欣喜若狂,提筆給上海的舊友王仁伯去信,請求其先知會上海道臺等相關官員,以圖談判之方便。兹從《大日本外交文書》引録信函全文如下:

呈仁伯王大人閣下書

大日本明治三年歲次庚午七月初三日,辱交生倉敦謹呈書。

① 日本外務省編:《大日本外交文書・明治期》第 3 卷《清国ト修好條規通商章程締結予備交渉ニ関スル件》,第 186—187 頁。

大清國世襲五品節孝適裔慈爺仁伯王大人閣下：别來忽諸已三霜矣。伏想文堂群位休泰萬福，不堪欣抃之至。前年任屢臻閣下門，謬辱知遇殊。歲在丁卯春夏之際，寓尊居，耽擱數月，恩誼宛如骨肉，想像至今須臾不能忘於懷也。頃弊國紀綱革張，政治復古。任竊惟我執政大臣敏意鄰交，有通信貴國之意，蓋欲擇其佳者赴燕京見貴大臣，大議尋盟也。因是派二三官員至貴處見道憲[1]，預熟計通信通商之方法。任本拙劣不才，閣下所曾熟知也。頃承乏小員，得謬從差遣人員之下風第。任於閣下已有義親子之約，恩誼不可相忘也。是以此番任等至貴處之日，請復將以閣下爲東道之主，但任同行者大小約十名，預訂本月二十五六日駕郵驛船均發我横濱海路，約五六日程，想任等見閣下當明月上浣。閣下若思舊誼，使任等無窮禽投林之歎，則幸甚。

閣下若以此意預轉達道憲及伯雅嚴公爲最妙。

上書

大清國上海城小南門外理倉橋　　　　大日本國東京城築地

仁伯王大人閣下　倉敦拜具[2]

文中提到的仁伯王大人，即名倉予何人在1862年"千歲丸"訪滬時邂逅的上海士人王亘甫之父王慶榮(字仁伯)。據易惠莉教授考證，王氏一族爲滬上海船商界舉足輕重的人物，同時還積極涉足地方的經濟、政治事務[3]，如王慶榮之弟王叔彝時任嚴州知府。在太平天國期間，王氏一族與其他上海士紳一樣，出錢出糧，積極協助上海道臺鎮壓太平軍。

1867年名倉予何人奉幕府之命來滬訪問期間，一行九人從抵達之時(2月19日)至歸國之日(5月2日)一直入住王慶榮宅内，王氏一族與名倉

① 此處稱"道憲"，即"道臺"之尊稱。

② 日本外務省編：《大日本外交文書・明治期》第3卷《清国卜修好条規通商章程締結予備交渉ニ関スル件》，第196—197頁。

③ 易惠莉：《1862年日本"千歲丸"訪滬武士筆下的中國士紳考論》，香港中文大學，《中國文化研究所學報》2003年總第44期。

予何人關係之深可見一斑。

名倉予何人信函中提到的另一人"伯雅嚴公",亦即1862年"千歲丸"訪滬時遇見之人士。嚴伯雅時任松江海防同知,負責上海"大、小東門"防衛,名倉予何人訪問新北門所遇"各城總巡"即此人。嚴氏家族兄弟三人皆入官,其中嚴伯雅之弟嚴辰更是科舉高進,授翰林院庶吉士,在南方官場影響力頗大。

名倉予何人委托此二人傳達出使之"大議尋盟"之事,自然是想借此層朋友關係,以圖行事便利。然而據名倉予何人後來所著《航海漫録》[1]所記,此信確實寄至王宅無誤,但是王慶榮却已於前年(1868)離世,而嚴伯雅也已於三年前離任,不知去向。爲此,名倉予何人不禁感歎唏噓道:"一别四霜,物變如斯噫!"[2]

1870年9月,名倉予何人隨從柳原前光抵達上海,開始着手準備與中國談判兩國修約之事,此行可以説達到了其人生事業之巔峰。使節團一行進入天津後,清朝文化名人吴汝綸曾與他們多次交往,他在日記中如實記録了當時的情景:

重陽日

與陳荔秋刑部、林月槎士志同往旗昌洋行訪日本使臣。該國近欲與中國定議通商,遣使五人:一曰前光柳原氏,號青青,年廿一歲,行外務權大丞兼文書正;一曰義質花房氏,號眠雲,年廿九歲,守外務權少丞;二人皆姓藤原。一曰信敦名倉氏,號松窗,五十歲,文書大佑;信敦曾屢至上海、金陵,見李相淮軍之盛者,姓橘。一曰鄭永寧,號東林,四十二歲,守文書權少正。一曰政道尾里氏,號梅亭,卅六歲,外務權少録。政道能畫,好爲詩而不能工。五人由上海來,賫有致總署國書。

① 名倉予何人著:《航海漫録》,東京金港堂出版,1881年日本國立國會圖書館藏,JP番號41014780。

② 名倉予何人著:《航海漫録》,東京金港堂出版,1881年日本國立國會圖書館藏,JP番號41014780。此爲八月初十日,名倉予何人拜訪王仁伯宅與杜徽之之語。

九月十五日

東洋人田千之見訪，筆談良久。千之，號櫻齋，年廿歲，自稱爲書生。又言倭國所謂書生，與中國不同，乃久歷戎行，仕而未禄者也。其稱倭國現在嚴禁天主教，西洋人在其國通商，惟英、法爲最盛。法人專以傳教爲事，其言禁教，當係誇大之詞，惟聞傳教條約較中國爲善耳。千之又言：此次來通上國，乃倉敦主謀。倉敦五至中國，可謂奇士矣。

九月十六日

見倉敦次丁樂山韻七律云："西風銜命客天涯，霜鬢何辭萬里賒。制度文章如魯衛，衣冠禮樂慕中華。三條剪盡西窗燭，一葦相思東海槎。從此兩邦爲犄角，莫教異域覬官衙。"詩甚通鬯。①

以上文中"千之又言：此次來通上國，乃倉敦主謀。倉敦五至中國，可謂奇士矣"一句中，從表面看"乃倉敦主謀"似乎有誇大其詞之嫌。當時名倉予何人的職位爲外務大録，據明治初期的太政官制記，外務大録在外務省等級中列第十一等（柳原前光位列六等），在訪華期間作爲柳原前光的文書大佑（其時柳原被委任爲文書正），按職務高低應爲柳原前光的幕僚。但是如前文所述，名倉予何人與柳原前光的關係非同一般，在明治維新期間，名倉予何人作爲一名兵學者，作爲柳原前光參謀隨軍東征，而且關係密切，可謂是出生入死之交。而此次柳原前光赴中國參與外交修約事宜，時年不過 20 歲，外交資歷較淺。而具有豐富的與中國官員打交道經驗，并且自謂"三渡蒼洋余獨能"的名倉予何人，無疑在此時發揮了重要的——甚至是核心的作用。

名倉予何人七律詩云"從此兩邦爲犄角，莫教異域覬官衙"之句，反映

① 吴汝綸：《吴汝綸全集》第四册《日記・外事卷》第七，黄山書社，2002 年，第 479—481 頁。

了名倉予何人一貫提倡的“大議尋盟”思想，即聯合中國，共同抵抗歐美等西方勢力的入侵。正是采納了名倉予何人這一建言，柳原前光才能順利打開清總理衙門緊閉的大門，實現了條約草案的簽訂，爲日後《中日修好條規》的正式簽署做了良好的鋪墊。名倉予何人提出的“日清聯合論”非常直接地戳中了彼時清政府官員的痛點，從而直接促成了草案談判的完成。這一點在李鴻章在寫給總署的信中也可以得到佐證：

九月初十直隸總督李鴻章函稱：日本委員柳原前光等五人請竹坪廷尉轉致於初八日午刻來見，禮貌詞氣均極爲恭謹，談次以英、法、美諸國强逼該國通商，伊國君民受其欺負，心懷不服，而力難獨抗。雖於可允者應之，其不可允者拒之。惟思該國與中國最爲鄰近，宜先通好以冀同心協力，擬俟貴衙門示下再取進止等語。鴻章前聞日本與英法通商，立約簡嚴特甚，海關不用西人，傳教不許開禁，即止二節已杜許多後患。又講求泰西機器兵船仿製，精利槍炮，不惜工本。

勿謂小國無人，此來五人中有曰名倉信敦者，具道前數年屢至上海、金陵鄙營察看軍容，言之歷歷如繪。與之深談西事，似有大不獲已之苦衷。日本距蘇、浙僅三日程，精通中華文字，其甲兵較東島各國差强，正可聯爲外援，勿使西人倚爲外府，將來若蒙准奏通商，應派官員前往駐扎，管束我國商民，以備聯絡牽掣。其條約尤需妥議另定，不可比照英、法、俄一例辦理，庶於大局有裨。附陳管見，是否有當，伏候卓裁，專肅奉復。①

不難看出李鴻章從來訪的使節團中得到的信息，其實與名倉予何人的思路如出一脉。比如“伊國君民受其欺負，心懷不服，而力難獨抗”“與之深談西事，似有大不獲已之苦衷”等。而名倉予何人“言之歷歷如繪”的歷次

① 臺北“中央研究院”近史所檔案館：《總理各國事務衙門清檔》，編號 01－21－023－01－013。

訪華的經歷,無疑又給他的談話内容加分不少。

不難想像,與前面數次與清朝官員交往一樣,名倉予何人很快就贏得了李鴻章的極大好感,感言"勿謂小國無人"。同時李鴻章提出的"其甲兵較東島各國差强,正可聯爲外援,勿使西人倚爲外府"之對日見解,也與名倉予何人的"從此兩邦爲犄角"之意不謀而合。而當時清政府恰好急於打開受困於"天津教案"[①]的被動外交局面,在李鴻章、曾國藩等漢人官吏的介入之下,總理衙門一改與日本"大信不約"之方針,啓動了與日本的簽約談判。由上可知,名倉予何人在這次外交談判中發揮了非常重要,甚至是關鍵的作用,"乃倉敦主謀"一語不可謂言過其實。

東京都立中央圖書館所收藏《滬城筆話》的附件中有一文,爲内田遠湖所作《跋李中堂書》,其文曰:

> 右"海隅丕冒"四大字,清國李中堂書也。書時係同治己巳[②]。余少時就井上侯臣名倉松窗質《兵要録》疑義。松窗曾一游西洋,再游清國,談論甚奇。明治之初爲甲斐府尹,後見辦事柳原公,竊有所陳,公納之,建言於朝。未幾,公命爲公使之清國,松窗又從而往,獲中堂書數幅歸。時余爲松窗有所周旋,遂以此書見貽。今也中堂之名滿寰宇,兒童走卒尚能言之,其斷簡零箋動購以千金,則此書亦得不珍重歟。[③]

應該説名倉予何人的深厚漢學功底使得他與李鴻章在文化溝通交流

① 天津教案:1870 年 6 月 21 日(同治九年五月二十三日),天津人民因懷疑育嬰堂殺死嬰兒數十名,聚衆數千到教堂示威。法國領事豐大業開槍恫嚇,人民怒不可遏,毆斃豐大業,焚毁法、英、美、俄、西教堂及法領事署。此後外國軍艦來到天津進行武力恫嚇,清政府派直隸總督曾國藩到天津查辦,曾又奏調李鴻章協同辦理。曾國藩等對西方完全屈服,將天津知府和知縣革職充軍,殺民衆 16 人,充軍 25 人,賠款,修建教堂,清政府并派崇厚赴法國道歉。柳原一行抵津時正值清廷困於天津教案,與各國關係僵持。

② 同治己巳:即公元 1869 年,而名倉予何人隨同柳原前光一行前往中國是 1870 年,或爲李鴻章拿已寫就的作品相贈。

③ 名倉予何人:《滬城筆話》,東京都立圖書館特別買上文庫,編號"特 3800"。

上暢通無阻，故李鴻章贈書"海隅丕冒"四字以顯彰中華文化影響遍及天涯海角之意。

然而所謂的"日清聯合論"不過是名倉予何人的一廂情願，只是日本爲了敲開清政府的大門而采取的權宜之計，而非其與清政府建交的本意。關於建交草案談判中的"日清聯合論"，東京大學史學博士李啓彰有過如下精彩的論述：

> 前述探討日本應該如何開展對清外交時，包含柳原在內，對於清朝厭惡西人一事特別重視。基於這一認知，爲博取清朝的好感并引起清朝對締約的興趣，采用名倉信敦主張的日清聯合論，毋寧說是極爲自然之事，只是就名倉予何人而言，這一主張乃出之於其本心，但對柳原來說，日清聯合論不過是當下對清交涉的策略運用而已，與日本政府對清政策并無關聯。[①]

以上結論值得關注。在整個中日簽約談判過程中，日方 1870 年提出的草案文本與 1871 年提交的修訂文本，兩者内容大相徑庭，離名倉予何人的本意漸行漸遠，從一個側面爲李啓彰的上述結論提供了佐證。

在次年(1871)舉行的《中日修好條規》正式談判與簽約中，在草約談判中立下汗馬功勞的名倉予何人却没有名列其中，其本人反而在當年 4 月稱病辭職。關於其去職原因，筆者認爲有多方面原因：其一，明治維新之後，西學大當其道，傳統的漢學則日漸式微，名倉予何人作爲一名漢學者自然無法逆大勢而動；其二，名倉予何人密友之子内田周平[②]稱其"往往大言驚人"，因此得罪於外務省的要人也是在所難免，1871 年廢藩置縣後，井上正直被免去藩知事之職，名倉予何人因此失去在政府中的重要靠山；其三，内

---

① 李啓彰：《近代中日關係的起點——1870 年中日締約交涉的檢討》，臺灣《"中央研究院"近代史研究集刊》第 72 期，2010 年，第 27—28 頁。

② 内田周平(1854—1944)：號遠湖，東洋大學教授，中國哲學研究者。

田遠湖又委婉地稱其"但性濶達,持身不謹,晚年因此獲黴疾,容貌變而身亦不豫",這個也許是他稱病的直接原因;其四,也是最爲重要就是他提倡的"日清聯合論"爲明治政府所不容,"日清聯合"絶非明治政府的外交目標,反而會成爲致力於對西洋開放的明治政府前進路上的絆脚石;同時也與明治政府當時崇尚西洋,致力於對西洋開放的外交思路格格不入。所以當他們用"日清聯合論"敲開清政府的談判大門之後,馬上就另起爐灶。有關《中日修好條規》方面的研究,學者多有論述,也非本文主旨,故不再另行展開。

(五) 臺灣之行

名倉予何人再次的海外之行,是時隔 17 年之後的 1888 年 5 月,受時任臺灣總督劉銘傳的邀請,名倉予何人率領掘井工數名前往臺灣,幫助臺灣開展挖掘水井事業。此時的名倉予何人似乎又意氣風發,大有東山再起之意,作漢詩云:

自古英雄多晚成,芒增六十就功名。
君看老驥逾西海,去向中州建旆旌。①

據王一剛發表在臺灣期刊的研究成果,挖掘工作的進展似乎不如人意,在挖出一口水井之後,出水效果并不是很好,而且當地人很快學會了日本人的挖掘方法;另外,當地人對於日本的掘井方法抱有反感,認爲會破壞風水②。之後名倉予何人又任臺灣府學教習一職,月薪 50 元。中村櫻溪是這樣描述名倉予何人的臺灣之行的:

余去歲寓臺灣,父老猶説劉巡撫時事。松窗在劉幕下,每夕出庭,

① 名倉予何人著:《名倉松窗翁自傳》,《奉公》,1895 年 5 月,第 22 頁。
② 王一剛:《劉銘傳的日人幕僚名倉信淳》,《臺北文物季刊》第 10 卷第 2 期,1961 年,第 47 頁。

拔刀揮之，踴躍示武技。時齡逾六十，其健如此。臺北有舊井，松窗所鑿云。①

劉銘傳是如何與名倉予何人相識，據目前的史料不得而知。但綜合名倉予何人自傳、石川二三造傳記、中村櫻溪附録文等相關描述，應該是劉銘傳力邀名倉予何人入臺，而且對他恩禮有加，在臺期間也是相處和諧。

不過到當年 11 月，名倉予何人的臺灣之行就匆匆結束，無果而終。名倉予何人爲何提前離開臺灣，一直是個未解之謎。筆者在查閲當年的報刊雜志時發現一則相關新聞，似乎爲解決此疑問提供一條綫索。這是一則刊登在 1888 年 12 月 20 日《東京朝日新聞》第二版上的雜報，文章大意如下：

有遠州人名倉信敦，接受臺灣巡撫劉銘傳邀請赴臺。其與劉巡撫爲舊知，所以不管是否在臺灣起到了什麼作用，劉巡撫還是供給他月俸五十圓，他因此衣食無憂。但是最近不知何故，突然將其解雇，使其經上海乘坐郵輪回國。同行的掘井工也在清國駐東京公使黎氏的斡旋下解約，與名倉予何人一起回國了。另外三個月前有一書生曰七里某，頗通中國事，以月俸十五兩被雇爲劉氏通事，也被解雇歸國。劉氏爲何突然解雇日本人的理由現在不得而知，但是據消息人士分析，或是因爲臺灣官民嫌忌日本人的存在，而狡猾如蛇蝎的劉氏也開始失去對以上幾位日本人的信任，把他們當做間諜來對待，所以采取了上述行動。（據最近上海通信）

以上報導中提到的間諜事件，似乎與名倉予何人毫無關聯。但是如果我們分析文中提到的書生“七里某”的背景，疑問也許會迎刃而解。“七里

① 中村櫻溪，明治時期儒學家，生卒不詳。此文附録於石川二三造《名倉予松窗傳》之後，《弘道》，1911 年 9 月，第 33 頁。

某"全名爲七里恭三郎(1867—1912),《東亞先覺志士傳》①(下)一書中對於其經歷有如下記載:

> 七里恭三郎:1887 年在上海學習漢語,後作爲翻譯來到臺灣。在甲午戰争前化妝成中國人的乞丐從事偵查活動,貢獻巨大。甲午戰争爆發後,隨軍從事諜報工作,戰功卓越。日本佔領臺灣後,隨軍各處征戰,後成爲基隆辦務署署長(相當於市長)。

另外,由長谷川雄太郎與七里恭三郎共同撰寫的全面調查清軍的詳細情報《清國軍備總覽》一書出版於 1894 年 7 月,書中對當時清朝的軍備情報描寫詳細。清軍的各處軍事情報可謂一覽無餘。由此可見,七里恭三郎作爲翻譯來到劉銘傳身邊的目的就不言而喻了。我們或許可以這樣推測:名倉予何人在臺灣期間卷入日本間諜事件,因此受到連累被迫回國。毋庸置疑,臺灣之行的半途夭折使他晚年的雄心壯志受到沉重打擊,理想徹底破滅。

關於臺灣之行,名倉予何人也有過《蹈濤記事》的手記,但是其文本目前查無蹤迹,在此期待有朝一日奇迹出現。

(六)游記總集成之《杭海集》

名倉予何人曾經在 1893 年將有關歷次出游的記録進行系統整理,匯編爲完整的合集《杭海集》。名倉予何人爲這部合集撰寫的總序,刊登在 1895 年 5 月奉公會出版的《奉公》一書中,前面摘録過首尾,兹將全文再録於次:

---

① 黑龍會編撰:《東亞先覺志士傳》,黑龍會出版部,1936 年。黑龍會爲日本軍國主義組織,專門爲日本從事海外軍事與政治諜報工作。

余曾跋涉海外凡五次(每次有記〇),初杭乃在文久二年(《海外實録》),再杭乃在元治元年(《航海日誌》),三杭乃在慶應三年(《壯游日録》),以上三次之游,并係杭海未再開時之事;四杭乃在明治三年(《游清漫録》),此行特奉旨持節使清國,此乃清國通信蒿矢也。自國之後杭海之路大國,公也私也,凡有志者之游海外諸國者月加年多;五杭乃在明治廿一年(《蹈濤記事》),此行者所感焉,遂應清國劉省三據延,蹈海游臺灣,承教習之乏,在五杭中以爲最奇之游也。

在昔,我邦通商之盛行也,當時商民赴海外者不暇枚舉也。及寛永中,西陲有天主教之亂,幕府下令封鎖港口,嚴禁邦人杭海赴殊域。爾後經過二百年之久,至文久二年幕府始有欲同商清人意,乃派二三小吏。

當此時,有志之士希望陪游者甚多,然得果其志者蓋稀矣。余百方盡力,僅得爲小吏奴。友人中牟田某、高杉某亦爲奴以游上海。當時杭海之不容易可以推知也。

至明治五六年後,則駐扎也,留學也,游歷也,通商也,凡我官民之赴海外諸國者遂日續續不絶,較之前日杭海之迂遠,則其容易宛如游鄉鄰。故五七次或十餘次杭海者間亦有之。是以人皆不以海外之游爲珍奇也。

譬之鬻冰塊者,維新以前夏日蓄冰塊者甚稀矣,一有鬻之者則是皆以爲珍,不論價貴賤,争買之。然而至於明治之今,則介然冰鋪星布於都鄙故,冰塊之易得猶如冬月也。若余前日之游,乃維新以前夏月之冰塊也,故時人以爲珍;今人之杭海,乃都鄙星布之冰鋪也,時人不以爲珍奇者,不亦宜乎?然則余之五杭或謂之勝今人百杭亦可也,且今欲知時世之沿革及風俗之轉變者,觀余所著五次《杭海集》(計廿有四卷),則庶幾可以見其一端矣。明治二十陸年秋捌月哉生明東京隱士名倉松窗自序。

由上文可以看出，名倉予何人所編五次《杭海集》共計 24 卷，囊括了歷次出游的游記，此文集可以説是中日近代關係發展史上一位親歷者的重要目擊記録。但是遺憾的是，目前這個文集不知去向。據白柳秀湖考證，名倉予何人在病重時曾經將文集托付給了傳記中提到的“澀谷某”，但文集的最終去向不得而知。

另外如其自傳中所記：“翁所著四次游記，外有《刀陣提要》《實操摘要》《繼周易考》《日本紀事》等書”，游記之外，還有漢學、兵法方面的著作，這些也值得我們去關注。

1862年"千歲丸"來航

距今一百五十多年前,德川幕府派遣"千歲丸"從長崎出發前往上海。日本自1854年迫於美國壓力洞開國門以來,這是首次派往中國的官船。

此前約兩百年間,鎖國體制下的長崎是"唐船貿易"的唯一港口,中國商人集中居住地"唐館"①盛極一時,但這期間嚴禁日本人自由出海。因此,除了極少數漂流民之外,"千歲丸"乘員成了兩百年間首次踏上中國領土的日本人。

那麼,幕府派出"千歲丸"的背景是什麼?他們肩負著何種使命?他們抵達上海後開展了哪些活動?乘員之一的名倉予何人又有哪些經歷呢?

一、"千歲丸"來航背景與使命

名倉予何人在其所撰《海外日録》中稱:"此舉意在恢復寬永以前之朱印船,然受官吏之臺命而入唐,乃室町幕府以來稀有之事,故參與此行者皆有奇異之思,豈非一大快事。""千歲丸"作爲時隔兩個多世紀首航來華的官方貿易船,無論對於日本還是中國都意義重大,名倉予何人顯然清楚地意

① 日本施行鎖國政策之初,允許中國人(日語稱"唐人")在貿易港口城市長崎雜居,元禄元年(1688)幕府出於防止走私貿易、取締基督教傳教,在長崎郊外的十善寺藥園舊址建造"唐人屋敷(亦稱'唐館')",面積達39 300平方米,翌年收容中國商人4 888人,禁止與外界自由接觸。

識到了這一點，并且非常有幸自己能够參與其中。

在名倉予何人看來，“千歲丸”一行是爲了恢復“寬永以前之朱印船”。所謂“朱印船”制度，草創於豐臣秀吉時期(1592—1595)，定型於德川家康的江户幕府(1601)，至1636年隨著發布“鎖國令”而被廢止，其間大約有360艘獲得“朱印(幕府頒發的出海許可證)”的日本商船分赴臺灣、交趾、柬埔寨、暹羅、吕宋等從事貿易，由此可見“千歲丸”具有貿易商船性質。

名倉予何人還把此行理解爲“入唐”，認爲是“室町幕府以來稀有之事”。唐代是中日交流的全盛期，對日本文化的影響至深至廣。最近，北京大學教授丁莉寫了本備受關注的書，書名叫作《永遠的“唐土”——日本平安朝物語文學的中國叙述》[1]，講述日本古代文學的永恒主題便是“唐土”“唐人”“唐物”，可見“唐”的意象已經化爲日本人的精神故鄉。因此，室町時代日本派往中國從事“勘合貿易”依然習稱“入唐”，由此可見“千歲丸”多少還帶有中日朝貢貿易的影子。

我們再來看看當時的國際背景。19世紀中葉，西方資本主義征服世界的活動已經到達遠東。西方資本主義國家憑藉近代工業革命的巨大能量，國力蒸蒸日上，觸角伸向世界各地。歐美列强爲了擴大商品市場，争奪原料産地，加緊了征服殖民地的活動，中國的周邊國家和鄰近地區，陸續成爲它們的殖民地或勢力範圍。

位居遠東航綫末端的日本，戰略地位非常重要。從18世紀中葉以來，俄國首先向日本叩關，英美接踵而至，西方勢力一波波襲向日本。自1764—1854年的90年間，西方各國到日本叩關的次數多達52次。深陷强敵環伺危機之中的德川幕府，終於在1825年發布“驅逐令”，命令對一切擅自靠岸的外國船隻進行炮擊。1842年，鑒於中國在鴉片戰争中的失敗，幕府相應緩和了涉外措施，取消“驅逐令”，改頒“薪水給予令”(對外國船隻供給薪、水、糧食後令其離開)。

① 丁莉：《永遠的“唐土”——日本平安朝物語文學的中國叙述》，北京大學出版社，2016年。

1848年,美國佔領加利福尼亞後,領土直達太平洋。爲了在亞洲争奪市場,美國力圖開闢太平洋航綫,以代替歷來横渡大西洋繞道好望角的漫長航程。由於當時蒸汽船的技術限制,横渡太平洋時沿途必須補充燃料,再加上日益增多的捕鯨船隻需要停靠并補充給養,因此美國迫切需要在太平洋中尋找停泊良港,於是日本的戰略位置就成爲美國看好日本的基本條件。日本四面環海,有天然良港,是太平洋的島國之一。美國認爲日本是飲水和食物的供給地,將日本視作美國與中國航綫的中轉站。

1853年7月8日,美國東印度艦隊司令佩里率領艦隊抵達江户灣。這支艦隊船身漆黑,因此被稱爲"黑船"。在這支艦隊的巨炮威脅下,幕府上下驚慌失措,江户城内一片混亂。7月14日幕府被迫命令浦賀奉行接受美國國書。國書要求美日通商,日本爲美國船隻提供煤炭、飲用水、糧食,對美國遇難船隻予以保護,日本向美國開放港口。國書以强硬態度要求幕府滿足其要求,并且答應在一年内給予答覆,否則美國將訴諸武力。1854年(安政元年)2月13日,佩里再次率領艦隊來到江户灣,3月8日幕府被迫在武藏國久里浜横濱村字駒形設置招待所與美國進行談判。3月31日,簽訂了《日美和親條約》(習稱《神奈川條約》),日本被迫對美國開放下田、箱館兩處港口,准許美國艦船在這兩處港口停泊,同時給美國最惠國待遇,日本必須對遭遇海難的美國船員進行救助等内容。英俄兩國也分别於1854年10月11日及次年2月7日强迫日本簽訂了日英、日俄條約。日俄條約除了具有日美條約相同的内容外,還增加了俄國擁有治外法權的條款。

1856年8月美國人頓賽德·哈里斯(Townsend Harris)來到日本,在哈里斯的多方斡旋以及武力威脅之下,幕府被迫同意在下田設立美國領事館,哈里斯出任首届美國駐日本總領事。此時,英法兩國在中國發動第二次鴉片戰争,哈里斯充分利用這次戰争對日本進行恫嚇,迫使其就範,不斷擴大利益範圍。

1857年6月19日,日美在下田簽訂了有關開放長崎等内容的《日美下田條約》,共設 9 條,對《日美和親條約》做了補充,所以也稱作《日美追加條約》。1858 年 7 月 29 日又在江户簽訂了《日美修好通商條約》及《貿易章程》(習稱《江户條約》),英、法、俄、荷也相繼迫使日本簽訂同樣性質的條約。這些條約均簽訂於安政五年(1858),故通稱《安政五國條約》。這些條約規定:增闢開放港口(神奈川、長崎、新潟、兵庫)及開放城市(江户、大阪),并增加了領事裁判權、議定關税權、外國人在開放地區有永久居住和不受任何限制的貿易權(包括外國貨幣同種數量通用)等。

至此,日本屈服於西方勢力,洞開門户,二百餘年的鎖國體制徹底崩潰。這些不平等條約及其附屬條約協定,使歐美各國享受一系列特殊待遇,而日本却失去社會以及經濟的自主管理權。可以説,日本在西方各國的衝擊下,被捲入到西方争奪殖民地的浪潮中,面臨着前所未有的國家危機與民族危機。

回看東亞,自鴉片戰争以後,中國一步步陷入殖民地與半殖民地深淵,國家主權喪失,人民慘遭塗炭,西方列强趁機擴張勢力、掠奪資源,東亞格局發生巨大變化,傳統意義上的中日貿易隨之陷入停頓狀態,重組東亞格局、建立新型國際關係勢在必行。爲了叙述方便,我們先來簡單回顧一下明清以來的中日貿易狀況。

14 世紀中期至 16 世紀中期,明朝與日本室町幕府間保持着相當興旺的物資流通與文化交往。中國商船從江浙啓航,十天内可抵達長崎等港,甚至"順風不三日可至日本"[①];日本也先後派出遣明船多艘,以朝貢的名義開展貿易。在這種史稱"勘合貿易"中,日方出口銅、硫磺、刀劍、扇子、漆器等,中方出口制錢、生絲、藥材、書畫、陶瓷器等。一斤中國生絲在日本可以二十倍價格出售,日本一把值八百文的刀劍,在中國可賣出六倍以上價錢。這自然刺激雙方商船的穿梭航行[②]。

經戰國紛亂後,豐臣秀吉(1536—1598)統一日本,一般認爲文禄元年

① 《浙江通志》卷九十五《海防》一。

② 馮天瑜:《"千歲丸"上海行——日本人 1862 年的中國觀察》,商務印書館,2001 年,第 43—46 頁。

(1592)開始實行朱印船制度，即由幕府頒發特別證件"朱印狀"——蓋有幕府紅印的航海證明書《異國渡海御朱印狀》。初期船主多爲加藤、島津、松浦、鍋島等西國諸侯(大名)掌控，後期則以角倉了以、末吉孫左衛門、末次平藏、茶屋四郎次郎等豪商爲主，他們持此狀可航行中國及東南亞各國。

德川家康建立江户幕府後，將朱印船貿易進一步規範化。1604—1635年的30年間，日本派出的朱印船達三百餘艘。德川家康死後，爲了防範天主教勢力對政權形成威脅，二代將軍秀忠(1605—1623年執政)漸次推行禁教、鎖國政策，1633—1639年(寬永十年至十六年)幕府連續五次頒布鎖國令，確立"鎖國體制"，曾繁盛一時的朱印船貿易被完全禁止。

日本在寬永年間開始實行的鎖國政策，一方面限制外國人來日通商，另一方面禁絶日本人出海貿易。1633年(寬永十年)幕府下達日本人"外國渡航死罪"令，甚至規定出海歸來的日本人一概處以死刑。馮天瑜認爲："這兩方面相比較，對日本人出海貿易的禁止更爲嚴厲，使得日本這個有着遠航傳統的海洋民族，在17—19世紀間被禁錮在日本列島内整整二百二十餘年。"①

然而，即使在施行鎖國政策期間，日本也并非完全斷絶與外國的交往。德川幕府依據本國社會等級觀念，把世界各國分爲三類：一是中國、荷蘭兩個平等的"通商"之國；二是朝鮮、琉球兩個允許派遣使節的"通信"之國；三是包括美國、俄國、英國等在内的拒絶交往的"夷狄"之國。在這個框架下，中日貿易得以持續。

清朝初期，因爲鄭氏集團佔據臺灣與其對抗，清廷遂下達"遷界令"，致使許多商船難以東渡日本開展貿易。"遷界令"廢止後，中國赴日貿易出現一個高潮，僅1688年就有194艘來自中國的貿易船抵達長崎，在長崎登陸上岸的中國人多達破紀録的9 281名。幕府爲了便以監管雜居於民間的外國人，在長崎分別建造了"出島"與"唐人屋敷"，强制荷蘭人與中國人集

① 馮天瑜：《"千歲丸"上海行——日本人1862年的中國觀察》，商務印書館，2001年，第44—46頁。

中居住，嚴禁他們自由進出。清末外交官何如璋在其所著《使東述略》中記載道：

> 中土商此者已數百年，畫地以居名"唐館"。估貨大者糖、棉，小則擇其所無者，反購海物，間以木板歸，無他產也。[①]

應同鄉何如璋邀請一同赴日的黃遵憲，在《日本雜事詩》有詩賦"唐館"云："鯉魚風緊舶來初，唐館豪商比屋居。棉雪糖霜爭購外，人人喜問上清書。"詩後自注云：

> 長崎與我通商，既三百餘年，每歲舶以八九月至。舊有唐館，多以糖、棉花入口，皆日用必需物也。書畫紙墨，尤所欣慕。近世文集，朝始上木，夕既渡海。東、西二京文學之士，每得奇書，則珍重篋衍，誇耀於人。而贋鼎紛來，麻沙爭購，亦所不免。修好以後，得之較易矣。各口流寓商民，今有三千餘人。[②]

從上述記載可知，清朝商人聚居地"唐館"曾是中日交流的樞紐，不僅是砂糖、棉花等大宗商品的集散地，而且也是輸出"書畫紙墨"等文化交流的重要窗口，尤其是"近世文集，朝始上木，夕既渡海"，足以顯示當時文化交流之盛況。

然而，由於何如璋、黃遵憲赴日時已是明治時期，所以關於江户時代中國赴日采購的最大宗商品——銅已經在敘述之中消失。據《乍浦備志》記載："以彼國銅斤，足佐中土鑄錢之用，給發帑銀，備船由乍浦出，放洋采辦。"當時，中國爲鑄造銅錢需要從日本進口銅。爲此中國設官商，從乍浦東渡至長崎采購。由於當時日本的生產力有限，貿易的負面影響就是帶來

---

① 何如璋、王韜著：《使東述略·扶桑游記》，中國旅游出版社、商務印書館，2016 年，第 4 頁。
② 黃遵憲著，鍾叔河輯校：《日本雜事詩廣注》，湖南人民出版社，1981 年，第 172 頁。

了金銀特别是銅的大量外流，日本屢次采取措施加以限制，至 1715 年(正德五年)頒布《正德新商法》，對前來交易的中國船隻頒發"信牌"，規定持有"信牌"的船隻纔可以進入長崎港進行交易，這項措施大大限制了中國船隻的數量，但每年仍有幾十艘中國船駛抵長崎。直至 19 世紀 50 年代，中國商船還往來於中國江浙與日本長崎之間。

清朝商船的到來促進了長崎貿易的繁榮，這些船隻從中國帶來大量的砂糖、中藥材、棉布、生絲等，而返航的時候則大量携帶日本的銅以及"海俵物"[①]。與中國船商不斷赴日相對照，日本人則完全没有前往中國的機會，出現"只有中國人來，没有日本人往"的失衡怪相。從這層意義上講，江户時代最森嚴的鎖國政策是禁止日本人出海航行，這樣就使得江户時代的中日關係在整個中日關係史中處於一個很特殊的地位，即這一時期的中國文化和中國物産，完全通過中國人傳入日本，與以前日本人去中國學習文化、帶回物産的交流方式有着很大的不同[②]。

這種形成於鎖國體制下的傳統貿易方式，在鴉片戰争及太平天國運動的打擊下難以維繫，到了 19 世紀中葉趨於停止。此外，西方列强的侵略對日漸衰微的中國商船的赴日貿易造成毁滅性的打擊。如第一次鴉片戰争中，英國軍艦二十餘艘於 1842 年 5 月 18 日(道光二十二年四月初九日)攻擊對日貿易港口乍浦，官商王元珍在乍浦的銅局及洋船兩艘、駁船三艘全部遭到焚毁，船貨損失殆盡。乍浦本地詩人沈浪仙[③]所編《乍浦集咏》[④]詳

① "俵"指用稻草編的包，裏面裝的一般是海帶、海参、鮑魚等水産乾製品。

② 大庭修著，徐世虹譯：《江户時代日中秘話》，中華書局，1997 年，第 6 頁。

③ 沈筠(1802—1862)，字實甫，號浪仙。浙江平湖乍浦人士，詩人。據石曉軍《清末中國研究日本的先驅者沈筠事迹考》(《浙江工商大學學報》2014 年第 2 期)一文考證："無論從沈筠所編著的有關日本著作的數量以及涉獵的範圍來看，還是從他研究日本的深度和廣度而言，沈筠都當之無愧堪稱清末中國研究日本的先驅者之一。"

④ 乍浦港在近代中日貿易中佔據重要位置，所以該詩集於 1846 年傳到日本後影響極大。該書傳入次年即被伊藤圭介改編爲《乍川記事詩》在名古屋刊行，改編本以摘録《乍浦集咏》中關於鴉片戰争的記事詩爲主。之後又有小野湖山的《乍浦集咏抄》出版(1848)，此書亦是以鴉片戰争爲主綫收録《乍浦集咏》中的詩集。此外在其餘相關中國記事的文章中該書也多次被提及，作爲介紹中國情况以及對於日本社會的警世之作可謂意義重大。

細記述了英軍入侵乍浦後當地軍民英勇抵抗以及英軍燒殺搶掠的惡行。

此後赴日貿易商船帶回的日本商品開始由以前的乍浦轉到蘇州等地銷售。1860 年(咸豐十年),太平軍攻打蘇州,避難至日本長崎的徽商船主程稼堂(宏豐船)在其《避難紀略》中描述:

> 今夏四月初四日,南京逆匪圍困蘇州,縱火焚燒城外民宅……同月十三日,賊衆昂然蜂擁入城中,殺巡撫、閉城門,不分官府、商家,但擇巨室、富户,即行劫掠。自同月十三日至十五日,擄殺不斷。……經過上述浩劫,一座錦繡城池頃刻化爲荒墟。王氏十二家船主(與日本貿易往來之富商集團——小島)及其幫内商賈之家族,盡皆離散,去向不明。其他横遭荼毒,不忍聞問之慘事,實難盡述。①

清朝設置於蘇州、專門負責中日商船貿易的官民兩局,在這次戰亂中最終解散,維繫清朝中日貿易的"銅"交易體制崩壞。李鴻章在 1870 年 12 月致總理衙門的書翰中提到:

> 咸豐以來,粤匪滋事,江浙銅商散盡,官本無措。而日本復與西洋諸國互市,所産銅斤,均經洋商四處購運,即江浙再有官商持照前往,亦無以應。②

長期以來由官民兩局負責的中日傳統商船貿易,逐漸易手他人,由洋商從中購運,這意味着中國在"銅貿易"中喪失了自主權。1859 年赴日本貿易的吉利船、吉隆船、宏豐船,這三艘貿易船是清朝最後一批傳統的官辦

① 引自知識産權出版社《太平天國文獻史料集》(2013 年版,第 41—42 頁)所收《避難紀略》一文。原文爲日文(原作者用日文寫就;或是由當時幕府譯爲日文,亦不可知),題爲《唐國賊亂避難略記》,收藏在日本長崎縣立圖書館。《太平天國文獻史料集》收録的爲小島晋治教授整理後翻譯而成的史料。

② 顧廷龍、戴逸主編:《李鴻章全集》卷三十《信函二》,安徽教育出版社,2008 年,第 148 頁。

貿易商船。

19世紀50年代,佩里率領的美國艦隊叩關成功,日本幕府不得不打開國門,其後相繼與美、英、俄、荷、法諸國簽訂屈辱的《安政五國條約》,開啓與西方國家不平等通商關係之先例;然而,日本與傳統意義上最主要的貿易對象國——中國,却尚未建立近代意義上的商貿協議。西方列强趁此機會從中漁利,通過中轉貿易賺得數十倍暴利。面對此種對日本社會、經濟極爲不利的狀況,幕府及諸藩的一批有識之士憂慮現狀,開始思考如何掌控中日貿易的自主權,從西方人手中奪回應有的權益。他們中一些人認爲,直接派遣使節團去中國刻不容緩,争取與清朝建立正式商貿關係實屬必要。

1861年(文久元年)1月,時任箱館奉行、剛從美國出使歸來的村垣範正(1813—1880)等向幕府提出派遣使節團前往中國的申請書,并建議使節團租用外國船作爲貿易官船。同年5月,幕臣小栗忠順(1827—1868)、岡部長常(1825—1867)上書,建議幕府派官船前往上海、香港調查貿易狀況。時任長崎奉行的岡部長常具體建言,鑒於上海正處在太平軍包圍之中,原本寄予厚望的上海商業環境趨於惡化,因此出使官船的首要任務是查明上海的情況,等到情况調查清楚後,再着手商品交易、商討兩國貿易協定的締結問題。岡部長常還建議租用荷蘭船,使團不懸挂日章旗。在主政的老中安藤信睦(1819—1871)、久世廣周(1819—1864)等的支持推動下,岡部長常的建策最終被采納,幕府於是發布命令,開始遴選使團官員,并準備租用外國船隻等。

1862年4月10日(文久二年三月十二日),幕府派員付御組頭中山誠一郎、沼間平六郎等,與荷蘭通辭岩瀨彌七郎、森寅之助,以日本政府名義與英方商討購船事宜,結果以"洋銀三萬四千枚"(34 000美元,相當於日本銀幣三萬兩)購買停泊在長崎港内的英國商船"阿米斯得號"(Armistice)。

據勝海舟《海軍歷史》卷二十三《船譜》所載,此船1855年在英國山大蘭島建造,船重256噸,登録重358噸;可以裝載相當於登録噸位兩倍重的貨物。另外據日本人記録,此船“長二十步,寬三步半”,一説此船“長二十間,寬四間四尺,深二間五尺”(一間爲 6 尺,或 1.82 米)。高橋取“可以使用千年的船”之意,將此船更名“千歲丸”,并將日章旗挂起,作爲貿易官船出使上海。

“千歲丸”爲三桅帆船,船員以英國人爲主共 16 名,搭乘的日本使節團成員共 51 名,包括官員、從者、醫生、唐通事、荷蘭通,長崎商人、厨師、水夫等。1862 年 5 月 27 日(文久二年四月二十九日)從長崎出航,6 月 2 日(五月初六日)抵達上海。在上海停留近兩個月後,“千歲丸”於 7 月 31 日(七月初五日)駛離上海,8 月 9 日(七月十四日)返回長崎。

至此,江户時期鎖國以來兩個多世紀間畸形的中日經貿文化關係,隨著 1862 年幕府官船“千歲丸”的上海行而發生根本性變化,即“日本的對中國貿易,由被動接受的‘居貿易’,轉變爲主動前往的‘出貿易’。日本人在中斷兩個世紀後,重新踏上中國土地,耳聞目睹、親歷身受了晚清的中國社會”[①]。從此意義上講,“千歲丸”的出航,在中日關係史上開闢出一條新航路。

二、“千歲丸”乘員在滬的活動

中日交往歷史長達千餘年,尤其是隋唐以來在中華文明强烈而持續影響之下,日本朝野致力於學習中國文化,知識人士對中國的典章制度、宗教思想、文學藝術、名勝古迹、歷史人物等,可以説如數家珍、爛熟於胸。

然而,“千歲丸”抵達的上海却與日本士人意象中的“文化故鄉”景觀迥異。上海原來只是個不起眼的漁村聚落,據傳當地漁民發明了一種竹編捕魚工具“扈”,這一帶被稱爲“滬瀆”,上海别稱“滬”便由來於此。1842 年鴉片戰争後締結的《南京條約》,上海被殖民主義者强迫開闢爲通商口岸。

① 馮天瑜:《“千歲丸”上海行——日本人 1862 年的中國觀察》,商務印書館,2001 年,第 46 頁。

1845 年以後,英國、美國、法國先後在上海設立了租界,1863 年英美租界合併爲公共租界,上海實際上被劃分爲華界、公共租界、法租界三部分,淪落爲外國殖民主義者在中國傾銷商品、搜刮錢財的“冒險家的樂園”。

如同上節所叙,日本官船訪滬之目的有三,一是探查上海商情,二是商品貿易,三是探討簽署通商協議的可能性。“千歲丸”乘員似乎有明確的分工,如幕府任命的官員(使節)負責簽約事宜,官員携帶的隨從以刺探情報、瞭解商情爲主,長崎商人則從事商品貿易。有關這個情况,名倉予何人在《滬城筆話拾遺》中有一段記載:

初十日　在江畔監搬運。

王思源:貴國係否日本?抑大琉球?所帶何貨?可以代銷。鄙處有古書數百種,今中國已無板,貴國可有用處?如有用可以易貨。望向尊官代爲一問。如能引去一見,面談更妙。愚係中國江蘇省人,姓王名思源,因慕貴國係海外禮義之邦,故欲一通拜謁,尚望從者不吝一言爲幸。

名倉:弟等是東洋大日本人。今君所言係緊要事件。弟乃陪從小臣,不得與君私言,當馳歸告之官吏,請君小間在此,且待之。
弟以貴兄言告官吏,官吏曰“吾輩至大清國者,固爲使我商賈無失禮耳,非管買賣也。王氏若欲問貿易事,則當見我商賈俱熟計”云云。謹覆。

“千歲丸”一行於 1862 年 6 月 3 日抵達上海港,10 日名倉予何人在碼頭監督貨物搬運時,邂逅上海商人王思源,兩人以筆談開始交流。

王思源出於商賈本能,關心日本船所運載的貨物,一方面表示願意代銷貨物,另一方面投日本人所好,推銷手頭的商品“古書”,并希望名倉予何人引薦日本官員當面商談。名倉予何人心知此是“緊要事件”,立刻向官員稟報此事。幕府使節的回復是:日本使節團爲貿易而來,但是作爲使節官員本身不參與貿易,其任務在於"固爲使我商賈無失禮耳"。日本與中國没有通商條約,此次"千歲丸"來滬就是以荷蘭商品的名義在中國經銷,而幕府使節的使命就是與中國官員商談締結通商條約的可能性。

幕府任命的使節①作爲"千歲丸"出訪的最高責任者,他們的言行舉止受到各方關注,所以與同期出訪歐美的幕府使節團官員相仿,他們身上同樣表現出保守與謹慎,很少有出彩之處。大概是因爲這個原因,"千歲丸"乘員中,以從者身份加入的各藩藩士——高杉晋作(長州藩)、中牟田倉之助(佐賀藩)、峰潔(大村藩)、納富介次郎(佐賀藩)、日比野輝寛(高須藩)、名倉予何人(松藩)等廣受關注相比,11 名幕府官員幾乎都顯得默默無聞,因此他們的行動也没有引起學者的過多關注。

馮天瑜在其著作《"千歲丸"上海行——日本人 1862 年的中國觀察》一書中稱"幕吏們全都没有留下紀行文字",其實事情没有那麽絶對。"千歲丸"乘員寫下的出訪見聞録,目前能够確認的至少有 8 人②,除了上面提到的 6 名藩士分别留下紀行外,長崎商人松田屋伴吕有《唐國渡海日録》《唐國渡海日記》,荷蘭小通辭岩瀨彌四郎有《文久西戎上海記録》——這是幕府任命官員唯一留下的完整出訪記録。

此外,關於幕府使節活動的史料,目前所知最重要的是《夷匪入港録》③;春名徹據《公門官員唐國上海道臺訪問應答書》④部分復原了幕府官員一行與上海道臺、法國領事、荷蘭領事、中國人馬銓的談話記録,其主要内容即圍繞上海的貿易狀況、貿易規則、税金、各國在上海的活動情況、外

① 幕府官方代表的名單如下:御勘定根立助七郎、調役并沼間平六郎、支配勘定金子兵吉、御徒士目付鍋田三郎右衛門、長崎會所挂調役中山右門太、御小人目付鹽澤彦靖郎、御小人目付犬塚鍒三郎、長崎會所定役中村良平、長崎會所吟味并役森寅之助、唐小通辭周恒十郎、唐小通辭蔡善太郎、荷蘭小通辭岩瀨彌四郎,共計 11 名。

② 統計數據見横山宏章《文久二年幕府派遣「千歳丸」随員の中国観—長崎発中国行の第 1 号は上海で何をみたか—》,《県立長崎シーボルト大学国際情報学部紀要》第 3 號,2002 年 12 月。

③《夷匪入港録》:1861—1863 年期間幕府官員與外國使節之間的通信文件以及外文報紙彙編,據傳幕末著名藩士玉蟲左太夫爲編者之一。

④ 春名徹:《中牟田倉之助の上海経験再考—「公儀御役々唐国上海表にて道台其外と応接書」を中心に》,《国学院大学紀要》第 39 號,2001 年。

國人在上海的居住情況以及土地買賣情況而展開。臺北"中央研究院"近代史研究所所藏《總理各國事務衙門清檔》中的《同治年間中日經貿交往清檔》中,有關於1862年"千歲丸"號訪滬時清政府官員的對應往來信函,其中包含了大量幕府使節關於中日雙方商貿締約之事與中方官員交涉的細節。

但是幕府的立場以及官員的身份決定了這些正式使節們不可能像隨行藩士那樣可以直抒胸臆,他們考察的內容也與其身份相匹配,表現出一種非常事務性的中規中矩的姿態。使節團隨行的唐通事蔡善太郎在歸國報告書中列出的26項,基本涵蓋了幕吏使節在上海的考察內容,特摘録如下:

(1) 中國的金銀銅貨幣的種類;

(2) 其通用交易場所和兑換比率;

(3) 鴉片及烟草輸入量;

(4) 耶穌教取締情況及中國政府的態度;

(5) 西洋人雇用中國人到外國工作,中國政府如何處置;

(6) 西洋人墓地買賣及借貸關係;

(7) 西洋人納中國女性爲妾及所生子女,中國政府如何處置對待;

(8) 從上海到出海口的江水深淺標數;

(9) 西洋人在上海近郊狩獵,政府如何處置,是否取締;

(10) 中國商人輸入日本産的銅,需向政府支付的金額;

(11) 公用的驛站所能提供的人馬數量;

(12) 國内的主要港口名稱;

(13) 西洋軍隊擔負國内警備,中國政府是否依賴於此;

(14) 運輸所的銀價與市中交易銀價有差異的理由;

(15) 官秤與市中通用秤有差異的理由;

(16) 道臺與各國領事之間交換文書的格式；

(17) 上海城内的户數和人口數；

(18) 是否向條約締結國派遣使臣；

(19) 没有簽訂條約國家的人爲了商務進入中國，對此中國有何具體規定；

(20) 在西洋人的租界裏居住，有無規定；

(21) 對外國人租賃土地、賣土地有無規定；

(22) 除日本、朝鮮、琉球、香港以外，中國船是否還有發送地；

(23) 朝鮮、琉球對中國的朝貢關係；

(24) 西洋炮術的傳習狀況；

(25) 中國婦人從事的產業；

(26) 道臺與西洋各國領事的交涉場所及翻譯關係。①

從這些報告内容中我們不難得出這樣的結論，即幕府從其官方立場出發，他們的著眼點主要在於試圖從上海直接瞭解學習國際外交慣例，掌握國際貿易以及與西洋人打交道的規則。上海自 19 世紀 40 年代開埠以來，經過二十多年的發展，已經成爲一個相當繁榮的近代化港口城市，是西洋人在遠東最重要的商業、航運、軍事據點，這些無疑給開國初期的日本帶來非常有益的借鑒。

幕府使節的隨行藩士的行動一直以來都是學界關注的重點。藩士們來自日本各個藩國，他們年輕氣盛、思想活躍、好奇心强，不像幕府使節那樣言行舉止受到身份拘束，在公務之餘可以自由活動於上海的街巷，與上海人士進行直接的面對面接觸交流，顯示出强烈的好學精神。因此他們的紀行中記録的材料大多鮮活而生動，同時也不同程度地打上了每個人的思想烙印。

① 轉引自馮天瑜《"千歲丸"上海行——日本人 1862 年的中國觀察》，商務印書館，2001 年，第 51—52 頁。

長久以來中日學者圍繞這些紀行材料展開了大量的研究,而這些研究基本圍繞著日本人的近代中國觀的確立而展開。正如劉岳兵在《幕末:中國觀從臆測到實證的演變》中提到:"近代日本中國觀的演變過程中,從鴉片戰爭到幕府'千歲丸'的上海之行這段時期具有重要的意義。在西方勢力的不斷進逼下,各種殷鑒論、唇齒論、敵對論、親善論的中國觀都隨著幕府官船的上海之旅而實現了從臆測到實證的轉變,從而使日本的中國觀從此不再是紙上談兵,而具有了現實的中日關係的複雜背景。"①

清朝内政外交腐敗引發了日本衆藩士對昔日尊崇的中國產生了蔑視心理,而這正是近代以來日本對華思想演變的原點。關於這一結論,已經有大量的研究進行闡述,所以不再是本節的討論要點。如果再次著眼回到藩士們的紀行材料本身,我們就會發現此次"千歲丸"隨行藩士的活動之豐富、與中國人士的接觸之深,絶不是僅僅"中國觀"的確立這一點就可以涵蓋的,或者説"中國觀"確立本身就是藩士行動和關注帶來的一個副產品而已。從衆藩士們的關注點來説,可以歸納爲以下幾個方面:

(一) 首先是上海虛幻的繁華

上海作爲當時中國乃至亞洲屈指可數的新興商業都市,給"千歲丸"上的乘員帶來了一個接一個的驚奇。高須藩藩士日比野輝寬在紀行文《贅肬録》中描寫道:

船(千歲丸)改變方向,駛向西南。江面忽寬忽窄,已離港口不遠。但見各國商館相連,停泊船隻數量之多,實在難以形容。南面帆檣林立,望不到邊。"千歲丸"在各國船間游走十餘里後,於離岸約一里地拋錨。江面布滿船隻,陸地房屋比鄰,何等昌盛之景。(後八句漢詩爲日比野輝寬所作)帆檣林立緲無邊,終日去來多少船。請看街衢人不

① 劉岳兵:《幕末:中國觀從臆測到實證的演變》,《南開日本研究 2011》,世界知識出版社,2011 年,第 169 頁。

斷，紅塵四合與雲連。憶從會有大沽患，市利網收老狒奸。休言上海繁華地，多少蕃船捆載還。[1]

大村藩藩士峰潔在其《清國上海見聞録》中這樣記述上海港之繁榮：

正午時分，我們到達了上海港，遠望而去約六百多艘各國商船雲集，其桅杆遠看恰似冬天山上的樹林。這其中有火輪船五六十艘，軍艦二十餘艘，還有兩艘巨大的英法輪船，船長約五十六七間，備有五十門大炮，是蒸汽船。[2]

名倉予何人在《海外日録》中記録云：

港内商駁軍艦，帆桅林立，不知有多少。中國船隻之多自不待言，英船也數量極多。右岸各國商船列隊，極爲壯觀，實乃中國第一之繁華大港也。同舟諸士中有前年赴米利幹者二人，聞其言曰：此處之繁盛，遥勝於米利幹之華盛頓、紐約等處也。[3]

然而，上海表面的浮華很快被其敗絮其中的現實所擊破。由於太平天國戰亂，江南地區的百姓紛紛避難於上海，造成上海城市擁擠不堪，衛生狀况極其惡劣。藩士峰潔對於上海縣城的描寫就是：

糞芥滿路，泥土埋足，臭氣穿鼻，其污穢不可言狀。我詢問了當地

① 日比野輝寬：《贅肬録》，小島晋治監修《幕末明治中國見聞録集成》第一卷，ゆまに書房，1997年，第53—54頁。

② 峰潔：《清國上海見聞録》，小島晋治監修《幕末明治中國見聞録集成》第十一卷，ゆまに書房 1997年，第15頁。

③ 名倉予何人：《海外日録》小島晋治監修《幕末明治中國見聞録集成》第十一卷，ゆまに書房 1997年，第99頁。

人,以前并非如此,乃夷人來之故,上海日益發展,來往人衆多,纔變成現在這樣。因爲當地人只顧眼前利益,忙著終日打工,不重視農業,糞便不用來肥田,那就自然成爲路邊的穢物。①

對於日本藩士來説,此次上海之行,最難以忍受的應該就是飲用水之污濁,納富介次郎在《上海雜記》中對於上海飲用水的狀况有非常詳細的描述:

此次上海之行,最難忍之苦,以濁水爲最。據聞揚子江、吴淞江古時皆清流,北方之黄河、淮、濟之水南流入大江,纔變得如此混濁。黄浦江處下游末端,地勢平坦之故,黄泥淤積。满潮後泥沙更易沉澱。此外,土人將犬、馬、豬、羊屍骸及所有污穢皆扔入江中,浮於江岸。時霍亂肆虐,難民等不得治,多死於饑渴,又不得安葬,故抛屍於江,此景慘不忍睹。更有數萬船隻之屎尿也排入江中,故江水不潔。上海城中雖有水井五六處,井水也混濁異常。平日人皆飲江水,多以大瓶汲水,再投入石膏或礬石,擱置數刻後爲清水。宏記館面對黄浦江,亦仿效此法飲用。然而平日不得已飲此惡水,無人不得病。若吾輩患過麻疹者,怎堪此水?時逢炎暑,碩太郎、傳次郎和紋藏三人終於病死。②

(二)其次是衆藩士面對西方列强抱持的矛盾心理

幕末日本國門洞開,殖民主義的浪潮開始席捲日本,日本固有的封建社會秩序受到重大衝擊,各種社會矛盾此起彼伏,幕府疲於應付、捉襟見

① 峰潔:《清國上海見聞録》,小島晋治監修《幕末明治中國見聞録集成》第十一卷,ゆまに書房 1997年,第28頁。

② 納富介次郎:《上海雜記》,小島晋治監修《幕末明治中國見聞録集成》第一卷,ゆまに書房 1997年,第15頁。

肘。不少志士把鬥争的矛頭指向西方資本主義勢力,認爲他們是萬惡之根源,這也就是幕末攘夷運動風起的緣由。

衆藩士抵達上海後,對於西方殖民勢力的横行霸道抱有切膚之痛,對於西方列强得寸進尺、囂張跋扈十分反感,同時又深痛清朝官紳對洋人卑躬屈膝的軟弱態度,尖鋭抨擊清政府仰人鼻息的政策。他們感受最深的莫過於洋兵協防上海,認爲"中外圍剿"必然導致國家主權喪失。納富介次郎在《上海雜記》中記録了他同清朝人士關於"借兵自保"後果的討論:

余問清國人:"中國爲何請外夷之力把守城池?"皆沉默不語。稍許,一人答曰:"前年長毛賊犯上海,新撫臺李鴻章尚未到任。因兵勇扎營安慶,遠在上海七百里外之故,不得已借英法之兵。"余又問:"爲何不制洋人跋扈,清朝是否反爲外夷所制?"皆不答。①

藩士們對西洋軍隊霸佔文化聖地孔廟也深惡痛絶。名倉予何人在《海外日録》中詳細記録了參觀孔廟的情景:

辰牌,余獨行過新北門,至一雲庵。會本寺來客雜沓,因此去文廟。時數英夷導余遍觀廟内。余觀之,其結構甚巨集麗,大成殿等處之匾額猶存。聖像被移至南門内也。然廟庭晾曬西虜之白衣,各堂獰腥之氣不堪。聞英人乃暫以文廟爲駐防之所,西門内别建英虜駐防,待其宣告落成後轉移也。然觀其光景,實可見中國世道衰微,國是萎靡不振之一端也。②

---

① 納富介次郎:《上海雜記》,小島晋治監修《幕末明治中國見聞録集成》第一卷,ゆまに書房 1997 年,第 14 頁。

② 名倉予何人:《海外日録》,小島晋治監修《幕末明治中國見聞録集成》第十一卷,ゆまに書房 1997 年,第 120 頁。

但是藩士們的目光絶不僅僅停留在西方列强的霸道之上，薩摩藩藩士五代友厚在上海期間以犀利的目光考察了享有“東方巴黎”之譽的上海的貿易狀態，從西方的經商之道中得出“天下形勢在開國”的結論。回國後他向薩摩藩府提出《五代友厚上申書》，提出“富國强兵十八策”，具體有“從藩士中選拔十六名青年前往英國，使他們學習産業革命的新技術。同時派出視察員前往歐洲諸國購買軍艦、大炮、火槍、紡織機械，所需資金可以從開展上海貿易中籌集”。

來自攘夷急先鋒的長洲藩的高杉晋作到達上海後，會同中牟田倉之助、五代友厚等同行藩士，多次走訪美、法、英、俄、荷等國商館，參觀英、法駐扎在上海的軍隊，對其兵法、裝備進行詳細調查，在其撰寫的《游清五録》中留下了多條記録：

> (五月)十七日，上午我與中牟田倉之助、五代去蒸汽船看各種機械，此船英國人在使用。
>
> (五月)二十日，我和中牟去了美國商館。商人名叫查理斯……我聽到了許多奇聞，收穫不小。
>
> (五月)二十三日，我和五代一起訪問了英國人慕威廉……我要了《聯邦志略》等書回去。
>
> (五月)二十五日，我和五代去訪問慕威廉，他不在。
>
> (六月)十六日，我和中牟外出，到了美國人開的店裏買了七孔槍。
>
> (六月)十七日，我和中牟去了英國人鎮守的炮臺，參觀了阿姆斯壯大炮……①

凡此種種，都表明幕末藩士并不排斥來自西方的貿易精神以及科學技術，他們出於富國强兵的願望，勤於學習西洋技藝，同時把清朝的故步自封

① 高杉晋作：《游清五録》，張明傑主編《1862年上海日記》，中華書局，2012年，第141—148頁。

導致落後挨打,引以爲現實的教訓。

(三)最後是衆藩士們把目光聚焦於太平天國運動

納富介次郎在《上海雜記》中關於戰亂引起的難民潮的記載甚爲詳細:

> 凡躲避賊亂至上海之難民,均居無定所。佇立路傍者,以船爲栖者,風餐露宿,饑渴交加,只能謀一日生計,命如懸絲。實乃不堪憐之衰世也!聞難民多爲蘇州之人,約有十餘萬之衆。且官府無救彼等之能,餓死之人日俱增多。
>
> 以望遠鏡遠觀,如棺槨之物尤多,乃洪水過後的景象也。因賊亂,使農民等不得安生,遂致土地荒廢。上海争戰災難少之地尚如此,更何況遼闊之清國。十八省中完全平安之地,除了北京外,只三四省也。其餘皆賊亂不止。商賈、平民等又何得操業乎?[1]

總體上説,藩士們對太平天國運動普遍持否定的觀點。日比野輝寛在《没鼻筆語》中詳細記録了當時上海人士對於太平天國的評論,這基本上代表了日本藩士的一般看法:

> 此本跳樑小丑,禮貌不知。渠意欲削漕糧,緣縣令不准,從此聚蟻,擄縱火,種種造惡。各處所遇百姓,皆遭荼毒。有不能逃者,皆被鞭飭,少女污淫,富者重捐。若此則人衆地廣,而害更大也。[2]

---

① 納富介次郎:《上海雜記》,小島晋治監修《幕末明治中國見聞録集成》第一卷,ゆまに書房 1997 年,第 25—26 頁。

② 日比野輝寛:《没鼻筆語》,小島晋治監修《幕末明治中國見聞録集成》第一卷,ゆまに書房,1997 年,第 164 頁。

他們最反感的是太平天國信奉天主教,因爲天主教在日本是被視爲最危險的邪教而受到嚴厲取締。他們在上海親眼看到天主教的蔓延,又從太平天國的情報尤其是太平天國的文獻中看到了濃厚的天主教色彩,因此引發對太平天國的痛恨。納富介次郎在《上海雜記》中也説:

長毛賊雖開始以反清復明爲名,現在專以天主教愚民,不從者則誅殺之。①

同時,他們也痛恨太平天國對儒家孔孟之道的批判打擊。另外,他們在上海接觸的大多是從太平天國佔領地區逃出的地主官僚,這些人的家室基本被太平軍毀滅殆盡,與他們的交談就更增加了日本藩士們對太平天國的惡感。

藩士們在上海的所見所聞,促使他們進一步總結清政府統治衰敗的教訓,作爲日本的前車之鑒。峰潔在其《清國上海見聞録》中有一段話非常有代表性:

雖窺斑可以見豹,但不知其整體之美。名醫只察一手之脉,就可知其心腹之病。然而清國之病不只在心腹,從面部、四肢就顯現出來,没有一根手指、一寸皮膚不痛的。由上海一處可以推測十八個省的大致情況。如今上海的形勢就是内受長毛威脅,外受洋人制約,只能在城裏掙扎幾下,而手脚却不能動彈。②

日本藩士把上海的現狀作爲日本的鏡子,即所謂的"攬鏡自鑒"。日本

① 納富介次郎:《上海雜記》,小島晋治監修《幕末明治中國見聞録集成》第一卷,ゆまに書房 1997 年,第 38 頁。

② 峰潔:《清國上海見聞録》,小島晋治監修《幕末明治中國見聞録集成》第十一卷,ゆまに書房 1997 年,第 30 頁。

與中國近在一水之隔,清朝内外交困的形勢讓衆藩士十分擔憂。他們通過此次對於上海的實地考察,通過與中國文人的文化思想交流,使他們的認識有了新的飛躍。爲了接受中國的教訓,避免在日本也發生外受列强淩辱、内有農民起義的局面。他們認爲只有加緊革新日本政治、軍事、經濟體制,纔是對外維護民族獨立,對内富國强兵的現實之道,而這就是"千歲丸"在時隔二百年後訪華的最大意義所在。

三、名倉予何人的中國體驗

名倉予何人作爲乘員中略爲年長的一位,他的體力與行動力都在其他年輕武士之上。當其他乘員或因爲水土不服困於館内,或者因懼於上海當地人的圍觀而不欲外出之時,他却幾乎每日外出,尋找機會與上海當地人士廣泛接觸,收集有關中國社會的各種信息,并且將之記録於在游記與筆談録中,顯示出與其年齡不相符的旺盛精力。

如前所述,以傳統的農曆計算,"千歲丸"從文久二年五月初六日(1862年6月2日)抵達上海港,到同年七月初五日(7月31日)啓程回國,在上海逗留了大約兩個月時間——確切地説是59天。在此期間,名倉予何人究竟遇見了何等人,説了些什麽話,做了哪些事情呢?下面根據他本人撰寫的紀行文與筆談録匯總相關信息,描述他在上海每一天活動的軌迹。

名倉予何人在滬活動表

時間(農曆)	活動地點	活動内容	筆談内容	備注
五月初五日	船内	(1) 入吴淞口 (2) 觀陸地西方失火		
五月初六日	抵達上海港口	感歎船多,上海港繁盛		
五月初七日	船内	觀察上海景色,以一草一木皆珍奇		

（續表）

時間（農曆）	活動地點	活動内容	筆談内容	備注
五月初八日	點耶洋行 道臺府、 城内街坊	(1) 參見道臺 (2) 感歎城内街道繁華 (3) 與道臺屬員筆談	打聽上海有無懂兵法者	
五月初九日	離船入住宏記商館	(1) 詢問商館租金 (2) 與張雲筆談	詢問上海有無名兵家、文學之人	
五月初十日	宏記商館内	(1) 閲《上海新報》 (2) 與唐虞筆談 (3) 與王思源筆談	(1) 回答日本能否作文作詩 (2) 問答日本來歷 (3) 詢問可否買賣書籍	
五月十一日	宏記商館内 黄浦江濱	(1) 外出街市被圍觀 (2) 感歎船舶多		
五月十二日	法蘭西館	(1) 飲法國酒 (2) 與李溟南筆談	詢問中國的數位表達與長度單位	
五月十三日	點耶洋行	(1) 閲《上海新報》、食荔枝 (2) 與張棣香筆談 (3) 與李溟南筆談 (4) 與張雲筆談	(1) 詢問難民以及新大橋税金 (2) 詢問兵法之事 (3) 詢問柏樹、鷄蛋物價之事	
五月十四日	宏記商館内	(1) 被誤爲高麗人 (2) 僕人病故，過半者卧病 (3) 與張雲筆談	(1) 詢問物價、生活習俗，詢問有無去西洋留學之人 (2) 尋找可以筆談之人	
五月十五日	馬路街 新北門 大東門 薛家浜	(1) 前往上海縣城參觀 (2) 觀看難民船 (3) 與書店、筆店人筆談	購買當今兵書，買筆，把三國書誤爲兵書	此日開始可以自由外出
五月十六日	宏記商館内	與筆鋪人及書生許氏筆談		
五月十七日	南馬路街 新北門 文廟 西門	(1) 與日比野、納富外出 (2) 與顧家兄弟、吴峨士、侯儀、陳汝欽筆談 (3) 與英人飲酒	(1) 詢問太平軍戰况，談論兵法 (2) 詢問文廟以及自我介紹，詢問淮軍操練	

（續表）

時間（農曆）	活動地點	活動内容	筆談内容	備注
五月十八日	新北門 書坊 古董鋪	(1) 與張棣香筆談 (2) 與許霍生筆談	(1) 詢問陳化成之事 (2) 被詢問日本情况，説“倭”乃誤	
五月十九日	西門 新北門	(1) 與侯儀、陳汝欽筆談 (2) 與楊溥、方瑶卿筆談	(1) 詢問英、法協助鎮壓太平軍事以及戰鬥陣法、吴道臺、兵書 (2) 詢問文廟、兵法 (3) 談論倭寇、中日交往歷史、君子國、兵法	
五月二十日	宏記商館内	(1) 觀花旗國船失火 (2) 將《兵要録》轉交侯儀、陳汝欽	詢問失火船情况	
五月二十一日	經城隍廟至西門	(1) 與侯儀、陳汝欽筆談 (2) 往糖鋪買糖	(1) 向侯儀介紹自己的名字、兵書、兵器、官員級别 (2) 詢問陳病情、飲用水 (3) 買糖的交涉	
五月二十二日	宏記商館内	(1) 與唐人會晤 (2) 與許霍生筆談	詢問飲用水情况、《縉紳全書》	
五月二十三日	新北門 扇鋪	(1) 與楊溥、方瑶卿筆談未果 (2) 與裘綬、劉文匯筆談 (3) 訪問儒醫張玉書（不在） (4) 請儒醫家書生作詩，被婉拒 (5) 買扇面與童子會談 (6) 與失名氏筆談	(1) 詢問《縉紳全書》、滿漢官事、儒碩學者 (2) 購買扇面 (3) 詢問官員以及儀仗隊	
五月二十四日	宏記商館内	與許霍生、避難者華毓慶筆談	(1) 詢問上海周圍風景最美之地、上海人口 (2) 討論與西洋人實戰之法、兵法，日本兵書	

(續表)

時間(農曆)	活動地點	活動内容	筆談内容	備注
五月二十五日	宏記商館内	(1) 與許霍生筆談 (2) 與張雲筆談	(1) 討論日本風俗(日語讀音、無床、無烏紗帽等) (2) 打聽買紙的店鋪 (3) 講述日本繁華景象	
五月二十六日	新北門 西門	(1) 與劉文匯筆談 (2) 與道士筆談 (3) 與侯儀、陳汝欽筆談	(1) 詢問城牆之事 (2) 介紹來滬使命 (3) 詢問病情 (4) 詢問關帝廟的情況	
五月二十七日	造船廠 浦東製鐵廠	(1) 與張叙秀筆談 (2) 參觀造船廠、浦東製鐵廠	詢問貨幣品相及造船廠、製鐵廠歷史	
五月二十八日	新北門 一粟庵 西門關帝廟 西門	(1) 在廟内與方丈、馬銓、道士筆談 (2) 在西與侯儀筆談	(1) 介紹來華目的、中國佛事 (2) 談論道家之事 (3) 談論兵法 (4) 論道家音樂之事	
五月二十九日	新北門	(1) 陪官員訪馬銓、筆談 (2) 與張棣香筆談 (3) 與馬銓筆談	(1) 詢問儲存冰塊之術 (2)《明史·日本傳》謬誤多,談論倭寇、李鴻章	
六月初一日	新北門 太平街	代官吏訪馬銓	(1) 談論祭祀、破太平軍陣法 (2) 談論兵法,請馬銓作記	
六月初二日	宏記商館内	圍觀者多		
六月初三日	新北門 一雲庵 文廟 西門	(1) 進入文廟參觀,與英兵飲酒 (2) 與侯儀筆談	(1) 談儒學以及曾國藩 (2) 詢問曾國藩以及兵法、兵書	
六月初四日	黄浦江邊	(1) 觀察難民船、尿桶 (2) 與張雲筆談	(1) 談棺槨埋葬之事、基督堂 (2) 詢問江水渾濁之源	

（續表）

時間(農曆)	活動地點	活動内容	筆談内容	備注
六月初五日	宏記商館内	讀《粤匪記略》、被贈柏樹	談女子服飾	
六月初六日	宏記商館内 小東門外書坊	(1) 唐人每日前來賣書畫 (2) 三品大員儀仗隊 (3) 與賣書書生筆談	(1) 談太平軍是否仿效明代 (2) 談鴉片	
六月初七日	新北門 北門	(1) 與劉文匯筆談 (2) 與馬銓筆談，觀佩刀、槍 (3) 與侯儀、陳汝欽筆談 (4) 與英美通事(粗通日語)會晤 (5) 與裘綬筆談	(1) 告别 (2) 談其兄長英烈之事，詢問古今度量衡 (3) 談委托作書屋記，談西洋之患 (4) 談西洋之患、兵器 (5) 與裘綬談西洋之患	
六月初八日	宏記商館内	馬銓來訪	(1) 詢問中國有無西洋留學，談西人慕威廉 (2) 詢問龍亭(天子寺廟)之事	
六月初九日	西門 西門外村落 理倉橋	(1) 與張雲筆談 (2) 與王亘甫、王叔彝、侯小山筆談，約看李撫軍軍隊操練	(1) 詢問上海山地情況 (2) 交談日本是否有劉伯温之後、家系、兵學、官職、日本刀 (3) 介紹日本以及來滬目的	
六月初十日	西洋人練兵場 炮臺 新北門	與劉文匯、嚴伯雅筆談	(1) 詢問兵法、上海海防 (2) 詢問城門的開關時間	
六月十一日	西門 王亘甫家 李撫軍操練場	(1) 與侯儀、陳汝欽筆談 (2) 與馬銓筆談 (3) 觀看操練，侯德富使其看軍營 (4) 與秦燕樓筆談	(1) 詢問李撫軍軍隊操練、中西用兵之術 (2) 詢問中日食禮之區别 (3) 介紹操練之事 (4) 介紹自己，指《明史》有誤	

（續表）

時間(農曆)	活動地點	活動内容	筆談内容	備注
六月十二日	宏記商館内	與侯德富筆談	(1) 介紹操練之法、中日交往歷史、倭寇 (2) 介紹觀看操練的途徑、日本官員情況	
六月十三日	新北門 城内街坊	記録昨夜聞虹橋淮軍大捷之事 (1) 與張雲筆談 (2) 與劉文匯筆談	(1) 談耶穌(基督教)傳教之法 (2) 談虹橋之戰，詢問李鴻章之事	
六月十四日	宏記商館内	荷蘭人回長崎 僕人碩太郎病故	無筆談記録	
六月十五日	李撫軍操練場 王亘甫家 西門	(1) 觀看操練 (2) 與司馬氏筆談 (3) 與張振軒筆談 (4) 與王亘甫筆談 (5) 與書坊主人、吴崇士筆談 (6) 與陳汝欽、馬銓筆談	(1) 談曾國藩、兵書 (2) 感謝王亘甫玉貼，談論花木、孝道、圍棋、果樹、兵書 (3) 談同行者患病、上海鴉片戰争情況 (4) 談兵法(司馬張公介紹淮軍操練之法爲戚南塘兵法) (5) 談論太平天國之亂、文廟 (6) 詢問太平天國情況	
六月十六日	宏記商館内	隨日本官吏到道臺府與胡興裔、脱名氏筆談	談虹橋之戰、洪秀全情況	
六月十七日	李撫軍操練場	觀看操練 與劉文匯筆談	(1) 與兵士談操練陣法 (2) 談論操練以及贈詩	
六月十八日	官船 新北門	準備歸國		
六月十九日	新北門 西門 西倉橋 王亘甫家	(1) 與侯儀、陳汝欽筆談話别 (2) 於王亘甫家與衆縉紳話别，贈書畫，下圍棋	(1) 互叙友情 (2) 談論兵書、圍棋 (3) 陳索要日本書屋記 (4) 談論兵器、兵法	

（續表）

時間(農曆)	活動地點	活動内容	筆談内容	備注
六月二十日	宏記商館内	記録昨夜至法國旅館、觀西人歌舞	無筆談記録	
六月二十一日	宏記商館内	王亘甫送來《兵要録》點評	無筆談記録	
六月二十二日	宏記商館内	侯儀贈送别詩		
六月二十三日	王亘甫家 李撫軍操練場	(1) 與王亘甫、王申甫筆談 (2) 觀看李撫軍軍隊操練	(1) 談論李撫軍軍隊操練操練陣法 (2) 談論鴉片戰争情況、弓、黿以及日本情況 (3) 詢問王申甫與太平軍實戰情況，及用兵陣法、鄭成功	
六月二十四日	宏記商館内 新北門 理倉橋 王亘甫家	(1) 觀上海黄浦江景色以傍晚最佳 (2) 與張雲筆談 (3) 與裘綬筆談 (4) 與王亘甫筆談	(1) 談論中西合議情況 (2) 談論戚繼光拳術 (3) 談論中國皇帝、科舉、孔子、日本文學和歌、《明史》、如何去日本、婚葬生日之禮等文化風俗	
六月二十五日	道臺府	無具體内容	無筆談記録	
六月二十六日	新北門	(1) 與劉文匯筆談 (2) 知府周存伯送書畫	無筆談記録	
六月二十七日		搬運物品至官船	無筆談記録	
六月二十八日	李撫軍操練場 王亘甫家	(1) 觀看李撫軍軍隊操練 (2) 與王亘甫、王叔彝、侯小山筆談	無筆談記録	

（續表）

時間(農曆)	活動地點	活動内容	筆談内容	備注
六月二十九日	宏記商館内	(1) 準備行李 (2) 與張雲筆談	談論中西合議情況以及西兵助剿太平天國	
六月三十日	小北門	與劉文滙告别未果		
七月初一日	新北門 西倉橋	(1) 與劉文滙告别 (2) 代官吏與馬銓告别	馬銓願兩國通商事成，願日本奮發圖强防禦西方列强入侵	
七月初二日		未游中國五港爲遺憾		
七月初三日	薛家浜 小南門	巡撫院儀仗隊、上海渾濁水過濾	無筆談記録	
七月初四日	官船内	與唐人筆談	談論尺寸	
七月初五日	官船内	感言觀看淮軍操演爲最大收穫	無筆談記録	

從以上列表中我們不難發現，兩個月的時間(59 天)，名倉予何人幾乎天天外出活動，接觸了大量的中國各階層人士，進行了近百次筆談交流，話題涉及兵法與兵書、文學與詩歌、書籍、中國的數位表述法、長度單位、難民情況、鷄蛋等物價、西洋留學情況、太平天國戰況、淮軍操練、《明史・日本傳》評價、購買文具、孔廟與祭祀、日本歷史、倭寇實情、衣冠制度、上海風土人情、日本風俗、關帝廟、造船廠、製鐵廠、貨幣問題、冰塊儲存法、曾國藩、李鴻章、慕威廉、洪秀全、戚繼光、圍棋、喪葬制度、儒教與基督教等方方面面，可謂天文、地理、人事無所不包。

名倉予何人可以説是“千歲丸”使節團的一個縮影，他通過高密度的與上海各階層人士的接觸交往中，不斷獲取歷史知識與現實信息，開闊了觀察世界的視域，加深了對近代中國的理解，由此引發一系列震撼、感慨、反思的連鎖反應，具體情況我們將在下一節再做探討。

近代日本人在中國之形象

日本近代著名地理學者志賀重昂[①]在其著作《世界寫真圖説・雪》一書中有"名倉予何人筆那破翁墓之詩"一節,特別描述了名倉予何人在出訪法國時"著緋紅綯綢,佩大刀而謁拿破崙之廟,吟誦'千載知己君與余'之詩"所表現出豪邁之氣,意在表達日本人面對强國而不自卑的精神。那麽在1862年"千歲丸"訪問上海之時,名倉予何人及其一行又是如何展示自己的形象的呢?德川幕府實行鎖國政策以來,日本人與中國隔絶二百餘年之久,日本的形象也在中國人心目中日漸模糊,而"千歲丸"的訪華無疑提供了日本人重新架構自我形象的重要機會。

一、史料中的日本認知

在展開此問題的探討前,有必要對"千歲丸"號訪滬前中國的日本認知狀況做一簡單的回顧與梳理。

在清代編撰的官方史料《明史・日本傳》中,對於日本的記録分別做了"倭"與"日本"的區別使用。陳小法在整理研究《明史・日本傳》時指出:

① 志賀重昂(1863—1927),日本著名地理學家,評論家,國粹主義者。代表作有《日本風景論》《南洋時事》

中日之間雖然相互友好遣使,但"倭性黠,時載方物、戎器,出没海濱,得間則張其戎器而肆侵略,不得則陳其方物而稱朝貢"。日本的這種兩面性,也給明廷的對日政策傷神不少。15 世紀初開始的中日勘合貿易,在持續了一個半世紀後戛然而止,可以説很大程度上受了上述影響。檢閲《明史》,可以發現修史者巧妙地通過"日本""倭"兩名稱的區别使用,較好地處理了上述日本的這種兩面性,這也是其他正史中比較少見的現象。[①]

當然《明史・日本傳》中有關日本的記録,除了記録短暫的蜜月期的中日"勘合貿易"之外,基本是圍繞着"倭寇滋擾"與"援朝抗日"兩條主綫展開的。先有明太祖把日本列爲"不征之國"之舉,即使在中日趨於正常化的"勘合貿易"期間,也出現有"倭性黠,時載方物、戎器,出没海濱……東南海濱患之"(《明史・日本傳》)的記録。至於倭寇横行東南沿海以及豐臣秀吉入侵朝鮮引發東亞大戰期間,對於倭寇的鞭撻可謂窮盡其詞,最典型的是《明史・日本傳》結尾那句"終明之世,通倭之禁甚嚴。閭巷小民,至指倭相詈駡,甚以噤其小兒女云"。王勇在《中國史中的日本像》一書中評價道:"僅此一例,便可推量對於倭寇的憎惡與恐懼是如何的深入民間。而如此這般兇惡的倭寇像,對於明代的日本像的形成産生了多大的影響是無庸贅述的。"[②]

由於清初的"遷界令"以及日本德川幕府的鎖國政策,除了來往於長崎的少數中國商人外,兩國官民的來往就此隔絶。大概因爲雙方交流極少的緣故,清代中國民間的日本觀基本延續了明代有關日本與倭寇的記憶。

在幕府實行的閉關鎖國政策下,日本商船幾乎不可能前來中國,而中國前往日本的商船也僅限於長崎一地,而且被限制在方寸之地的"唐人屋敷(唐館)",無法深入日本社會瞭解實情;加之,能前往日本的中國商人基

① 陳小法、鄭潔西著:《歷代正史日本傳考注・明代卷》,上海交通大學出版社,2016 年,解題第 3 頁。
② 王勇著:《中国史のなかの日本像》,農山漁村文化協會,2000 年,第 200 頁。

本局限於江浙沿海一帶。因此可以説，雙方的人員交往基本處於斷絶的狀態，所以明代以來的倭寇印象被基本固化并且流傳於朝野。

在民間，我們或許可以通過廣爲流傳的民間小説描寫的日本人來管窺其一。林琳在《論清代通俗小説中的日本人形象及其演變》一文中做了如下的論述：

> 明代倭患頻發，倭寇的殘虐暴行及中國人對倭寇的仇恨和恐懼，大大刺激了對日本的研究，涌現出一批研究日本的專著。在這種時代氛圍的影響下，倭寇的題材較多的出現在明清文學中，成爲明清文學的一種特色。明代出現了一些描寫有日本人的小説，短篇小説有《楊八老越國傳奇》《胡少保平樓戰功》《天凑巧》《關帝歷代顯聖志傳》卷二之《嘉徐、常州三殺賊》《風月相思》等，長篇小説有《斬蛟一記》《戚南塘剿平倭寇志傳》等，描繪的日本人基本上是倭寇形象。此風盛延至清代，縱觀出現日本人形象的清前中期小説，發現戰爭題材始終占主流，所描述的日本人大多是彪悍好武的反面形象，基本上是倭寇的群體形象，就連日本統治者也和倭寇混爲一談，成爲倭寇的總代表。①

萬晴川在《明清小説中的倭寇叙事》一文中指出："與明代小説中以記實爲主的叙述相比較，清代小説中對於倭寇的描寫偏向於神魔化。這也是與清代中日兩國缺乏交往密切相關的。"②

與官方記録以及普通民衆的所聞不同的是，活躍於中日海上貿易的中國商人多少有些機會親身接觸日本社會，因此對於日本有其獨特的感受。比如華商汪竹里（汪鵬）③，在其著作《袖海編》中對長崎有如下之描述：

① 林琳：《論清代通俗小説中的日本人形象及其演變》，浙江大學碩士論文，2004 年。

② 萬晴川：《明清小説中的倭寇叙事》，《2013 年明代文學國際學術研討會論文集》，鳳凰出版社，2015 年，第 741—752 頁。

③ 汪鵬（生卒年不詳），字翼滄，號竹里山人，乾隆年間人。常年來往於中日兩國之間，從事貿易以及文化交流活動。其事迹詳見於周迅《汪鵬事輯》，《文獻》1997 年第 2 期，第 228—238 頁。

長崎，一名瓊浦，風土甚佳，山輝川媚，人之聰慧靈敏不亞中華，男女無廢時曠職，其教頗有方，斯民也，三代之所以直道而行也。向使明周官之禮習，孔氏之書，大體以明彝倫增佚事，舉政修何多讓焉。[①]

1855年，廣州人羅森[②]作爲翻譯隨同美國佩里的艦隊訪問日本，對於日本的描寫就更爲具體：

日本人民自從葡萄牙滋事，立法拒之，至今二百餘年，未曾得見外方人面，故多酷愛中國文字詩句。予或到公館，每每多人請予録扇。一月之間，從其所請，不下五百餘柄。又云其港局寬曠，海闊山明。時當五月，尚有白雪於山巔。房屋較下田而壯麗，衣冠人物似富盛於下田。婦女羞見外方人，深閨屋内，而不出頭露面。風俗尚正，人民鮮説淫辭。[③]

可以看出，在與日本有實際接觸的中國人心目中，日本人的形象已經有了很大的改觀。但是由於赴日商人基本以浙江的乍浦(後期爲蘇州)爲出發港，所以他們形成的影響力基本上還是局限在江浙滬一帶。再加上兩國之間長達兩百多年的隔絶，因此在中國心目中日本人的形象基本上是模糊并且碎片化的。

"千歲丸"訪問上海時期，恰逢太平軍圍城，申城内外，戰雲密布，而上海周邊的難民蜂擁而入，更加深了社會的苦難；英、法等西方國家在第二次

① 《叢書集成續編》第65册史部，上海書店出版社，1994年，第889頁。

② 羅森(？—1900)，字向喬，廣東南海人。羅森是近代中日文化交流史上的一位先驅者，他的《日本日記》(亦稱《羅森日記》)是中國近代第一部有較高史料價值和文學價值的日本游記。1854年羅森擔任漢文翻譯，隨佩里艦隊訪問日本，歷時半年餘。羅森赴日期間所寫的《日本日記》，隨後在香港英華書院主辦的中文月刊《遐邇貫珍》上連載發表。

③ 羅森著：《日本日記》，鍾叔河編《走向世界叢書》(三)，岳麓書社，2008年，第29頁。

鴉片戰争之後，爲獲取更大的殖民利益，與清政府聯合對付太平軍進行"中外會防"；上海作爲五口通商的開放地之一，已經成爲東亞最繁盛、最西化的大都市。因此筆者認爲在此時代與地域背景之下，探討二百多年以來首訪中國的日本武士帶給中國人的影響，就具有特别的意義了。

二、對日初印象：東洋借兵與琉球國

"千歲丸"號的日本人乘員上岸伊始，每到一處，觀者如雲。日本武士的服裝特别，腰佩雙刀，令上海民衆感到驚訝。上海民衆對日本人的身份及其來華目的有種種猜想，代表性的言論有兩種，即"東洋借兵説"與"琉球國論"。

所謂"東洋借兵説"，是誤以爲日本將派援軍前來上海，與清軍、英法聯軍一起共同圍剿太平軍。在"千歲丸"號上的日本藩國武士與上海官民的筆談記録中，"東洋借兵説"被多人多次提及，現摘録一二如下：

《滬城筆話》五月十九日與柴勤愢在西門筆談：

柴勤愢：貴邦人共有多少到來？共殺長毛不應美乎？何必用西洋諸國。

名倉予何人：今番吾邦人來者僅五十有一名，只爲通商貿易而已，若殺長匪則請待他日。

《滬城筆話拾遺》五月十四日在宏記館筆談：

脱名氏：府上到此共有貴人若干？可以打長髮？

名倉予何人：吾邦人到此者僅五十有一名，所以來者只有貿易耳。

《没鼻筆語・坤》[①]：

① 日比野輝寛：《没鼻筆語》，小島晋治監修《幕末明治中國見聞録集成》第一卷，ゆまに書房，1997年，第168頁。

歡成：我國人初到貴邦，必有市間之風説，敢問？

春舲：貴邦人初到此地，民間傳言，英夷至東洋，借兵三萬，合破萬城。

歡成：兄所聞二人者，其姓名何如？

春舲：傳言，貴邦一人云名克原額，一云名廣真子。一能騰雲殺人，一能一日行千里。

當時上海民衆稱日本人爲"東洋人"，這是相對於"西洋人"的稱呼，他們幻想著東方與西方的"洋人"會助他們解太平軍之圍。有關此事，名倉何予人在其《支那見聞録》中記叙道：

上海城裏的閑人説，今東洋人來吾朝，此爲大幸，是道臺吴公討伐長毛賊之熟計。日本援軍不日從海面掩至。因此，許多人問我，援軍何日可來。我只有一笑置之。

太平軍急攻上海，清軍節節敗退，上海危如累卵。滬上紳民驚恐萬狀，只有將希望寄托在英、法洋兵的聯合干涉，因此出現了"華洋會防""華洋會剿"的局面。在此背景之下，"千歲丸"來滬，於是坊間盛傳日本兵將至，也會與清軍及英法聯軍會合，結成清、倭、英、法共同圍剿太平天國的陣綫。

另外與"東洋借兵説"同時出現在筆談記録中的，還有流傳在坊間的"琉球國論"，即不少上海百姓將日本武士誤認爲琉球國人。比如在筆談記録中我們可以發現如下的兩段對話：

《滬城筆話》五月十三日與吴弐士在文廟筆談：

名倉予何人：君以爲余爲何國人？

吴弐士：閣下落落大方，豈琉球國？

名倉予何人：未。

《滬城筆話》五月二十八日在一粟庵與方丈筆談：

和尚：貧僧名喚溪，係江南揚州府人氏，未識貴客。係琉球何處？居證并尊姓？再者貴邦既有僧人作何事幹，及三教可完全否？

名倉予何人：弟子非琉球，乃大日本武藏州人，姓名倉名敦，職司兵學，故不知僧家事。

據史料記載，整個清代期間，琉球國派遣來華的使節多達347次，如此頻繁的來華次數，加上貢使從入境地福建到北京的路程極爲遥遠，因此中國老百姓對於琉球人的印象必然深刻。另外據《皇清職貢圖》卷一記載："琉球國人多深目長鼻，男服耕作，營海利。土人結髻於右，漢種結髻於中，布衣草履。出入常携雨蓋。"[①]其中有關"結髻於中，布衣草履。出入常携雨蓋"的描述，與日本武士的衣著打扮如出一轍，因此被誤認爲琉球人也就不足爲奇了。

無論是"東洋借兵説"還是"琉球國論"，無不反映出當時中國人對於日本的模糊認知。在隨後兩個月的上海逗留期間，衆多日本武士通過與中國人士的筆談交流，逐步完成了近代日本人形象的第一次構建。

三、近代日本人的形象的初次確立

(一) 大日本與日本刀

在與中國人士的交流中，一個在中日兩國近現代交流史中非常刺眼的詞語——"大日本"，開始屢屢見諸於武士們的筆端。例如在與中國儒生、商民的答問筆談中，日本武士們往往自稱來自"大日本"。

① 傅恒等編纂：《皇清職貢圖》卷一，廣陵書社，2008年，第16頁。

《滬城筆話》五月十三日與吴彝士在文廟筆談：

吴彝士：高麗國乎？

名倉予何人：未。

吴彝士：弟素少見聞，求指示。

名倉予何人：余是五帝國之一大日本武藏州人。

《滬城筆話拾遺》五月初十日在江畔與商人王思源筆談：

王思源：貴國係否日本，抑大琉球？所帶何貨？可以代銷。鄙處有古書數百種，今中國已無板，貴國可有用處？如有用可以易貨，望向尊官代爲一問。如能引去一見，面談更妙。愚係中國江蘇省人，姓王名思源，因慕貴國係海外禮儀之邦，故欲一通拜謁，尚望從者不吝一言爲幸。

名倉予何人：弟等是東洋大日本人，今君所言係緊要事件，弟乃陪從小臣，不得與君私言，當馳歸告之官吏，請君小間在此，且待之。

一個國家的國名前冠以“大”字，除了對自己的國家感到自豪外，也有一定程度的誇耀、炫示，甚至暗含對外擴張的意味。幕末以來，日本在正式或者非正式的場合開始頻頻使用“大日本”一詞，并非偶然的現象。這種自我炫耀、傲視鄰國的姿態，是江户末期尤其是 19 世紀中葉以來，隨著外部環境的巨變以及日本社會本身的裂變，日本人在對本民族以及外部世界的重新審視過程中形成的國家觀與世界觀的體現，此時就具體表現爲日本的神國天皇的思想與傳統的朝貢體系下的華夷思想的衝突。

除了“大日本”一詞之外，武士文化的象徵日本刀也粉墨登場，成爲武士們炫耀其意志的載體。日比野輝寬在其紀行文《贅肬録》中記録了一段與中國書生顧麟關於日本刀的對話：

顧麟出示一刀，頗自豪，曰：此乃貴國之刀，利鈍如何？

余笑答曰：兄知我國刀劍之鋒利優於萬國。此刀裁紙削木足矣，此外無甚可用，不足以論其利鈍。我輩所佩之刀纔真爲日本刀，出鞘如虎嘯，猛獸應手倒下，强於干將莫邪數十倍。

顧麟面露不悦。少頃，顧麟問：此刀價若何？

我笑答：日本刀價值百金或千金，而此刀無價。

顧麟更加不悦，欲借刀一看。

我正色曰：我國禁止拔刀，故脱鞘必濺血，若兄願以鮮血與之？①

此外在論及與西洋的對抗中，日本刀也成爲其與西洋對抗的利器。如《滬城筆話》中即有如下關於日本刀的筆談記録：

《滬城筆話》六月初十日與王亘甫筆談：

王亘甫：請問西人到貴國可滋擾否？

名倉予何人：敝邦自古稱武國，有日本刀。長者可以擊萬人矣，短可以刺千人矣。是以西虜不敢滋擾敝邦也。

日本武士以日本刀爲傲，這種自豪感也隨即被帶入與中國人士的交流當中，給日本民族深深地打下了尚武的烙印。

（二）與倭寇形象的切割

明代日本倭寇對於包括上海在内的中國東部沿海的騷擾與入侵，給中國百姓帶來了巨大的痛苦與災難。這一無法回避的歷史事實始終是横亘在中日兩國人士之間的一道鴻溝。在時隔兩百多年重新聚面時，雙方如何應對這個問題以及“千歲丸”上的日本武士是否能從倭寇的罪名中脱身而出，成爲我們研究的關注點所在。

---

① 日比野輝寛：《贅肬録》，小島晋治監修《幕末明治中國見聞録集成》第一卷，ゆまに書房，1997年，第89頁。

在本小節中除了筆談文本之外，還將另外從清代《總理各國事務衙門清檔》的官方文書中采擇史料，以求從民間以及官方的角度，儘量全面地來觀察這個問題。

1. 筆談史料中所見倭寇之論

在“千歲丸”乘員留下的各種紀行文中，有關於“倭寇”的記録多見於浜松藩藩士名倉予何人留下的筆談史料《滬城筆話》與《滬城筆話拾遺》中。

在《滬城筆話》與《滬城筆話拾遺》中，涉及“倭寇”的筆談記録多處，現將其摘録如下：

《滬城筆話》六月十二日在宏記館與侯德齋筆談：

侯德齋：海賊係何國之人？

名倉予何人：所謂倭寇者，當時我邊島有野島、久雷島、因島（皆賊姓）等數賊聚群不逞，割據海島。上不從王，下與諸侯構怨，其勢頗猖獗，遂發舟師寇貴邦（事詳於《明史》），至明季其禍不已，大爲貴邦患。其實不過蠢爾海賊所爲而已。

侯德齋：通。

《滬城筆話拾遺》五月十九日在西門與侯儀筆談：

名倉予何人：諸君所戴之冠，此乃武辦歟？

侯儀：此冠係得勝（升）帽，有軍務、地方不論文武可戴。

名倉予何人：明末倭寇乃吾邦海賊耳，諸君勿復疑。

侯儀：倭寇久已除却矣。

名倉予何人：隋唐間，吾邦與貴邦使臣來往，無年無之。當時或謂吾邦爲君子國，無故寇貴邦之理乎？請君亮察。

侯儀：貴邦與吾國向係來往，且貴邦之風俗人情與本地相同，隋唐之君子國諒不誣也。

《滬城筆話拾遺》五月二十九日在西倉橋與馬銓筆談：

名倉予何人：明季倭寇，此乃係鄙邦海賊，大兄能知其始末否？

馬銓：《明史》所載倭寇係貴國海蠻處山島之中，不受貴國君長節制，弟亦知之。

名倉予何人主動與中方人士提起倭寇的話題，很明顯就是爲了與史料記載中臭名昭著的倭寇做出清晰的切割。稱日本與中國自隋唐以來就已經互派使臣友好往來，互通商貿。强調日本自古以來爲君子國，絶對無侵犯中國之意。最後聲明所謂的倭寇都爲海外山島之海盜，不受國王節制，所以明代的倭寇犯境并不代表日本國家對於中國的侵略。

在分析筆談史料中的倭寇記録後，讓我們把注意點轉移到下一個材料，即官方史料中所見之倭寇記録。

2. 官方史料中所見"倭寇之辯"

臺灣"中央研究院"近代史研究所所藏《總理各國事務衙門清檔》中的《同治年間中日經貿交往清檔》中有關於1862年"千歲丸"號訪滬時清政府官員的對應記録，對於全面瞭解"千歲丸"號訪滬有著非常重要的意義。

日本的"千歲丸"官員在經過對上海貿易情況的考察後，也對上海道臺提出了模仿無條約通商國條款，請求在上海一地通商的請求。在大清官員意識中，日本只不過是處於傳統朝貢體系之下且遠隔重洋的一個蕞爾小國，所以當日本提出通商之請時，清朝的通商大臣與總理衙門大爲緊張，於是就有了頻繁書函往來溝通之事。

這些來往官函中有一封8月4日由通商大臣薛焕與江蘇巡撫李鴻章聯名寫給總理衙門的清摺，内有道臺吴煦報告日本頭目密稟的章節，其中就包含了中日官員關於倭寇的辯論，現節録如下：

照録蘇松太道稟：

謹再密稟者。竊照此次日本頭目携帶商貨來滬，試做貿易。初次來見職道，逐層開導，并諭下次不可輕至。該頭目等唯唯無辭。且聞貨物滯銷且不得價，何以兩月後又有照西洋無約小國一律通商之請，其情殊涉可疑……

……天朝德化，極欲觀光上國，是以籲請來滬貿易，目前因有長毛之擾，以致貨賤價低。一俟中華境宇肅清，定能彼此獲益，等語。（職道）以該頭目所禀固似實情，惟向來未准通商，此時遽行開端，殊非容易，而該頭目等則藉華商向在該國辦銅，有往必有來，并非無因而至，與憑空叩關不同。（職道）復以明季之末有日本國匪徒糾衆至粵、閩、江、浙等省沿海騷擾，名爲倭寇。雖事遠年湮，既往不咎。而父老相傳，不無舊忿未消。該頭目等回稱：此事亦曾傳聞，并知當時爲首匪徒十八人經本國查拿正法。此固莠民偶爾作亂，初非意料所及，亦非國家别有異心，等語。（職道）以所辯乃無之辭，何可據信？該頭目則稱此事載之伊國志乘，惜未携帶。將來乃無據志書簽送。查其所言似非無因，該頭目又稱……因而籲請通商更爲堅切，并稱事關機密，萬勿輕示西人，致生嫌隙，等語。謹將日本國頭目密禀各情縷晰附陳。①

以上清摺包含的信息量很大，歸納起來主要有如下幾點：①日本請求仿照無約小國在上海通商；②爲避荷蘭領事哥老司，日本頭目密會上海道臺，痛陳西洋欺壓，求開通商；③上海道臺以倭寇作亂爲由拒之，日本頭目申辯説，據史書記載已將倭寇正法；④爲避生嫌，日本頭目請求此事（日本請求與華締約通商）萬勿輕示西人。

在雙方的會談中，有關“倭寇”的問題由中方官員提出，筆者認爲其意并不在於責難過往倭寇的罪行，而是一種拒絶日本提出仿無約小國“通商”要求的一種策略。由於缺乏對於日本的瞭解，中方的官員顯然缺乏掣肘日本官員的手段。倭寇之詰被幕府官員以“載之伊國志乘，惜未携帶”輕鬆

① 臺北“中央研究院”近代史研究所：《同治年間中日經貿交往清檔》，《歷史檔案》，2008年第2期，第7—8頁。

化解。

無論是在筆談中名倉予何人的主動提起倭寇之事,還是幕府官員應對上海道臺的倭寇之詰,其意圖都只有一個:那就是擺脱過去惡劣的倭寇形象,與明朝的倭亂做徹底切割。正如我們所見:在筆談交流中,中方人士都普遍接受了日本爲"隋唐之君子國"之説。而幕府官員有關倭寇的解釋也似乎被清朝官員接受。比如同治十年(1871)7月18日中日兩國修好條規談判之際,李鴻章在給軍機大臣回奏中關於倭寇一事有如下記述:

> 日本同洲近國,漢魏以來代通職貢,至元而絶。明嘉靖後常患倭寇,自日本言之則謂此特海盗,本國亦被其害,非其國使爲寇者也。①

誠然,在西方列强入侵的特定歷史條件下,倭寇之痛在中國人的心目中或許多少可以得到些緩和,但是其留下的傷痕却是永久難以泯滅的。

3.《明史》勘誤與痛恨西虜

當然名倉予何人顯然不僅僅滿足關於對倭寇的開脱,他意欲通過質疑中國史書的方式來爲日本人正名。於是就有了在與上海人士的交流中,他屢次提出《明史》之中錯誤甚多,欲"取書一一辯之"②。很顯然,對於這次訪滬,名倉予何人是做了精心的并且大量準備的。他熟讀史書,可以説對於中日兩國的歷史交往成竹於胸。

據范金民在《賦税甲天下——明清江南社會經濟探析》一書中介紹:"尤其是清廷修纂的《明史》,張廷玉進呈於乾隆四年(1739),而十多年後即運到了日本。"③因此可以斷定名倉予何人在來華之前已經閲讀《明史》。現摘録有關筆談史料如下:

---

① 陸鼎元編:《各國立約始末記4》,國家圖書館出版社,2011年,第380頁。
② 名倉予何人著:《滬城筆話拾遺》六月二十四日與王亘甫語,京都大學文學部古文書室。
③ 范金民著:《縹囊緗帙——清代前期江南書籍的日本銷場》,收録於《賦税甲天下——明清江南社會經濟探析》,生活·讀書·新知三聯書店,2013年,第430頁。

《滬城筆話拾遺》五月二十九日在西倉橋與馬銓筆談：

名倉予何人：歷代史官所記日本傳失事實者不少矣。就中《明史》所載鄙邦人口多寡、風俗可否，其誤最大。大兄若辱下問，弟請詳示之。

馬銓：尊處風俗極厚，聞吾鄉賈雲路不拾遺，即此足見貴邦仁讓風行。惜弟未曾親臨，尚祈詳叙之。

《滬城筆話拾遺》六月十一日在理倉橋與秦燕樓、王亘甫筆談：

名倉予何人：其實弟複姓名倉，此即鄙姓敦，此即賤名，予何人此即拙號。

鄙邦俗號外，另有通稱，弟以予何人爲通稱也。

鄙邦俗，其姓有複者，有三字者，有四字者。通稱亦自三四字至五七字而止。故明史日本傳有誤認一人以爲數人者，其他歷史中載鄙邦事實者傳爲其誤者不堪少。美大兄若不棄之言，弟請他日詳辯之。

《滬城筆話》六月二十四日在理倉橋與王亘甫筆談：

名倉予何人：敝邦儒家者流皆能作詩做文，只弟結髮繼箕裘爲兵家者，故未嘗做詩作文，會乘興漫作，每違律失音，誠不免爲巴調也。敝邦别有和歌者，其詞皆係俗語，故雖告之大兄亦無益耳。在昔敝邦人安倍仲麻呂至貴邦留學者有年於兹，當時受唐朝爵秩爲秘書歸，當時文人名士有送别作。（往往見於唐詩中）安倍亦賦和歌以寄留别之意云，是可以驗也。《明史·日本傳》，傳誤者不鮮矣，尊家若藏《明史》，弟取書一一辯之如何？

在歷代的中國正史中，日本基本上一直是被列入"東夷"志傳之列[1]，

① 列入"東夷"志傳的有《後漢書》《三國志》《晋書》《梁書》《隋書》《舊唐書》《新唐書》，此外還有"夷蠻"（《宋書》）、"東南夷"（《南齊書》）、"夷貊"（《南史》）、"四夷"（《北史》）等，自《宋史》以後列入"外國"志傳。

史書甚至稱之爲“蕞爾小國”。這種根植於“華夷”觀念的日本觀，當然會與日本江户時期日益膨脹的民族主義思潮發生直接而激烈的碰撞。比如，當上海文人施渭南至日本武士下榻的宏記館筆談，開口稱他們爲“蠻王貢使”時，惹惱了武士林三郎，他揮筆呵斥曰：

吾神國之天皇，萬古一係無革命，萬邦無比。汝豈能將其與北虜王類比？實在無禮。腐儒生，可憎。①

名倉予何人雖然未曾對中國人口出狂言，但是作爲一名有著强烈民族自豪感的日本武士，自然也不會接受中國歷代史書視日本爲未開化之“夷”的輕視與傲慢，所以他所謂的《明史》勘誤，其實也是欲按照日本的史觀來修改中國的史書。他在與别人介紹自己的來歷時候，念念不忘地强調自己的“大日本”身份。

在强調日本的獨立性的同時，名倉予何人把西方列强稱作“西虜”的排斥態度，則一下子拉近了他與中國人的距離，進而贏得上海地方人士的共鳴。比如，他在與中國士人筆談時念念不忘表達對於西方列强的痛恨之意，兹舉幾個實例：

《滬城筆話》六月初七日在西門與侯儀筆談：

名倉予何人：弟有一言，竊謂長毛是病之小者，西虜乃病之大者。他日貴邦之憂，恐不在長毛，而在西虜，兩君以爲如何？

侯儀：真金玉之言也。

《滬城筆話》六月初十日與王亘甫筆談：

名倉予何人：敝邦自古稱武國，有日本刀。長者可以擊萬人矣，

① 納富介次郎：《上海雜記》，小島晋治監修《幕末明治中國見聞録集成》第一卷，ゆまに書房，1997年，第19頁。

短可以刺千人矣。是以西虜不敢滋擾敝邦也。然敝邦承平久矣，不敢不戒西虜也。弟亦敢告大兄，長毛是病在腠理，西虜乃心腹之患，一日懈怠或病入膏肓。請戒之。

王亘甫：是極，是極。

《滬城筆話》六月二十四日在理倉橋與王叔彝筆談：

名倉予何人：弟歸期既迫，塵事亦多，請以今爲分訣之期，諸君爲國自愛，不使寸土尺爲西虜所掠，是亦弟所深望於諸君也。

王叔彝：自慚力小，未敢空言。

《滬城筆話拾遺》六月初七日在西倉橋與馬銓筆談：

名倉予何人：午前弟至新北門見防士，俱談時事。弟謂某曰："長髮病之小者，西虜乃病之大者。貴邦他日之憂恐不在長毛，而在西虜云云。"防士不肯信弟之言，大兄以爲如何？

馬銓：西虜乃心腹之患。昔桓公有疾，召扁鵲問之，對曰："病在腠理，尚可治。"桓公不信。過數月，復召扁鵲問之，對曰："病入膏肓，不可治矣。"長毛之病在腠理，尚可治者也。

名倉予何人：大兄之言誠然，鄙邦亦以西虜爲心腹之患。

《滬城筆話拾遺》六月十五日在理倉橋與王亘甫筆談：

名倉予何人：弟回帆蓋當在本月……弟固不嗜好西虜兵法，惡西虜如仇讎，賤之如犬豕。然黠虜勢頗猖獗，竊有窺覦貴邦之志，亦未可知也。請大兄當存報國盡忠之心，無毫髮爲西虜所誤，是固弟所望於大兄也。

王亘甫：弟將來得以文幸升大階，一如兄諭，當自厲。

名倉予何人作爲站在東方被壓迫民族立場上的幕末日本武士，對於西方列强的得寸進尺、囂張跋扈十分反感,同時又深痛清朝官紳對於洋人的軟弱無能,尖鋭地抨擊清政府仰人鼻息的政策。他的這種價值觀無疑得到了相當一部分上海士紳的認可。

4. 筆話唱和

雖然日本武士在上海期間處處標榜神國萬世一系以冠萬國,試圖把自己與受西方列强欺辱的中國形象予以區分,但與此同時共處東亞漢字圈的文化紐帶又把他們與中國文人緊緊地聯繫在一起。在上海逗留期間,由於缺少翻譯——隨行的唐通事未必能與操方言的上海士人順暢溝通,武士們與上海的文人、官員等各色人物幾乎都是通過筆談來進行交流的,他們在日本所受到的良好的漢學教育使得他們在與中國人的交流中如魚得水、應付自如,同時也得到了廣大中方人士的接納。

由這些武士們記録、保存、流傳下來的筆談文獻中,長篇的有日比野輝寬的《没鼻筆語》、名倉予何人的《滬城筆話》和《滬城筆話拾遺》等,此外有關於筆語的記録更在他們的紀行文中屢見不鮮。而正是這些筆語交談,使得日本人的形象在中國人的心目中更加具體、生動。比如,在日比野輝寬所著的《没鼻筆語》的開篇中,與浙江巡查方春瑶即一見如故:

> 歡成:弟葵向[①]貴邦之文物,有日於兹。即今遂素志,何等幸!
>
> 方春瑶:敝處仰望貴國之才有年,今日在上洋[②]含面,實遂思慕之心。若果兄在此地,耽擱再行,趨教也。
>
> 歡成:古語曰"傾蓋如故"[③],是所情願也。
>
> 方春瑶:接閲来字,可謂一見如故。如不相棄,客日定當面領教

① 葵向:如向日葵朝陽一般,比喻嚮往、憧憬、喜愛之意。

② 上洋:上海的别稱。《中文大辭典》"上洋"條:"①上海之别名。[剪燈新話·逢華亭故人記]上洋人錢鶴皋。②赴海外也。"又據《正德松江府志·沿革》,上海縣在松江府"東北九十里,舊曰華亭海……以地處海之上洋,故名曰上海,亦稱爲上洋云"。由此可知,上海原稱"華亭海",是出洋入海的始發地,故有是名。

③ 傾蓋如故:一見如故之義,語出鄒陽《獄中上書自明》:"語曰:'白頭如新,傾蓋如故。'何則?知與不知也。"又司馬遷《史記·魯仲連鄒陽列傳》:"諺曰:'有白頭如新,傾蓋如故。'何則?知與不知也。"

言也。惜乎！言語兩不會意。

歡成：筆端有舌，何待言語。

方春瑶：言之尊重，彼此相交，不可克氣。①

而高杉晋作與陳汝欽以下關於字型大小的對話則更突出表現中國儒家文化在東亞世界的浸透力：

高杉晋作：我常多言，因此專心練習静默，學習了三四年，却未到真正静默之境地。王陽明説，人多言是因爲氣浮，氣浮就會失去誠心，喪失心氣就不是本來的性情了。因此我寫"默"字，題於架上，從此來告誡自己。我看您以"勉生"爲號，我也想用"默生"爲號。您若肯爲我題寫"默生"二字，我將不勝榮幸。

陳汝欽：我字"省三"，還有一個字是"守曾"。朱注中説，有私欲則改之，没有理則加勉，因此别號爲"勉生"②。我生性愚魯，故以"勉"字來學曾子，但尚不能得其一分。

高杉晋作：聖人説，學文"有則改之，無則加勉"。這兩句話就已道盡。

陳汝欽：您委託我書寫尊號，我謹遵命，可惜没有大筆，又不知這張紙大小是否合適？

高杉晋作：我取其人，不敢涉及書法的美醜，更何況紙的長短大小了。③

對於中華文化的共同尊重，使得兩國文人在心理上取得了美好的默契

① 日比野輝寛：《没鼻筆語》，小島晋治監修《幕末明治中國見聞録集成》第一卷，ゆまに書房，1997年，第141頁。

② 這段話的典故，出自朱熹的《論語集注》。《論語・學而》："曾子曰：'吾日三省吾身。'"朱熹集注："曾子以此三者日省其身，有則改之，無則加勉，其自治誠切如此，可謂得爲學之本矣。"

③ 高杉晋作：《游清五録》，張明傑主編《1862年上海日記》，中華書局，2012年，第188頁。

與共鳴。日本人的這種有別與傳統的新形象,也就更容易被中方文人接納。在與西洋人的比較中,日本人的形象也普遍得到中國方面的敬重。試擇幾條記録如下:

《没鼻筆語》

歡成:我國與外國,其爲人如何?

春舲:貴邦人與西洋人大相違矣。貴邦淳厚可風,西洋全是霸道。我國稱彼"洋鬼子",黑鬼最不好。[1]

《贅肬録》

入夜我詢問翻譯道臺之致詞,云深感日本國乃特别國家,注意禮節。西洋人於道臺處没享受過宴請禮遇,(道臺)對我國人似有好感。[2]

《上海雜記》

聞五品以上之官吏也與本邦不同,無陪同或引薦前往造訪,也不爲怪。同以筆談爲樂,恭敬有嘉。由此自見唐土寬厚之風。土人等不以狎居數年西洋人爲然,對初來吾輩親如舊知。此乃筆語談論之意相通之故。[3]

從諸藩士的筆談記録來看,中日兩國人士通過筆語這種交際方式,不僅實現了知識與信息的傳遞,而且也促進了深層次的思想與情感的交流,

① 日比野輝寬:《没鼻筆語》,小島晋治監修《幕末明治中國見聞録集成》第一卷,ゆまに書房,1997年,第169頁。

② 日比野輝寬:《贅肬録》,小島晋治監修《幕末明治中國見聞録集成》第一卷,ゆまに書房1997年,第54頁。

③ 納富介次郎:《上海雜記》,小島晋治監修《幕末明治中國見聞録集成》第一卷,ゆまに書房1997年,第18頁。

從而結下深厚的友誼。從高杉晉作題贈陳汝欽的《留别陳汝欽》七言詩中,我們即可體會兩國人士一種建立在東亞共同文化圈基礎上的相互理解的真摯情誼:"臨敵練磨武與文,他年應有建功勳。孤生千里歸鄉後,每遇患難又思君。"①

四、近代日本新形象的確立

在太平天國大軍壓境、西方列强横行霸道的上海,清政府已經頹勢畢現、回天乏術,基本失去了對社會的有效控制力,因而不得不依靠新興崛起的漢族富紳以及漢族官員的勢力來維持統治。以曾國藩、李鴻章爲首的湘軍、淮軍,正是這股新興力量的代表。

1862 年 5 月淮軍進入上海布防,隨即 6 月日本"千歲丸"訪問上海。這種時間上的巧合,使得兩股力量得到了彼此近距離接觸、交流的機會,雙方在時隔兩百多年的封閉後開始重新審視對方。

我們無法去量化把握"千歲丸"訪滬在多大程度上影響了雙方關係的進程,但從隨後南方士紳以及李鴻章等人積極推動中日建交舉動來看,"千歲丸"訪滬、日本武士們與中國人士的接觸,無疑對於推動中日關係發展是具有積極影響的。

無論是在與地方人士交流的筆談文獻中,還是中國官方的史料記載裏,横亘在中日兩國之間沉重而殘酷的歷史問題"倭寇",就這樣落無聲地悄然滑過,不再激起漣漪,不再成爲兩國建構近代新型國際關係不可逾越的障礙。

如前所述,在外有太平軍圍城鏖戰、内有西方列强虎視眈眈的現實背景下,内外交困的上海官民在心理上顯然更加傾向於同文對語的日本人。當然,在没有得到其他文獻佐證②的情況之下,我們也有理由懷疑名倉予

① 高杉晋作:《游清五録》,張明傑主編《1862 年上海日記》,中華書局,2012 年,第 156 頁。
② 在同行的日本武士乘員的紀行文中,尚未找到與倭寇相關的資料記録。

何人在給上司的這封報告書中，是否對日本人的形象做了某種程度的美化。

然而不可否認的是，憑藉此次“千歲丸”的登陸以及日本武士與當地官民的近距離接觸，日本人的形象迅速從《明史》中的倭寇形象中脱胎换骨，日本國也從傳統的朝貢體系下的藩國中獨立出來，成爲一個能與天朝大國平起平坐、獨立對話的國家。

如果説“千歲丸”登陸上海之初，坊間流行的“東洋借兵説”及“大琉球國論”，説明對日本的形象尚是模糊不清、將信將疑的話，到最後離别時中日士人惺惺相惜、互訴衷腸，證明“千歲丸”武士已經成功地構築了一個嶄新的日本形象，從而爲日後的中日邦交開闢了道路。而這其中，東亞世界的獨特交流方式——“筆談”無疑立下了汗馬功勞。

還有一點必須引起我們注意的是，在筆談中頻頻出現的“大日本”字眼。雖然日本武士與中國人士相處融洽，在清朝官員的奏章中也提到日本官員“唯唯無辭”，態度極其恭謙。但是在筆談的自然交流語境下，有名倉予何人的“余是五帝國之一大日本武藏州人”的自稱，有會津藩士林三郎斥責文人施渭南的“神國天皇，萬古無變，世上無與倫比”之説，更有武士峰潔的“率一萬騎征戰，可縱横清國”之語，無不反應出日本强烈擴張性的民族主義傾向，而這一點却没有引起當時中方人士的關注與警覺。

中編　校注編

《滬城筆話》解題

《滬城筆話》記録了名倉予何人從文久二年五月初六日(1862年6月2日)至六月二十九日(7月25日)與上海各階層人士筆談的記録,全書共46葉,約一萬七千餘字。該書分别收藏在東京都立圖書館、東京大學史料編纂所、關西大學圖書館以及京都大學文學部古文書室。

據筆者考證,以上四所藏書處分屬於三個不同的版本:東京都立中央圖書館收藏於特别買上文庫①,屬於中山久四郎②的舊藏資料,藏書編號"特3800"。此版本的封面附有一箋,其文曰:

> (文久二年)四月,濱松藩主之軍師名倉予何人,奉命侍用交易,遂隨御勘定組頭航海至支那上海(搭乘購自英國的商船與軍艦兼用之船),在上海逗留兩月,期間有筆談六册,摘其要點爲一册,呈獻給濱松藩主。回到長崎後一夕來談,兹借取抄寫,可略見當時支那之形勢。

---

① 特别買上文庫:太平洋戰争末期,爲了避免戰争造成無可挽回的損失,東京日比谷圖書館從民間學者和藏書家手中收集書籍,并啓動疏散工作。1945年2月,盟軍開始對東京實施大轟炸,日比谷圖書館藏書毁於一旦,但是由於啓動了書籍的疏散工作,相當一部分書籍資料得以幸存下來。這批幸存的藏書,成爲戰後創建東京都立圖書館的重要基礎。

② 中山久四郎(1874—1961):爲日本著名東洋史學者。早年留學德國,歷任東京帝國大學講師、東京文理科大學教授。

由此箋可知,名倉予何人逗留上海大約兩個月,共有筆談記録 6 册,《滬城筆話》是呈獻給浜松藩藩主井上正直而特意製作的摘要本,應當屬於上海之行述職報告書的一部分。文中序言部分,名倉予何人自稱"臣"以及敬稱藩主"銀閣"也證明了這一點。

從成書時間來看,《滬城筆話》應該是名倉予何人結束上海之行回到長崎後整理而成,這期間某夜訪友暢談,這位友人借取此册抄録下來,時間大概在名倉予何人從上海歸來後的文久二年七月以後不久。

此抄本首頁有多個藏書印,除了"中山氏藏書之印""東京都立圖書館藏書"之外,還有一字迹較爲模糊的"竹陵井上氏藏"印章。據此推測,中山久四郎之前應該另有收藏者。另外,此本還有一個顯著的特點,即在《滬城筆話》之後,另附内田周平寫給中山久四郎的關於《滬城筆話》的信,以及内田周平《跋李中堂書》①。

東京大學史料編纂所、關西大學圖書館收藏的均爲赤見昌綏 1864 年的寫本或重抄本。赤見昌綏此人行迹不明,但東京大學史料編纂所藏本扉頁處有"小納户藏書記"一方章。小納户爲江户幕府一官職名稱,多侍奉於幕府將軍身邊,是幕府大臣的中堅力量之一。可見《滬城筆話》在成書兩年後已經在幕府的各級大臣之中傳閲。該寫本在《滬城筆話》内容之外另有《予何人書屋序》與《予何人書屋記録》兩篇。

京都大學文學部古文書室所藏《滬城筆話》爲内田周平之兄内田正 15 歲時的謄寫本,成書於 1864 年,後由其子於 1933 年 3 月加封面封底裝裱。如果與同校所藏《滬城筆話拾遺》相結合,則此爲最完整的一套史料。

從文本内容上看,三個寫本除了序言部分的自稱以及敬稱變化外,内容上并無明顯的差異。相比之下,東京都立中央圖書館藏本字迹最爲工整清晰,京都大學文學部古文書室藏本由於抄寫者尚爲年幼,所以字迹多有潦草處。

① 李中堂書:即李鴻章贈送給名倉予何人的"海隅丕冒"四字條幅。語出《尚書・君奭》"丕冒海隅出日,罔不率俾",喻指中華文明廣被四海。

《滬城筆話拾遺》僅見於京都大學文學部古文書室。此書爲名倉予何人的好友内田旭所藏書之抄本,成書於昭和十七年(1942),應爲當時京都帝國大學文學部國史研究室内藤晃教授拜訪内田旭後抄寫的,而原本推測已經失傳。全書共 49 頁,約一萬一千餘字,時間跨度亦是文久二年(1862)五月初六日至六月二十九日的筆談記録,雖然在字數上略少,但是對於《滬城筆話》却是非常重要的補充,有助於我們把握當時筆談内容的脉絡。

名倉予何人在《滬城筆話》的開始序言部分寫道:"壬戌二年五月初六,臣始入滬城,七月初五竟去滬城,客支那者約六旬。但以言語不通,故自飲食起臥,非筆不能辦也。於是臣預作小册子若干,每自帶之,隨問隨答,漸積爲六卷。然鹵莽俚野之言亦不鮮矣。故今臣削繁除雜,更爲一卷,頓首再拜,謹獻之銀閣之下。"

可見其全部的原始記録達到六卷之多,不由感歎其交際能力之强大。當然從文中判斷,這些六卷的原始資料已經被"削繁除雜",但如能從流傳之二卷文中窺其全貌,亦不失爲一件幸事。該書自五月初九日至六月二十九日,共與 31 人進行 51 次筆談,最多的一天有 4 次筆談,2 次、3 次更是習以爲常;筆談次數最多者是張雲,共有 8 次,其次是陳汝欽、侯儀達 7 次,王亘甫爲 6 次,劉文匯、馬銓各有 5 次,所以合計起來共有 71 人次。

本校注以東京都立圖書館所藏寫本爲底本,參照京都大學文學部古文書室藏本與東京大學史料編纂所校核之。

《滬城筆話》校注

四月[①],濱松藩主之軍師名倉予何人,奉命侍用交易,遂隨御勘定組頭航海至支那上海(搭乘購自英國的商船與軍艦兼用之船),在上海逗留兩月,期間有筆談六册,摘其要點爲一册,呈獻給濱松藩主。回到長崎後一夕來談,兹借取抄寫,可略見當時支那之形勢。[②]

壬戌二[③]五月初六[④],臣[⑤]始入滬城[⑥],七月初五[⑦]竟去滬城,客支那者約六旬。但以言語不通,故自飲食起卧,非筆不能辨[⑧]也。於是臣[⑨]預作小册子若干,每自帶之,隨問隨答,漸積爲六卷。然鹵莽俚野之言亦不鮮矣。

---

① 四月:"千歲丸"是文久二年四月二十九日(1862 年 5 月 27 日)駛出長崎港的,故此處應指文久二年四月。

② 便箋爲日語,原文如下:"濱松候軍師名村予何人当四月、交易筋侍用二付、御勘定組頭に従ヒ、支那上海二航ス、(英国拂舩□買上ノ商舩□軍艦兼ル舩二乗)上海二両月逗留中、筆談六册ノ内要ヲ摘、浜松候二呈スル一册。長崎江着セシ頃、帰舩□□一夕来談ス、借受写ス、当時支那ノ形勢略見ルベシ。"

③ 壬戌二:底本頭注"文久二年",京都大學文學部古文書室本作"文久二年",當西曆 1862 年。"文久"乃孝明天皇在位時所用年號,取自《後漢書》中"文武并用,取長久之計"一語。

④ 五月初六:公曆 6 月 2 日。農曆五月初五日,"千歲丸"駛入吴淞口,次日抵達上海港。

⑤ 臣:京都大學文學部古文書室本作"余"。

⑥ 滬城:上海之别稱。"滬"本義爲捕魚工具,係用繩編扎的竹栅,插在河中,以攔捕魚蟹,即江浙一帶人所稱的"魚簖"。陸龜蒙《漁具詩》序:"列竹於海澨曰'滬',吴之'滬瀆'是也。"上海是由漁村發展而來的城市,此稱與實際情况相合。

⑦ 七月初五:公曆 7 月 3 日。

⑧ 辦:京都大學文學部古文書室本作"辨",此二字日語多略作"弁",經常混用。

⑨ 臣:京都大學文學部古文書室本作"余"。

故今臣[1]削繁除雜，更[2]爲一卷，頓首再拜，謹獻之銀閣[3]之下[4]。

五月初九日(在館[5]内)

請問上海中，有名兵家者，爲誰？[6]

因上海没有名兵，故不能抵長匪[7]之類。(張雲)

宿儒碩學，其名最顯者如何？

上海乃活水之地[8]，亦少文學[9]之人。(張雲)

蓋彼善於此，則有之？

本地乃萬方雲集之處，文武諒亦有之。(張雲)

舉兄所知。

弟鍊未明。(張雲)

初十日(在館内)

貴國中有作文做詩者乎？(唐虞賡)

吾邦文化大開，五尺童尚能作文做詩，惟吾輩偶無文字耳。

何謙虚若是乎？(唐虞賡)

字與文理與[10]吾邦同否？(唐虞賡)

---

① 臣：京都大學文學部古文書室本作“余”。

② “頓首再拜”以下 11 字，京都大學文學部古文書室本作“以便看者，命之曰《滬城筆話》”。

③ 銀閣：指江户幕府時期各藩的藩主，此處具體指浜松藩藩主井上正直。

④ 更：京都大學文學部古文書室本作“約”。

⑤ 館：客人住宿之處，此處指名叫“宏記館”的旅舍。五月初六日“千歲丸”進入上海港，在靠近荷蘭領事館(點耶洋行)的碼頭拋錨，乘員入住附近的宏記館。

⑥ 未注明人名之句，即爲名倉予何人所言，下同。

⑦ 長匪：清朝統治階級蔑稱太平天國運動爲“長毛匪”“髮匪”“粵匪”等，“長匪”是“長毛匪”的略稱。

⑧ 活水之地：指人員往來、物資流通頻繁活躍之處。

⑨ 文學：此處“文學”一詞，非“五四運動”時“literature”的翻譯詞，而是指古漢語中的傳統涵義。《漢語大詞典》列出的主要義項有三：①文章博學；②儒家學說；③文章經籍。《論語・先進》中說：“文學：子游、子夏。”《孔子家語》中又説子游“特習於《禮》，以文學著名”，而子夏“習於《詩》，能誦其義，以文學著名”。這裏的“文學”，即“孔門四科”之一。據皇侃《論語義疏》“文學，謂善先王典文”一語可知，基本涵蓋了《漢語大詞典》的三項釋義。

⑩ 與：底本作“与”。下同。

同。

十三日(在館内)

黄浦所繫舟,間有携妻兒以舟爲家者,請問此係何等人?

其小船均係逃難而來者,以船爲家,替人裝貨者亦有之。(張棣香)

余聞英國館[①]前新大橋[②],前後中分,宛似桔槔[③],每帆檣過,橋下輒開桔槔,每開税銀一元。請問税銀一元,而數帆得經過否?

此事尚未經手過,不知其細。(張棣香)

十七日(至南馬路街)

弟未知長匪之所由起,請問渠[④]以何爲名舉師耶?

此匪起粤西。初起時,緣當事只用撫綏,不即撲滅,蔓延已十載矣。弟愚弟兄等自舊冬避寇渡浦而西,今春三月家室被焚,家中所有書籍、圖畫、金石盡付一炬,言[⑤]之不勝於邑[⑥]。(顧麟)

愍[⑦]然之至。

雖賊匪,必當有兵制、陣法,渠以何等兵術猖獗如何[⑧]乎?

賊實無兵法。緣吾朝承平已久,將不知兵,兵不統將,賊來即遁,所謂

---

① 英國館:原英國駐滬總領事館,位於外灘,今中山東一路 33 號一號樓,始建於 1849 年,1870 年 12 月毁於火災,1873 年重建。

② 新大橋:位於蘇州河與黄浦江的交匯處,即今天的外白渡橋位置。橋爲木結構,建成於 1856 年,因爲英商韋爾斯參與主建此橋,故名爲“韋爾斯橋”,中國人則稱呼其爲“擺渡橋”。該橋對過往行人以及橋下經過船只收費。後該橋於 1908 年重建成鋼結構橋梁。

③ 桔槔:俗稱“吊杆”“稱杆”,古代農用工具。汲水的工具。以繩懸横木上,一端繫水桶,一端繫重物,使其交替上下,以節省汲引之力。

④ 渠:他,他人,他們。《玉臺新咏・古詩爲焦仲卿妻作》:“渠會永無緣。”

⑤ 言:底本無此字,據京都大學文學部古文書室本補。

⑥ 於邑:亦作“於悒”,煩怨愁苦狀。《楚辭・九章・悲回風》:“傷太息之湣憐兮,氣於邑而不可止。”王逸注:“氣逆憤懣,結不下也。”又通“嗚咽”,低聲悲哭狀。《史記・刺客列傳》:“政姊榮聞人有刺殺韓相者,賊不得,國不知其名姓,暴其屍而縣之千金,乃於邑曰:‘其是吾弟與……’乃大呼天者三,卒於邑悲哀而死政之傍。”王伯祥注:“於邑,同‘嗚咽’。悲哽。”

⑦ 愍:痛心。

⑧ 如何:京都大學文學部古文書室本作“如斯”,當是。

"委而去之"[1]者,今日是也。(顧誾)

同日(至文廟[2]側)

余欲拜孔夫子廟可得歟?

現有英人在内作寓,彼國不敬神聖,欲拜聖人恐不能也。(吴峩士)

君以余爲何國人?

閣下落落大方,豈琉球國歟?(吴峩士)

未。

高麗國乎?(吴峩士)

未。

弟素少見聞,求指示。(吴峩士)

余是五帝國[3]之一大日本武藏州[4]人。

失敬失敬。日本國弟所知者,因一時失記也。(吴峩士)

請示高姓大名,客日奉訪,可得入貴寓否?(吴峩士)

弟姓名倉,名敦,通稱予何人。若見枉駕,幸甚。

請問貴姓名。

賤姓吴,號峩士,安徽歙縣人。因避亂遷此,先世亦是讀書者。(吴峩士)

弟欲觀[5]貴邦軍馬操練之美者久矣,願兄爲之介。

---

① 委而去之:放棄并逃離。語出《孟子·公孫丑下》:"城非不高也,池非不深也,兵革非不堅利也,米粟非不多也,委而去之,是地利不如人和也。"意思是客觀條件再好,如果人心涣散,注定會失敗。

② 文廟:位於今黄浦區文廟路 215 號,始建於元朝至元三十一年(1294),幾經遷徙,清咸豐五年(1855)重建於今址,2002 年被列爲上海市文物保護單位。按:底本作"廟"作"庿","廟"是西周金文正字,"庿"係戰國末期新造形聲字,多見於楚簡。下文徑改,不再出注。

③ 五帝國:或指英國、法國、荷蘭、俄國等列强,福澤諭吉等鼓吹"脱亞入歐",自詡脱亞後的日本也屬於列强陣營。

④ 武藏州:江户時代諸藩之一,位於今東京、琦玉、神奈川一帶。

⑤ 觀:京都大學文學部古文書室本作"拜觀"。

現有新撫軍[①]李公[②]駐扎大南門外,每日早辰有操練之事,欲一往觀,須與營中有相識之人方可。僕乃客居,未得入其營也。不能奉陪,憾甚愧甚。(戕士)

今日有緊要事件,請他日再來。

同日(至西門[③])

閣下寓何處?祈說明,以便專人送上。(陳汝欽)

弟寓洋涇浜[④]宏記館[⑤]。

此刻長匪依然猖獗乎否?

就上海而論,猖獗西北,東南已稍平矣。(陳汝欽)

我江南統兵元帥曾相國[⑥]現猶駐扎安徽[⑦]一帶,用兵之法名振中外,不日可以恢復中原。上海係海僻小隅,暫借西兵爲邦帛一助耳。(陳汝欽)

名對如君,可謂"使四方不辱君命"[⑧]矣。

請問貴國何國?想必同一教化,祈示之。(汝欽)

僕是大日本武藏州人,姓名倉,名敦。

請問君在貴國所司何職?現到中國所幹何公?(汝欽)

僕[⑨]江都[⑩]兵家者,今番有故,陪小員至貴邦耳。

---

① 撫軍:清巡撫的别稱。

② 李公:指李鴻章,時任江蘇巡撫。

③ 西門:指當時上海縣城西門。

④ 洋涇浜:位於上海公共租界和法租界之間的一條河浜,後來被填成一條馬路,即今天的延安東路。

⑤ 宏記館:中國人經營的西式旅館,位於荷蘭領事館附近。

⑥ 曾相國:指曾國藩(1811—1872),官至兩江總督(并欽差大臣督辦江南軍務)、直隸總督、武英殿大學士等。"相國"是對内閣大學士的雅稱。

⑦ 徽:底本及京都大學文學部古文書室本均作"微",隋蕭該《漢書音義》:"徽,舊作微……音揮。"今據改,下同。

⑧ 使四方不辱君命:出自《論語》"行己有耻,使於四方,不辱君命,可謂士矣",此處名倉予何人贊揚陳汝欽回應得體。

⑨ 僕:京都大學文學部古文書室本後有"是"字。

⑩ 江都:明治元年(1868)維新成功,日本首都從京都遷至江户,相對於西京(京都)而稱江户爲東京,亦雅稱爲江都、江府。

吾邦自有數種兵法，僕既得略盡其蘊奥矣。且僕小少好讀貴邦兵籍，《韜》[①]《略》[②]以下俞[③]、戚[④]諸公兵學，亦略涉獵焉。但未知貴邦刻下[⑤]兵制，伏乞教。

我大清二百餘年一統承平，遠近向化。自逆夷入竄，國勢漸有剥耗之危，以至長髮、捻匪等接踵而起。其餘各府州縣，群雄争起者難枚舉。道光年間林少穆[⑥]素習古人兵法，廣東夷匪當時一平。後有文武將相屢奉我皇[⑦]聖命，統領攻剿逆賊。其祖[⑧]何人兵法，予未得其詳。但見其用兵之時亦未必拘泥成法，就時應計耳。（汝欽）

道光中鴉片役[⑨]，詳於《夷匪犯境録》[⑩]，僕固知[⑪]之。只未必拘泥成法云云，是乃確言。

敢問貴兄官位、爵秩、高姓大名如何？

---

① 《韜》：《六韜》之略，又稱《太公六韜》《太公兵法》。《隋書・經籍志》著録爲“周文王師姜望撰”。姜望即姜太公吕望。全書分六卷，共六十篇，推斷爲戰國時期黄老道家典籍。

② 《略》：中國古代兵書《三略》之略，又作《黄石公三略》《黄石公三略記》《黄石公記》等。三國魏李康《運命論》（《文選》卷五十三）云：“張良受黄石之符，誦《三略》之説。”《隋書・經籍志》著録：“《黄石公三略》三卷（下邳神人撰，成氏注。梁又有《黄石公記》三卷、《黄石公略注》三卷）。”學者一般認爲此書係後人托名僞作，據《後漢書・臧宫傳》，光武帝詔書引《黄石公記》“柔能制剛，弱能制强云云”，與現存最古的静嘉堂藏宋本吻合，故推測大約成書於西漢末年。此書由遣唐使帶回日本，《日本國見在書目録》已有著録。

③ 俞：指俞大猷（1504—1580），字志輔，號虚江，福建晋江人，明代著名愛國將領、抗倭民族英雄。

④ 戚：指戚繼光（1528—1588），字元敬，號南塘，山東蓬萊人，明朝抗倭名將。

⑤ 刻下：京都大學文學部古文書室本作“現今”。

⑥ 林少穆：林則徐（1785—1850），字少穆、元撫、石麟，晚號俟村老人、瓶泉居士、櫟社散人等，福建侯官人，曾任湖廣總督、陝甘總督和雲貴總督。1839 年 6 月 3 日在虎門銷毀鴉片，被奉爲民族英雄。

⑦ 皇：京都大學文學部古文書室本、東京大學史料編纂所本均作“皇上”。

⑧ 祖：效法、師承。《廣雅・釋詁一》：“祖，法也。”《戰國策・韓策二》：“秦王必祖張儀之故謀。”

⑨ 鴉片役：道光十八年十一月十五日（1838 年 12 月 31 日），林則徐被任命爲欽差大臣赴廣東查禁鴉片。道光十九年四月二十二日（1839 年 6 月 3 日）林則徐將收繳的兩萬餘箱鴉片在虎門當衆銷毁，打擊了英國走私販的囂張氣焰。英國以此爲藉口發動侵華戰争，史稱“第一次鴉片戰争（First Opium War）”。按：東京大學史料編纂所本“鴉片役”後有“顛末”二字。

⑩ 《夷匪犯境録》：全稱《夷匪犯境聞見録》，清佚名編撰，記録鴉片戰争期間浙江、福建、廣東、江蘇等沿海省份戰事。該書一出版即流傳至日本，目前國内所藏均爲日本抄本。

⑪ 知：京都大學文學部古文書室本同底本，唯東京大學史料編纂所本脱此字。

僕姓陳,名汝欽,號勉生,浙江天台山人也。少年鷄窗[①]讀書,輒以翰苑[②]自許,不料采芹[③]後急於進取,循大朝捐餉之例,奉旨以巡檢分發江蘇補用,現署蘇州府吴縣光福司巡檢[④]事,兼此盤查奸細之役。微員末秩,自悔不及貴兄,幸勿笑之。(汝欽)

貴兄爲人之美、文字之才,固僕之所以兄事也。今以君才登武弁,安知他日登壇之舉哉? 請君勉旃。僕淹留中欲觀看操演之美,可得[⑤]至操場乎?

大南門外大營中日日操演,君不時可去閲之。(汝欽)

本地駐防兵凡幾名?

西門城上下各樓兵二千,另城門口盤詰四十餘名,城上炮臺放炮手六百餘名。(侯儀)

貴姓大名如何?

敝姓侯,名儀,號梧軒,浙江台州府臨海縣人。(侯儀)

十八日(在館内)

聞此地有陳化成[⑥]之墓,未知確否?

是香烟祠[⑦],非墓也。在城内,地名淘砂場[⑧]。(張棣香)

請問公墓在何州?

---

① 鷄窗: 典故出自《幽明録》:"晋兖州刺史沛國宋處宗,嘗買得一長鳴鷄,愛養甚至,恒籠著窗間,鷄遂作人語,與處宗談論,極有言智,終日不輟,處宗因此言巧大進。"(《藝文類聚》卷九十一),後喻指書齋、書房、學校。

② 翰苑: 文翰薈萃之處,翰林之才,此處以文化人自居。

③ 采芹: 指入學。古時學宫有泮水,入學則可采水中之芹以爲菜,故稱入學爲"采芹""入泮"。語出《詩經·魯頌·泮水》:"思樂泮水,薄采其芹。"

④ 光福司巡檢: 光福集鎮時爲蘇州吴縣六大名鎮之一,清乾隆十一年(1746)置光福巡檢司。

⑤ 得: 京都大學文學部古文書室本同底本,東京大學史料編纂所本作"謂"。

⑥ 陳化成(1776—1842): 清朝抗英名將。1842年爲保衛吴淞口戰死,其奮勇抗擊英國侵略者的壯舉,爲日本武士所推崇。名倉予何人抵達上海之後,便四處尋訪其事迹遺址,試圖從中吸取抗英經驗。

⑦ 香烟祠: 指只爲了供奉上香祭祀用的祠堂。

⑧ 淘砂場: 地名,位於上海南市區(今合并於黄浦區),彼時名爲"淘沙場街",現有"沙場街"。

墓在吴淞。(棣香)

公子孫今在官途否?

已歸原籍。(棣香)

十九日(至西門駐防)

前日蒙賜顧,謝謝。今日願叙話,可得乎?

敬求賜教。(侯儀)

聞英法二國助戍城門,其費殆[①]不貲,請問二國取其費於何處?(或云英法自備,或云貴邦償之,未知孰是?)

英法二國助守城門之費,供係自備。(侯儀)

萬里長城之遺址,今猶存否?

長城現尚依然無恙。(侯儀)

魚腹江之圖[②],又[③]猶存否?

腹江之圖現在遺失,然尚有,不過難覓耳。(侯儀)

敢問諸君經歷戰場[④]多少?

不多歷。但我軍與[⑤]敵人情形頗知之。(陳汝欽)

履戰地一回,尚可以語勝負情由,况貴兄[⑥]既曰[⑦]不多歷,蓋踐履不少矣,願聞其略。

僕於金閶[⑧]未失之時,於役太湖水營三月,又曾至浙江之長興,所履之

---

① 殆: 京都大學文學部古文書室本、東京大學史料編纂所本作"蓋"。

② 魚腹江之圖: 魚腹浦在重慶夔門之西奉節城南一公里處。魚腹浦沙磧上,有諸葛亮布下的聞名遐邇的八陣圖。傳説東吴大都督陸遜大敗劉備後,乘勝追擊,却誤入八陣圖迷失方向,陸遜大驚,下令趕快退兵。後民間把八陣圖渲染得神乎其神。按:"之",京都大學文學部古文書室本作"陣"。

③ 又: 京都大學文學部古文書室本作"亦"。按: 圍繞魚腹江之圖的一問一答,東京大學史料編纂所本盡數脱漏。

④ 戰場: 京都大學文學部古文書室本、東京大學史料編纂所本作"戎行"。

⑤ 與: 底本作"与",據東京大學史料編纂所本改。

⑥ 貴兄: 底本脱"貴"字,據京都大學文學部古文書室本、東京大學史料編纂所本補。

⑦ 曰: 東京大學史料編纂所本作"云"。

⑧ 金閶: 指蘇州金門、閶門兩城門,代指蘇州。

地,原屬一一。長髮之懼我兵者,懼在兵心之齊,尤懼在民心之齊,如心一稍解,彼既長驅直入,所向靡前。(汝欽)

請問當時官軍用[①]何陣法,又彼以何陣法,其勢頗猖獗歟?

凡到處失守之時,俱屬兵卒不戰之故,彼此何有陣法?長髮之長技,見我軍一退,即將我軍旗幟一豎,假作我潰敗之軍,沿途擄掠,使百姓之膽一寒。兵勇既潰,真僞難分,遂致一月間三五處地方失守。究之,大朝承平已久,偃武脩文,致有賊匪窺伺之患。刻下英俊挺生,江南自不難掃平,幸無[②]慮焉。(汝欽)

弟始聞戰地實踐之言,豈可堪喜哉!他日弟又[③]好吐露滿腹,以大論戰略陣法,君若無棄,弟幸甚。

道臺吴公[④]前任在何州?

吴公前任係某公[⑤]署理,失守蘇州,省城奉旨。(侯儀)

敢問吴公才學文章如何?

吴公才學經濟,世所罕有。(汝欽)

貴邦人共有多少到來?共殺長毛不亦美乎?何必用西洋諸國[⑥]。(柴勤崧)

今番吾邦人來者僅五十有一名,只爲通商貿易而已。若殺長匪,則請待他日。

醫術用西洋方歟?將仍舊方歟?

醫術仍用舊方。(侯儀)

間有用西洋方者乎?

---

① 用:東京大學史料編纂所本無此字。

② 無:底本無此字,兹據京都大學文學部古文書室本、東京大學史料編纂所本補。

③ 又:京都大學文學部古文書室本、東京大學史料編纂所作"亦"。

④ 道臺吴公:時任上海道臺吴煦(1809—1872),1859 年 1 月吴煦署蘇松太道,5 月實任督理江海關并蘇松太兵備道,1860 年爲欽命鹽運使署江南蘇松太道。

⑤ 某公:此句名倉予何人問吴煦在任上海道臺前在何處奉職,侯儀似誤解爲他在問吴煦的前任道臺是誰。"某"字漫漶,字形近"萊"。吴煦前任是薛焕(1815—1880)。

⑥ 諸國:京都大學文學部古文書室本、東京大學史料編纂所本作"諸虜"。

弟所見均用舊方，西洋方間或用之，未可知也。（侯儀）

貴邦之筆甚妙，名叫何筆毛歟？（侯儀）

此筆疏惡甚[①]，何名之有。

請問君居何職？乞明以教我。（侯儀）

僕是一諸侯之臣，以兵學爲職耳。

前明義士鄭成功之裔[②]，今猶儼然存歟？

鄭成功之苗裔極多。（侯儀）

弟所齎有吾邦兵書一部[③]，請他日以其書示諸君，願賜高批賢評。

貴邦兵書謂必超拔，倘得拜讀，固所願也。（侯儀）

其書係百五六十年前吾邦人所著[④]，當時火術未甚熾盛，故説火術者不精密，請諸君亮察。（一二日間[⑤]，弟必携之來。）

俟奉到時，拜讀可也。（侯儀）

同日（至新北門駐防）

貴國亦係文物之邦，可有孔夫子[⑥]廟否？（楊溥）

諸侯國都，必有孔夫子[⑦]廟。

改日在此俟教。（楊溥）

弟結髪從事兵法，未嘗習書，是以字體[⑧]殆類塗鴉，貴兄推讀是祈。

弟身歷戎行，亦係粗魯之輩，考較文理，尚欠用功，祈原之。（方瑶卿）

弟亦小少學兵法，頗知《韜》《略》以下諸名將之兵法。敢問方今貴邦兵制、陣法，從西洋法歟？將仍舊用俞、戚之法歟？曩弟至西門，以斯事

---

① 甚：東京大學史料編纂所本缺字。

② 裔：京都大學文學部古文書室本、東京大學史料編纂所本均作"苗裔"。

③ 兵書一部：指日本江户時代長軍事家沼澹齋所著《兵要録》，具體詳後。

④ 著：京都大學文學部古文書室本作"暑"，當誤。

⑤ 一二日間：京都大學文學部古文書室本、東京大學史料編纂所本作"待一二日"。

⑥ 孔夫子：東京大學史料編纂所本作"孔子"。

⑦ 孔夫子：東京大學史料編纂所本作"孔子"。

⑧ 字體：京都大學文學部古文書室本、東京大學史料編纂所本作"字迹"。

問侯、陳[1]兩士，兩士未有以答，願貴兄爲弟語之。

若問現時用兵，非古來排兵布陣之法。目今逆賊倡亂，皆係擄我國之良民充當頭陣者多。臨敵之時，見機行事，未能預定之戰法。古語云：用兵之道，虛虛實實，臨機應變，并不能一定之氣程也。（方瑶卿）

二十一日（至西門駐防[2]）

僕號予何人，此乃取《孟子》所謂"顔淵云[3]：舜何人，予何人"[4]之語以自命焉。願待侯、陳兩君作之記，以貽之子孫。

辱承命題，本當遺教，愧才疏學淺，有負雅囑。且日來抱采薪之憂[5]，容緩獻愧，係恐縮不恭之罪也。（侯儀）

交誼之不淺，無以謙讓可也[6]。

昨承賜兵書，尚未拜讀。前命寫便面，亦未書就。因有采薪之憂，是以遲延，還乞原諒爲感。（侯儀）

《兵要録》[7]高評，并便面[8]之尊寫，過[9]本月而成，亦不[10]以爲遲也，兩君以[11]病間賜覽寫是可。

---

① 侯、陳：底本作"陣""侯"，"陣"爲"陳"之訛。此從京都大學文學部古文書室本、東京大學史料編纂所本。

② 駐防：京都大學文學部古文書室本無此二字。

③ 顔淵云：底本無此三字，據東京大學史料編纂所本、京都大學文學部古文書室本補。顔淵即顔回，字子淵，春秋末期魯國人，尊稱顔子。14 歲拜孔子爲師，列孔門七十二賢之首。

④ 此句出自《孟子・滕文公上》，原文爲"顔淵曰：舜何人也，予何人也？有爲者亦若是"，大意是：舜是什麽人，我又是什麽人，人若有所作爲，就會成爲像舜一樣的人了。筆談多係臨場發揮，與原書略有字詞出入。

⑤ 采薪之憂：此典故出自《孟子・公孫丑下》："昔者有王命，有采薪之憂，不能造朝。"朱熹集注："采薪之憂，言病不能采薪，謙辭也。"指身體有恙，無力外出打柴，此處婉稱抱病無法親赴。

⑥ 可也：此據底本，東京大學史料編纂所本、京都大學文學部古文書室本無此二字。

⑦《兵要録》：長沼澹齋（1635—1690）著，成書於 1666 年，日本江户時代長沼流兵書。含《兵談》二卷、《將略》二卷、《練兵》九卷、《出師》三卷、《陣營》二卷、《戰格》四卷，共計六篇 22 卷。

⑧ 便面：扇子，多指團扇，古時也用以遮面，故稱"障面"或"便面"。《漢書・張敞傳》："然敞無威儀，時罷朝會，過走馬章臺街，使御史驅，自以便面拊馬。"此處指名倉予何人請侯儀揮毫題字的扇面，有可能是日本人常用的摺扇扇面。

⑨ 過：據底本，餘本皆作"逾"。

⑩ 不：底本脱此字，據東京大學史料編纂所本、京都大學文學部古文書室本補。

⑪ 以：東京大學史料編纂所本無此字。

《兵要録》之作，據《武備志》[①]《練兵實記》[②]《紀效新書》[③]，故書中大抵取[④]茅、戚二子之語[⑤]。但有口訣之處，僕審言之。

英、法二國助戍滬城者，僕既聞之[⑥]。敢問其他州縣又有二國助戍之處乎？

惟有上海，西兵自願助戍，餘地兩國均不得與聞也。（俟儀）

以火術日熾盛，故西洋諸國廢棄弓弩而不用之，請問貴邦亦廢弓弩歟？

弓弩間亦用之。（俟儀）

炮臺并銃炮之製，仿效西洋歟？將用貴邦之舊制歟？

吾邦各處炮臺銃炮，供用舊制，尚屬精工，惟上海任西兵自用耳。（俟儀）

龍泉、莫耶尚矣。方今貴邦良劍寶刀，其名如何[⑦]？

吾邦所稱寶刀，亦龍泉、莫耶是也。（俟儀）

本地道臺以下百官，品級凡幾等？次[⑧]道臺者爲何官？

道臺係三品，次知府四品，如弟謬厠[⑨]司馬，係五品，縣七品，再下佐雜八九品也。（俟儀）

兄來後，見老練之人否？高杉兄[⑩]如何人也？（汝欽）

---

① 《武備志》：明代茅元儀(1594—1640)撰，成書於天啓元年(1621)，共240卷，集中國歷代兵書大成之軍事類書。

② 《練兵實記》：明代戚繼光(1528—1588)撰，成書於1571年，正集九卷、附集六卷。

③ 《紀效新書》：明代戚繼光(1528—1588)撰，成書於1560年，全書共18卷。按：底本"紀"作"記"，從東京大學史料編纂所本、京都大學文學部古文書室本。

④ 大抵取：此據底本，東京大學史料編纂所本、京都大學文學部古文書室本均作"襲"。

⑤ 茅、戚二子之語：指茅元儀、戚繼光兩人。東京大學史料編纂所本、京都大學文學部古文書室本後有"者不少"三字，全句作"襲茅、戚二子之語者不少"。

⑥ 僕既聞之：此四字，京都大學文學部古文書室本作"僕既得聞命"，意思亦通；京都大學文學部古文書室本作"僕既得命"，當誤。

⑦ 其名如何：東京大學史料編纂所本、京都大學文學部古文書室本均記爲"其名最顯者如何"。

⑧ 次：東京大學史料編纂所本闕此字。

⑨ 謬厠：位列的自謙語，如言"忝列"。

⑩ 高杉：指高杉晋作(1839—1867)，名春風，通稱晋作、東一、和助、默生，字暢夫，號東行、西海一狂生、東洋一狂生，化名谷潜蔵、谷梅之助、備後屋助一郎、祝部太郎、宍户刑馬、西浦松助等，後改名谷潜蔵。出生於長州藩，是日本幕末時期著名的政治家和軍事家，尊王討幕派領袖之一，奇兵隊的創建人，1862年與名倉予何人同乘"千歲丸"訪問上海。

僕至貴邦，除諸君之外，未嘗見宿德碩學之人也。昨所賜顧高杉子，一大諸侯之貴臣也[①]。吾邦立國封建，至最大諸侯則食數國，其臣之大者，亦其采不下數萬户。但高杉子貴臣中之小者耳。

二十三日（至新北門駐防）

楊公、方公在大防否？

楊公已赴奉賢縣做官去了，方公出去未來。（裘綬）

貴邦有[②]《縉紳全書》[③]，願得一見。

縉紳在敝寓。（劉文匯）

弟聞貴邦立國[④]郡縣，故仕至宰相，亦其子孫忽落在民間，果然否[⑤]？

亦有，亦有不者。（裘綬）

雖無通事，而滿言語相通歟[⑥]？

不相通。（文匯）

滿漢同寮，恐有妨公事，如何？

滿官會説漢話。（文匯）

滿與漢兵孰精？

魯衛之政[⑦]。（文滙）

敢問貴邦軍艦之制，從西洋歟？

我國戰船皆是本國自造，非洋船也。（文滙）

康熙以降，諸名家所著書，大約宗朱學而折其衷，目今學流亦然耶？

---

① 此句東京大學史料編纂所本、京都大學文學部古文書室本均作"是一大諸侯之貴臣也"，多"是"字。

② 有：東京大學史料編纂所本作"若有"。

③《縉紳全書》：全名爲《大清縉紳全書》，清代專録全國在職官吏之名册。刊刻者爲京師有名的刻書鋪榮禄堂。除主要名録之外，還詳列清政府官吏的官階、品級、頂戴、奉禄。

④ 立國：東京大學史料編纂所本、京都大學文學部古文書室本作"制度"。

⑤ 果然否：東京大學史料編纂所本作"然否"，少"果"字。

⑥ 東京大學史料編纂所本、京都大學文學部古文書室本所藏寫本記爲"而滿漢言語相通歟"，應爲正確。

⑦ 魯衛之政：比喻情況相同或相似。語出《論語・子路》："魯衛之政，兄弟也。"

是。(文滙)

方今宿儒碩學爲誰?

雖有,均不在此,亦不深悉。(文滙)

二十四(在館内)

余欲出郊外探民間之情實,請問何村落風俗最美?

上海村鄉風俗一體,風俗最麗者惟蘇杭耳。(許霍生)

上海距蘇杭約幾許里?

三百餘里。(許霍生)

滬城户口數多少?[①]

今往來無數,浩稱十餘萬户。(張雲)

請問防西洋諸虜與[②]討長匪,似有内外之别,陣法、戰略亦有以異乎?

西洋諸虜,前林文忠公(名則徐)以守爲戰,不肯輕與接仗,其海防之法極詳。至於長髮烏合之衆,實在無能,只以當事人知兵者少,以致如此。遇曾[③]、袁[④]諸公,則可見矣。(華毓慶)

弟嘗竊謂貴邦所長在陸戰,西洋所長在水戰。頃及閱《犯境録》[⑤],則不然。貴邦奏捷者每不在陸而在海,西洋得利者不在海而在陸。弟疑焉[⑥]。蓋有高説,請詳言之[⑦]。

---

① 户口數:東京大學史料編纂所本作"户口民數"。

② 與:底本作"与",據東京大學史料編纂所本改。以下徑改,不再出注。

③ 曾:指曾國藩。

④ 袁:即袁甲三(1805—1863),字午橋,河南項城人。道光進士,出身文吏。1853年奉命赴安徽協助侍郎吕賢基督辦淮北軍務,同太平軍、捻軍作戰。1859年受命署欽差大臣,督辦安徽軍務,授漕運總督,繼續同捻軍作戰。

⑤《犯境録》:即《夷匪犯境聞見録》,八卷。

⑥ 疑焉:東京大學史料編纂所本、京都大學文學部古文書室本作"大惑焉"。

⑦ 東京大學史料編纂所本、京都大學文學部古文書室本所藏寫本記爲"貴邦奏捷者每不在陸而在海,西洋得利者每不在海而在陸。弟大惑焉,蓋有高説,請詳言之"。多一"每"字,"疑"作"大惑"記。

敝邦兵法多宗《武經七書》[①],《七書》言兵大略,如前明戚紀綱[②]《紀效新書》[③]《練兵實記》,法則全備,水陸并用,可稱節制之師[④]。我大清承平日久,軍政稍替,以致跳小醜糜爛數省。現在曾元帥(名國藩)統兵,將次克復南京。賊巢一破,各處可望蕩平。袁甲三[⑤]統兵江北,勝保[⑥](滿洲人),僧格林沁[⑦](蒙古人),四公用兵,水陸有法,不愧古名將。敝邦用兵,南人水陸戰俱講,北人長馬戰,西洋只長火器[⑧],能水戰者止輪船,亦在火器耳。孫武子等書[⑨],貴邦想亦有之,另外有兵書否? 用兵所長若何? 願聞之,幸勿吝。(華毓慶)

孫武以下,茅元儀所著《武備志》,其他俞、戚諸公兵籍,若弟輩亦能閲之了。敝邦别有數種兵法,老兄若辱尊問,則弟詳言之。

願聞其略。(毓慶)

敝邦兵法大約十餘種,其最顯者三: 曰甲州流[⑩],曰越後流[⑪],曰長沼流[⑫]是也。其法與俞、戚兵法略相似,但敝邦[⑬]所長在槍劍,故以短兵相接爲便耳。

---

① 《武經七書》: 宋神宗於元豐三年(1080)四月,命令當朝最高學府國子監司業朱服等人校定《孫子》《吴子》《六韜》《司馬法》《三略》《尉繚子》《李靖問對》等書,前後歷時 3 年,到元豐六年(1083)冬完成。校定後的七部兵書共 25 卷,統稱《武經七書》。

② 戚紀綱: 諸本皆同,當指戚繼光,疑爲筆談時音近誤寫。

③ 《紀簫效書》: 底本"紀"作"記",據京都大學文學部古文書室本改。

④ 節制之師: 東京大學史料編纂所本、京都大學文學部古文書室本後有"矣"字。

⑤ 袁甲三(1806—1863): 字午橋,謚號"端敏",河南項城人,袁世凱叔祖。東京大學史料編纂所本作"袁公三",當誤。

⑥ 勝保(? —1863): 字克齋,蘇完瓜爾佳氏,八旗鑲白旗人,清末重要將領。曾以内閣學士會辦軍務,參加圍攻太平天國北伐軍,殺害太平天國英王陳玉成。

⑦ 僧格林沁(1811—1865): 蒙古族,科爾沁旗(今屬内蒙古)人,晚清名將,善於治軍,所部爲清軍精鋭。參與對太平天國、英法聯軍等戰争,軍功卓著。1854 年俘林鳳祥,以功晋封博多勒噶臺親王。又俘虜李開芳。同治四年(1865)五月再入山東,在菏澤高樓寨之戰中,中捻軍伏擊,被斬殺。

⑧ 火器: 東京大學史料編纂所本作"火技"。

⑨ 孫武子等書: 孫武子,即孫武,或稱孫子,春秋時期著名軍事家,代表作是《孫子兵法》。

⑩ 甲州流: 日本江户時期的一種兵法,也叫信玄流兵法,創立者爲武田信玄。

⑪ 越後流: 日本江户時期的一種兵法,創立者爲上杉謙信。

⑫ 長沼流: 日本江户時期的一種兵法,創立者爲長沼澹齋。

⑬ 敝邦: 東京大學史料編纂所本作"兵法"。

二十五日(在館内)

日本語與漢話通書有否?(許霍生)

恐無此書。

何以字同而[①]聲音異乎?(許)

吾邦自有一種音訓,故不通耳。

音韻惟以五十字之聲,如能借漢字,傍有五十字音者,其語既可通也。(許)

吾邦自古以訓讀行,故言語不同耳。

何故眠無床榻,兼欽枱櫈[②],而官吏無紗帽烏靴,不穿褲乎?(許)

此乃吾邦風俗然也,吾輩兄等座卧亦以爲可笑。

二十六日(至新北門)

聞貴邦有傳吾邦刀槍法者,果然否?

此事不知其詳。(文滙)

弟以爲本防所在此屬郭,或以爲城如何?

城之外城爲郭,弟之防所乃城也。(文滙)

外城爲郭者固也,但本防大門之外更無郭,恐此屬郭,非城也。

吾國省城之外有郭,上海乃一小縣,是以無郭。(文滙)

貴兄言,始分明。

同日(至關帝廟)

請問貴邦是否東洋日本?(道士朱逸山)

如高諭。

現來此地何事?(道士)

爲貿易耳。

---

① 而:京大學史料編纂所本無此字。
② 枱櫈:桌子與凳子。日本人的榻榻米房間,多席地而坐,故有此問。

現居何處？（道士）

弟等五十有一名，共寓洋涇浜宏記洋行。

高師知否？敝邦亦有道士。

久慕貴邦之盛，亦有[①]道士深明玄門微妙。敝邦道家皆庸學，徒負其名，惶愧惶愧。（道士）

關帝廟可得拜乎？

可。（道士）

提偃月者，蓋周倉也。不識其他。左右三像爲誰？

左首捧印者關平，捧劍者趙來，右首捧書者皇甫，與帝君同時殉節。（道士）

同日（至西門）

三五日間弟[②]不問侯、陳兩君起居。前日兩君有貴恙，不識全癒否？

數日不見，似隔三秋，承綺注[③]，賤恙稍減，尚未全愈。惟陳君目病未愈，謹復。（侯儀）

今日既迫虞泉[④]，請二三日間卜日早來。

改日定當與兄臺細談心曲，以快宿願。（侯儀）

二十七日（在館内）

請問方今貴邦貨幣，分爲幾品？

不可勝計。（張叙秀）

君欲一見乎？（叙秀）

所謂金錠、銀錠者是歟？

---

① 有：底本作"在"，日語中"在"與"有"同訓，此從東京大學史料編纂所本、京都大學文學部古文書室本。

② 弟：東京大學史料編纂所本闕字。

③ 綺注：猶言錦注，稱別人對自己關愛之敬辭。

④ 虞泉：亦稱虞淵，傳説爲日没處。《山海經》："崦嵫山下有虞泉，日所入。"此處喻時近黄昏、天色已晚。

請問尺度量衡①亦有數品乎?

中西皆備。(叙秀)

君知一碼之長乎? 西洋三尺爲一碼,中華二尺半爲一碼。(叙秀)

同日(至造船場②)

此場造創③以來約④幾年?

此處開了七年。初開是廣東人造作,今轉賣夷人。(脱名氏)

地名如何?

此處號廿三堡二圖⑤。(脱名氏)

同日(至浦東製鐵場⑥)

請問此場係何年所落成?

距今十餘年。(脱姓名)

二十八日(至一粟庵⑦)

遠方之人慕貴僧高德,特來拜望。

---

① 尺度量衡: 東京大學史料編纂所本、京都大學文學部古文書室本作"度量衡",無"尺"字。

② 造船場: 疑爲廣東人郭甘章在上海中虹橋附近建造的船舶修理廠,該廠成立時間有 1852 年(徐潤:《徐愚齋自救年譜》)與 1875 年[上海地方志辦公室《上海修造船廠建設年代與情况變化表(1852—1949)》]之説。兩説時間雖不同,但從地點與人物推測,疑即爲此處。

③ 造創: 東京大學史料編纂所本作"造制"。

④ 約: 京都大學文學部古文書室本作"經"。

⑤ 廿三堡二圖: 位於上海英租界大馬路附近。按: 東京大學史料編纂所本"廿"作"大"。

⑥ 浦東製鉄場: 查閲上海地方志辦公室《上海修造船廠建設年代與情况變化表(1852—1949)》,疑爲英商建造的浦東鉄廠(M. Lamcnd)。

⑦ 一粟庵:《同治上海縣志》載:"一粟庵在縣署西南,本徐氏荒圃。康熙七年(1668)浙僧超睿買地建庵,曹垂璨取金鷄解衔一粒粟義顔之。知縣任辰旦購陳氏河爲放生池。道光十五年擴而大之,視舊增十之七。"又據顧啓良主編《上海老城厢風情録》記載:"一粟庵舊址在今蓬萊電影院南面,這裏原是明代東閣大學士徐光啓的私人花園,後因徐氏家族衰落而日漸荒廢。清康熙七年(1668),寧波僧人超浚在此建庵,取'金鷄解衔一粒粟'之義而命名爲'一粟庵'。庵名和門額都是由上海知縣曹垂燦題,一時頗有名望。清光緒三十二年(1906),庵爲上海名士顧言定和葉佳棠購買而改建爲'上海縣勸業所',以後又改名爲'尚文國民學校',解放後爲南市區中心小學,現在爲敬業中學分校。其北面的一條街就叫一粟街。"

貧僧名唤柳溪，係江南揚州府人氏。未識貴客，係琉球何處？居址①并尊姓？再者貴邦既有僧人，作何事幹？及三教可完全否？（和尚）

弟子非②琉球，乃大日本武藏州③人，姓名倉，名敦，職司④兵學，故不知僧家事。

尊駕來此中國，還是貿易，還是游玩？任是官長，統兵幫助滅去長髮紅巾賊否？（方丈）

弟子等至貴邦者，只爲貿易耳。

敝邦緇流大抵有爵秩，在貴邦亦然否？

敝國僧人不欲爲官爲爵，但講道爲本。竟是爲官，大至四五品，小至八九品，亦係奉差遣不得而已。（方丈）

僧風甚好。

請問本堂所安置何佛？

中央供置主佛藥師琉璃。（方丈）

尊寺結構宏壯，堂内約有幾僧？

敝庵住僧六十餘人。請問貴邦僧人還是剃髮，任是留髮否？（方丈）

敝邦緇徒頭皆秃，與貴邦同。惟衣服小不⑤相似耳。按《簷曝雜記》⑥所載，當時有黄紅等教⑦，此二教今猶行否？

敝邦南方無此黄紅二教，過滿州有此二教。（方丈）

聞耶蘇教頗行於貴邦，果然否？

此教者，因爲下元甲子正氣衰微，而邪⑧所勝焉。（方丈）

---

① 居址：東京大學史料編纂所本“址”作“趾”。

② 非：東京大學史料編纂所本、京都大學文學部古文書室本作“是非”。

③ 日本武藏州：武藏國，屬東海道，俗稱武州。現在指東京都、埼玉縣全境、神奈川縣横濱市、川崎市全境。

④ 職司：東京大學史料編纂所本無“司”字。

⑤ 小不：東京大學史料編纂所本脱“不”字。

⑥《簷曝雜記》：清趙翼編著，内容多爲作者歷官京城和粤、桂、滇、黔等地的見聞，涉及典章制度、政務軍機、宫廷秘事、中外交流、科舉考試、宦海風雲、鄉俗民情、奇聞趣事、詩文書畫、讀書心得等各個方面。

⑦ 黄紅等教：東京大學史料編纂所本“等”作“之”。

⑧ 邪：底本作“耶”，據東京大學史料編纂所本、京都大學文學部古文書室本改。

請問尊寺係何宗門？

臨濟正宗。（僧）

人死則葬之本寺山内歟？

不得葬此。（僧）

弟子腰間帶行厨[1]，若日既午，則吃之了。不識金壺之漏[2]，今若干時？

倘肚中饑者，敝庵有素餐，亦可餘當不妨。（方丈）

同日（至關帝廟）

弟未讀道家書，請問兄等所讀何等書目？

弟讀經者，《清净經》《十方經》《玉皇經》[3]，皆是祖師傳流，餘外再有四五十號經名。（道士）

不識高祖師係何代人？

余祖師太上老君在於混沌之前後，開闢時化身在世，起立道教，傳授經懺[4]法事。（道士）

請問其教有采芝煉丹[5]奇術乎？

弟煉丹之法未能學得。弟年弱，但學經懺，丹法皆是老輩所學。（道士）

道光中鴉片役，上海致陷没。當時尊堂無毀損者，弟以爲奇異。蓋道家碩德之所致歟？

此非道士之德行，乃關聖神威，所以毫無毀損。迄今十有餘年，重加修葺，纔得落。是以廟貌巍峩，焕然燦爛[6]也。（道士）

吾邦專尚文學，若論武備，未免貽笑方家，唯前明戚繼光諸公曾經講武，有《百金方》[7]《紀效新書》，所論最爲扼要。近時專尚火攻，若論槍炮，

---

① 行厨：指出游時携帶的酒食。

② 金壺之漏：指時間。金壺爲古代計時工具。

③ 《清净經》《十方經》《玉皇經》皆爲道家經書。

④ 懺：底本似"讖"字，據東京大學史料編纂所本、京都大學文學部古文書室本改。

⑤ 采芝煉丹：東京大學史料編纂所本、京都大學文學部古文書室本後有"等"字。

⑥ 廟貌巍峩，焕然燦爛：東京大學史料編纂所本作"廟貌巍然峩，焕然燦"，疑爲傳抄時字序顛倒錯位所致。

⑦ 《百金方》：全名《洴澼百金方》，清代惠麓酒民編，共 14 卷，類聚匯編歷代戰略防禦思想和作戰方法。此書舊題"惠麓酒民編"，約成書於乾隆元年(1736)，現存乾隆五十三年(1788)刻本，道光間重刻時更名《備豫録》。

究推西人，敝邦恐不能及。此皆國家承平日久，武備廢弛。閣下專精於此，他日領教。(馬銓。銓至道士家，談及兵法，因云。)

各國有所長，有所短。只捨所短，用所長者，此兵家者之套語也。然此亦[1]千古不易之確言。故僕將折其衷以用之。今西洋所長固在火術與軍艦，僕將采用之[2]；貴邦所長蓋在戰略軍理，僕既講之[3]；至敝邦所長則在短兵相接，故僕將取捨此數者，以爲一家兵法。是僕意見，大約[4]如此，大兄以爲如何？

敝邦以弓箭爲武員進身之階，滿人文武皆習弓箭，則是弓箭總是專門。然較力疆場，不能專恃其藝。昔馬謖云"攻心爲上"，斯言良確。否則敝邦精於[5]武備者，不少其人，何以長髮賊縱横天下，各省被其蹂躪者不一而足[6]，此皆爲將者不明攻心要術，以至如此。閣下以然否？(馬銓)

此乃弟所謂軍理是也，大兄言或然。

六月初一日(至西倉橋)

《傳》云："國之大事，在戎與祀。"[7]敢問山川鬼神之祭，今尚從古禮[8]歟？

今之祀典[9]與古不同，惟吾邦祭孔廟，必擇丁日[10]，尚是古禮。至拜跪趨蹌[11]，古今大不相同。(馬銓)

---

① 亦：東京大學史料編纂所本、京都大學文學部古文書室本作"乃"。

② 僕將采用之：東京大學史料編纂所本、京都大學文學部古文書室本作"僕亦將采用焉"。

③ 僕既講之：東京大學史料編纂所本、京都大學文學部古文書室本作"僕亦講之有日"，句意更順。

④ 大約：東京大學史料編纂所本、京都大學文學部古文書室本作"大概"。

⑤ 於：東京大學史料編纂所本無此字。

⑥ 不一而足：京都大學文學部古文書室本作"不一而已"，義未安。

⑦ 此句典出《左傳・成公十三年》"國之大事，在祀與戎"，筆談中次序顛倒了。此句話的意思是：祭祀與戰争同爲國家頭等大事。

⑧ 古禮：東京大學史料編纂所本、京都大學文學部古文書室本皆作"古典"。

⑨ 祀典：東京大學史料編纂所本無"典"字。

⑩ 丁日：歷史上，從隋文帝開始，祭孔都選在春秋仲月(即農曆二、八月)上丁日，因此祭孔簡稱"丁祭"。此一傳統直至清末，延續千餘年，到民國時仍使用。

⑪ 趨蹌：形容步趨中節。古時朝拜晋謁須依一定的節奏和規則行步。

長匪抄掠州縣者,縱令雖係烏合,而無陣法則不可以逞猖獗。請問賊匪用何陣法?

并無陣法,不過亡命之徒,有進無退。奈官兵往往先走,以致猖獗如此。(馬銓)

使士卒有進無退者,良將所難也。今長髮輩能固人心如斯者,以何術?願領教。

長髮到處擄掠人民,擄後必一一分編,使熟悉者不能相顧,臨陣時各不相識,退則刀鋸在後,如此人人怕死,有進無退矣。(馬銓)

此乃淮陰背水[①]之遺意。

初三日(至西門)

聞河南人周祖培[②]方今碩學,大兄知其人否?

周祖培委係碩學,既已拜大學士矣。(侯儀)

方今貴邦所行學流如何?在敝邦專用朱學[③],且古學家[④]、陽明家[⑤]等間有之[⑥]。

---

① 淮陰背水:韓信淮陰背水一戰。《史記·淮陰侯列傳》:"信乃使萬人先行,出,背水陳。趙軍望見而大笑。"所謂背水一戰,置於死地而後生。

② 周祖培(1793—1867):譜名之翔,字淑滋,號芝臺,河南商城城關鎮人,晚清大臣,歷仕嘉慶、道光、咸豐、同治四朝。周祖培嘉慶二十四年(1819)進士,選庶起士,歷任陝甘學政、侍讀學士、詹事府詹事、文淵閣直閣士、内閣學士、刑兵户吏四部尚書,賞加太子太保銜,謚文勤。咸豐十年(1860),英法聯軍入侵攻陷北京,咸豐皇帝逃往熱河,周祖培被授命爲留京辦事大臣并拜爲體仁閣大學士,實掌宰相之權。

③ 朱學:即朱子學。宋學中朱熹創建的學派稱爲"朱子學",鐮倉時期傳入日本。藤原惺窩原爲禪僧,應德川家康之請還俗歸儒,創立偏重朱子學的京學派,并由弟子林羅山(1583—1657)繼承發揚。元禄四年(1691)湯島聖堂建成,幕府將軍德川綱吉命林信篤爲首任大學頭,林家自此世代爲大學頭。寛政二年(1790)幕府公布"寛政異學之禁",其他學派受到壓抑,朱子學也成爲官學。

④ 古學家:在朱子學、陽明學興起之際,江户時代出現回歸古代聖人、依據先秦經書的復古思潮,如山鹿素行的古學派、伊藤仁齋的古義學派、荻生徂徠古文辭學派等,這些均屬於古學家。

⑤ 陽明家:明代大儒王守仁創建的陽明學,室町時代傳播到日本,至江户時代由中江藤樹發揚光大。"寛政異學之禁"後,朱子學君臨學界,於是佐藤一齋等打著朱子學旗號宣揚陽明學,被稱爲"陽朱(熹)暗王(陽明)",在動盪不安的江户後期頗具感召力,形成一股威脅幕藩體制的政治勢力。如發動民衆起義的大鹽平八郎,提倡尊皇的吉田松蔭,倒幕幹將西鄉隆盛、高杉晋作等,都出自陽明學派。

⑥ 間有之:東京大學史料編纂所本、京都大學文學部古文書室本記爲"間亦有之"。

吾邦所行，亦本朱、程[1]二夫子，大約與貴邦亦相同也。（侯儀）

陳君嘗云曾元帥方今良將，請問曾公大名籍貫如何？

曾中堂係湖南人，現在將已南京七門圍住，不日可以蕩平。此真决奇制勝之奇才也。（侯儀）

初四日（在館内）

上海中草茅蕪穢之處，往往見棺槨狼藉，此乃殯殮之遺意歟？其埋葬之者以幾月爲期？

因有同仁義塚，此係無力者。如有力者，停在家内。葬埋之期，年内年外無分。（張雲）

稱同仁義塚者，蓋有力者出貨，助其葬埋之謂歟？

然。各行鋪店民捐之。（張雲）

城内有耶穌堂數基，請問此係西洋人所造歟？將貴邦人所創歟？

係西人所造。（張雲）

其創造距今凡幾年？

在道光廿七八年前。（張雲）

初五日（在館内）

女子既嫁與未嫁，服飾面容蓋有其别如何？

雉面髮者既嫁，未雉者未嫁。（張雲）

初七日（至西倉橋）

聞君尊兄於丹陽[2]與長匪戰陣亡。如尊兄可謂不背所學矣。請問當時官爵及贈謚如何？

---

① 朱程："朱"指南宋時的朱熹，"程"指北宋時的程顥、程頤。二程創立的理學，首傳弟子楊時，再傳羅從彦，三傳李侗，到南宋時朱熹集其大成，後世多稱之爲"朱學"或"朱子學"，對朝鮮、日本影響極大。

② 東京大學史料編纂所本缺"丹陽"二字。

先兄馬釗，官藍翎内閣中書，陣亡後奉旨照四品官例賜恤，世襲雲騎尉[1]四品官，尚無謚。（馬銓）

請問冠婚[2]喪祭之儀，今尚有存古典者乎？

無一同者，唯父母之喪三年，尚是古禮。（馬銓）

行三年之喪者，漢晋以來所希有，至大清斷然[3]行二十五月之喪者，可以爲美談矣。但奪情復任[4]者有否？

士大夫二十七月，民間二十五月，今軍營官員大都奪情。（馬銓）

古今度量衡，共有異同，請聞其略。

古尺與今官尺不同，大約古尺一尺[5]抵今官尺六寸。考諸《鄉黨圖考·衣服》[6]等制，可以知矣。否則文王十尺、湯九尺[7]，若以官尺論之未免太長。升斗古今亦不相同，《求古録》[8]内俱詳，考衡則古今仿佛。（馬銓）

明季義士朱舜水[9]者來吾邦，當時舜水所著書論度量衡頗詳，然[10]皆係前明事，與大清之制不同，願弟借度量衡[11]親看之。

---

① 雲騎尉：武散官名。宋、金沿置。明正六品。清爲世爵名，可世代承襲。

② 冠婚：東京大學史料編纂所本“婚”作“昏”，係省筆字。

③ 斷然：東京大學史料編纂所本、京都大學文學部古文書室本後有“能”字。

④ 奪情復任：是中國古代丁憂制度的延伸，意思是爲國家利益而犧牲孝親之情，即服喪期間不必去職，以素服繼續奉公辦事，不參加吉禮。奪情之例頗少見，但常常發生在戰場將士身上，所以馬銓回復“今軍營官員大都奪情”。

⑤ 一尺：東京大學史料編纂所本無此二字。

⑥《鄉黨圖考》：《鄉黨圖考》十卷（安徽巡撫采進本），清代著名經學家江永（1681—1762）撰，取經傳中涉及鄉黨的制度名物，分爲圖譜、聖迹、朝聘、宫室、衣服、飲食、器用、容貌、雜典九類，加以梳理考證。《四庫全書提要》評價：“考核最爲精密，其中若深衣、車制及宫室制度尤爲專門，非諸家之所及。”

⑦《孟子·告子下》提到文王和商湯的身高：“文王十尺，湯九尺。”

⑧《求古録》：《求古録》一卷（兩淮鹽政采進本），明朝顧炎武（1613—1682）撰，是書蒐集珍稀金石文五十六通，手自抄纂，考其地理，溯其由來，古字篆隸，詳加注釋。

⑨ 朱舜水（1600—1682）：名之瑜，字魯璵，號舜水，浙江餘姚人，明末貢生。因兩次奉詔而不就，人稱徵君。清兵入關後，奔走海内外參加抗清復明活動。南明亡後，移居日本，授徒講學，傳播儒學。水户藩主德川光圀奉其爲師，對日本水户學派影響尤深。

⑩ 然：東京大學史料編纂所本、京都大學文學部古文書室本後有“此”字。

⑪ 度量衡：東京大學史料編纂所本無“衡”字。

同日(至西門)

侯、陳兩君尊恙日向痊,弟亦不堪歡喜。

弟不才,荷蒙致問殷勤,實深慚愧。刻下賤恙頗痊,惜目未還光,所以委作之《書屋記》及源君[①]之《楠木書屋記》均未動筆。且弟胸無點量,又不敢遽行獻醜。(汝欽)

弟等解纜在本月下浣[②],願諸君就紙上賜尊寫。但此紙兩三張充《予何人書屋記》,其他[③]以寫近時尊作及送別高詩。

叙晤未幾,即欲話别,心實怏怏。弟東道之情未盡,感愧奚似。至命書記、詩如件,恐污尊目。叨[④]在知己,何敢過却,有遺[⑤]雅囑。容候榮行時定當獻醜,以志高誼。未識後會何期,乞明以教我。别後有便,祈時賜德音,是則私心所默禱耳。(侯儀)

弟微志在歷游五大洲,探索事情。今春有敝邦使臣赴西洋,弟亦欲游西洋,百方盡力,有故遂不果。雖然,今得至貴邦見諸君,亦弟之幸也。别後永無遺棄,其爲賜熟[⑥]大焉。

前聞貴邦素重交誼,今見大兄果然豐[⑦]雅宜人,而且情至誼盡[⑧],真不禁有相見恨晚、分别太速之嘆。還[⑨]乞不遺在遠,永以爲好耳[⑩]。弟號梧軒[⑪],名儀,官司馬,别後如賜惠音,務祈函面寫明,賡不致誤。(侯儀)

弟有一言,竊謂長毛是病之小者,西虜乃病之大者,他日貴邦之憂恐不

---

① 源君:指高杉晋作。

② 下浣:猶言"下旬",陰曆每月二十一日至三十日。唐代規定官吏每十天一次休息沐浴,稱之爲"浣",每月分爲上、中、下浣,後借作上旬、中旬、下旬的别稱。

③ 其他:東京大學史料編纂所本、京都大學文學部古文書室本後有"數張"二字。

④ 叨:領受、承恩,表示受到别人好處之謙辭。按:東京大學史料編纂所本脱此字。

⑤ 有遺:東京大學史料編纂所本作衍"有"字;京都大學文學部古文書室本作"有違",似更佳。

⑥ 熟:東京大學史料編纂所本同底本,唯京都大學文學部古文書室本作"孰",整句話義不明。

⑦ 豐:諸本皆作"丰"。按:筆談係臨場揮毫,故多用簡體字、省筆字,此或保留了筆談原稿風貌。

⑧ 盡:底本及東京大學史料編纂所本作"尽",京都大學文學部古文書室本作"豐",但旁書草書"盡",當是從原稿或接近原貌的抄本上移録。

⑨ 還:諸本皆作簡體"还"。

⑩ 耳:東京大學史料編纂所本、京都大學文學部古文書室本作"云耳"。

⑪ 梧軒:"軒"字,底本及東京大學史料編纂所本筆劃不全,此據京都大學文學部古文書室本。

在長毛而在西虜，兩君以爲如何？

真金玉之言也。（侯儀）

初八日（在館内）

西人慕維廉[1]者有著書若干[2]，其他滬城淹留西人中知漢字者有否[3]？

其餘亦少。（馬銓）

聞貴邦有赴西洋留學者，未知確否？

不有。（馬銓）

敢問貴邦天子巡狩之禮[4]今如何？

近年不行，唯乾隆曾七次南巡。[5]（馬銓）

初九日（在館内）

請問貴邦之紙，以何物製之？

棉竹桑稻臘[6]。（張雲）

此地四顧不看一山，距山幾里？

山在松江，百里之遥。（張雲）

松江之山有虎豹否？

家山没有，荒山有之。（張雲）

---

① 慕維廉：英國傳教士 William Muirhead（1822—1900），1847 年來中國傳教。1861 年 2 月曾赴天京（南京）考察 1 個月并傳教。推測名倉等人爲了探聽太平天國情況而前往拜訪。由高杉晋作日記可見，其餘武士亦與慕維廉有交往。

② 若干：東京大學史料編纂所本同底本，唯京都大學文學部古文書室本作"若干并漢字"，句義似更完整。

③ 知漢字者有否：京都大學文學部古文書室本作"有知漢字者否"，東京大學史料編纂所本作"有漢字者否"。

④ 巡狩之禮：《晏子春秋·内篇問下》稱："天子之諸侯爲巡狩，諸侯之天子爲述職。"天子與諸侯借此相互溝通。即晋武帝詔所謂"雖幽遐側微，心無壅隔，下情上通，上指遠諭"（《晋書·禮志下》）。《通典》將巡狩之禮列入吉禮，宋代和明清列入嘉禮。

⑤ 底本整句脱落，有問無答，據東京大學史料編纂所本、京都大學文學部古文書室本補。

⑥ 臘：東京大學史料編纂所本同底本，京都大學文學部古文書室本字迹漫漶。按："臘"字可疑，或爲"籐"字。

余來上海未嘗見象，此獸在何處？

在北京。（張雲）

同日（至理倉橋）

聞城内有西人操練場，弟欲至其場，偶然過尊居，邂逅遇名士，甚適弟願。

此地去小南門甚近，城内本有西人操練場，然爲地甚窄，不足以容多人也。敝居甚陋，今蒙兄過，實爲榮幸。現在貿易，何時可畢？約在幾時回櫂？容再到宏記洋行請教。（王叔彝）

貿易告畢，解纜回櫂[①]，并在本月下浣。若鶴駕辱臨敝寓，弟等幸甚。

貴國有劉子賢，係中原青田劉伯温先生之後，未知兄認得否？（王叔彝）

劉青田是前明國初良臣也，其裔在敝邦者，弟始領教。但我武藏州有劉某者，自言漢獻之後，確否[②]未可知。

聞劉子賢是文職，能詩能畫，是一位名士。中原人到彼，曾經見過筆墨，是以曉得。（王叔彝）

弟亦知其人，其人今故。

高堂結構甚巍巍，敢問大兄係何官職？

此地係家兄住宅，家兄係是知府，弟係候補道，不住在此。（王叔彝）

君家可謂門閥不賤，失敬失敬。

弟住在城内，日來城門甚緊，是以急欲進城，緩日到洋涇浜[③]請教，當囑舍侄奉陪。（王叔彝）

大兄蓋[④]係叔彝君令侄，請問大名。

弟名亘甫。請問兄職諸侯臣，司是文是武？（王亘甫）

---

① 回櫂：回棹，返回之意。
② 確否：京都大學文學部古文書室本同底本，東京大學史料編纂所本脱“確”字。
③ 洋涇浜：底本誤作“洋涇浜涇”，據京都大學文學部古文書室本、東京大學史料編纂所本改。
④ 大兄蓋：東京大學史料編纂所本同底本，京都大學文學部古文書室本作“蓋大兄”。

弟職掌兵學，故結髮弄孫吴韜略，未嘗學書，是以字迹不免[1]塗鴉，大兄推讀亮察是祈[2]。

貴國職官品級與中華同否？（王亘甫）

職官品級略相同，但敝邦係封建，其勢殆如貴邦周代列國時一般。

大兄既經同知浙江等官，鶴駕所臨至何州？

弟歷到過京師、山東、直隸、安徽、浙江、福建等處。（王亘甫）

噫！如君謂足迹遍中原亦可也[3]。請問方今宿儒碩學，其名最顯者爲誰？

大學士賈中堂[4]爲最。（王亘甫）

請問西人到貴國可滋擾否？（王亘甫）

敝邦自古稱武國，有日本刀[5]，長者可以擊萬人矣，短者[6]可以刺千人矣。是以西虜不敢滋擾敝邦也。然敝邦承平既久矣，不敢不戒西虜也。弟亦敢告大兄，長毛是病在腠理，西虜乃心腹之患，一日懈怠或病入膏肓，請戒之。

是極，是極。（王亘甫）

在座有鬚者係二品將軍，知大兄亦武職，請賜兵法一二爲荷。（王亘甫）

敢問二品公尊姓大號如何？

姓侯，名小山，向鎮守浙江等處，現在已告假在家。（亘甫代公答）

僕是日本賤士，得拜二品侯公者，誠僕幸也。願請[7]一言，以爲晝錦[8]之資。

---

① 不免：底本原闕，據京都大學文學部古文書室本、東京大學史料編纂所本補。

② 是祈：東京大學史料編纂所本、京都大學文學部古文書室本無此二字。

③ 此句東京大學史料編纂所本、京都大學文學部古文書室本均作"如君可謂壯游矣"。

④ 賈中堂：明朝官員賈楨(1798—1874)，字筠堂、伯貞，號藝林，山東黄縣人。道光六年(1826)榜眼，歷任侍講學士、内閣大學士、吏部侍郎、禮部尚書等，先後主持鄉試七次、禮部試四次。按："中堂"是對内閣大學士的雅稱。

⑤ 日本刀：武士佩刀一長一短，長刀爲太刀或是打刀，短者爲脅差，長刀是主武器，短刀是備用武器。

⑥ 短者：底本少"者"字，據京都大學文學部古文書室本、東京大學史料編纂所本補。

⑦ 請：東京大學史料編纂所本無此字。

⑧ 晝錦：東京大學史料編纂所本同底本，京都大學文學部古文書室本"晝錦"處改爲"衣錦歸鄉"。

願君爲之介詔[①],使弟得觀李公營盤之大操,則弟終身不遺[②]大恩。

今日天色已晚,路遥不及,明後早些去看可也。此地去營盤約五里許。(王亘甫)

初十日(至新北門)

昨弟至小南門外,見二品侯將軍(名小山),諸君知此公否?

此君係太湖協副將。(劉文匯)

刻下就席人衣冠甚盛,蓋大員也,敢問尊姓大號?

姓嚴,號伯雅,浙江人。曾官松江海防同知[③],即用知府。(嚴伯雅自答)

官位果盛矣。敢問當時海防之略,以何陣法編伍爲要?

照舊章督率捕盗輪船,會同水師兵船於江海交匯之處嚴密巡防,弭盗安良,係本任之事。陸路兵勇非海防同知所管。(同知係官名,知府之次,知縣之上。)(嚴伯雅)

古來水師之法大概與陸軍[④]無異也。弟所問者只在編伍陣法而已,閣下若謂水師無編伍陣法[⑤],則僕不敢請。

海防同知係屬文員,不過派船捕盗而已。至於[⑥]戰陣之法,水師則有蘇松水師總兵駐扎崇明,陸軍則有提督軍門五營駐扎松江,各有職司,未能越俎。(嚴伯雅)

十一日(至西門)

二三天前,弟與一縉紳約觀李撫軍操演,其期在今天。聞北門内亦有

---

① 介紹:底本作“介詔”,據京都大學文學部古文書室本、東京大學史料編纂所本改。

② 遺:京都大學文學部古文書室本同底本,東京大學史料編纂所本作“違”。

③ 海防同知:知府之佐助官。清代凡沿海緊要地區之府、廳,均置海防同知,以協助府、廳長官專管海防事宜。

④ 陸軍:底本闕“軍”字,據京都大學文學部古文書室本、東京大學史料編纂所本補。

⑤ 編伍陣法:東京大學史料編纂所本、京都大學文學部古文書室本作“節制紀律”。

⑥ 至於:東京大學史料編纂所本僅作“至”。

操場,不識與李公大操孰最盛?

據云北門内九畝地,有洋槍隊[1]一二百人,不時[2]演習。此特新學耳,諒無足觀。(陳汝欽)

請問李撫軍大操,亦係洋槍隊歟?將其編伍之法,仍貴邦之舊貫歟?

乃敝邦之舊貫也。(陳汝欽)

最好,最好。

弟固不好洋槍隊,但所取於彼者,特火術與軍艦而已。

凡用兵之術,固不可不備,而其要皆本之於心。心既聯,則術無所試其奇。西洋火術、軍艦雖美,我皇上明聖多能,拔賢豪於草莽,樹德澤於四方,天下齊心,誰敢窺伺?君所謂但取夫西洋火術[3]、軍艦等物,吾亦未始不取之,而尚未收其效忠、效義之心也。(陳汝欽)

大兄所言,此乃拔本之論,所謂地利不如人和之意。

同日(至西倉橋)

吾邦之禮,與人共食必異器。

各人一器,吾邦不然。(馬銓)

使箕子看此箸,恐傍人聞長太息之聲。

幸無玉杯。[4](馬銓)

吾邦人多喰漁而不食獸。

貴邦人胃薄。(馬銓)

胃薄而膽大。

---

① 洋槍隊:指1860年成立,以美國人華爾爲領隊,協助清政府鎮壓太平軍的外國僱傭軍。

② 不時:東京大學史料編纂所本無此二字。

③ 火術:東京大學史料編纂所本無此二字。

④ 這個問答巧用"象箸玉杯"典故。語出《韓非子·喻老第二十一》:"昔者,紂爲象箸而箕子怖。以爲象箸必不加於土鉶,必將犀玉之杯;象箸玉杯必不羹菽藿,則必旄象豹胎;旄象豹胎必不衣短褐而食於茅屋之下,則錦衣九重,廣室高臺。吾畏其卒,故怖其始。居五年,紂爲肉圃,設炮烙,登糟丘,臨酒池,紂遂以亡。故箕子見象箸以知天下之禍。故曰:'見小曰明。'"此處形容馬銓家食器高級,使用象牙筷子。

同日(至理倉橋)

觀操之約,轉[1]似後期,多罪。

觀操之處係荒野,待天涼時日奉陪一行可也。(王亘甫)

弟等解纜在近,故天熱不可厭,願大兄無食前言。

李撫軍係欽差大臣,弟當差人員,未便進營,故囑妥當友人奉陪。營内兵勇多屬粗人,恐冒瀆耳。(王亘甫)

同日(至軍營)

弟始至大操場,進退謹奉兄教。

大操場是此地,操不及時。(秦燕樓)

弟欲遍觀操地,可得乎?

好,進去看。(秦燕樓)

請問大操每日始何時、終何時?

每日辰、申[2]兩操。(侯德齋[3])

願在帳棚内待申時,謹觀大操可乎?

今天晚操,因我巡撫部院有公事免操,請閣下明辰來可也。(侯德齋)

營門内今日不進去,改日弟約友人再同閣下進内遍觀所操之地,即在轅門外,弟當奉陪也。(侯德齋)

請問每日兩次大操,約幾許人?

五百人爲一營,每日操演,一營歸,一營操。(德齋)

每日我營之操,并非撫院部所看之大操,乃是各營帶兵官教軍耳。在弟看來,亦無甚大好看。撫院大人按臨看操,方稱大觀耳。(德齋)

---

① 轉:京都大學文學部古文書室本字形似"將",且存疑。

② 辰、申:中國古時按子、丑、寅、卯、辰、巳、午、未、申、酉、戌、亥把一天分爲十二個時辰,從子時(夜半11點至凌晨1點)算起,每個時辰相等於兩小時。"辰"指上午7—9點,"申"即下午3—5點。

③ 侯德齋:"齋"字,京都大學文學部古文書室本似"齊",且存疑。

弟小少從事兵學,故一觀[1]便知了,操練之大小非弟所問也。

閣下既知兵法,改日到貴公館再爲細談一切。(德齋)

十二日(在館内)

前來敬謁領教,望毋棄厭爲感。(侯德齋)

昨匆匆分手[2],不堪遺憾。今天君犯熱見訪敝寓,弟喜可知也。請問君官位職掌如何?

鄙人侯姓,號德齋(吾邦通稱),乃北京城内人。去歲蒙前任巡撫部院薛保奏以從九品,不論雙單月[3]歸部,儘先選用,目下弟在撫院李大人標下管帶馬隊,儘先參府,亦理文案。(侯德齋)

聞大營操法專用古制,果然否?

如逢督撫閱邊,親看水路各營兵操練,陣法仍照古制。刻下營盤内兵少勇多(應募之人曰勇),故在營之營官、哨官逐日教練。弟賦性粗魯,不諳筆墨,望祈我[4]閣下明白教誨,鄙人心感難言也。請問同來有多少位數?(侯德齋)

弟等同來約五十有一名。請問當與賊戰之時,步與騎孰便孰否?

馬隊最便,但江南、蘇松等府州河港頗多,馬隊無用武之地,比步騎總連便耳。(侯德齋)

請問欽差營盤有幾營?

欽差營盤均在城外,連營三十里。(侯德齋)

請問弟獨行至操場可乎?

可。(德齋)

貴邦來中華通商,以何年爲始?(德齋)

---

① 觀:京都大學文學部古文書室本作"看"。

② 分手:京都大學文學部古文書室本、東京大學史料編纂所本皆作"辭去"。

③ 雙單月:東京大學史料編纂所本無"月"字。

④ 我:他本無此字,疑爲底本衍字。

敝邦通商貴邦者,弟詳言之。隋唐間使臣來往[①]無年無之,當時通商亦爲[②]熾盛爾[③]。後敝邦干戈相繼,通商亦從而絶矣。至前明互市亦[④]起。當明之季世,會敝邦海賊屢寇[⑤]貴邦邊界(所謂倭寇是也。此固[⑥]海賊,决非受王[⑦]命寇貴邦也),於是通商亦絶。但貴邦商賈至吾邦[⑧]長崎貿易者,今尚有之。然則弟等至貴邦者,幸無以爲異。

海賊係何國之人?(德齋)

所謂倭寇者,當時我邊島有野島、久留島、因島(皆賊姓[⑨])等數賊,聚群不逞[⑩],割據海島。上不從[⑪]王命,下與諸侯構怨,其勢頗猖獗,遂發舟師寇貴邦(事詳於《明史》),至明季其禍不已,大爲貴邦患。其實不過蠢爾海賊所爲而已。

通。(德齋)

敢請吾兄散步閑[⑫]游,同携筆硯,茶社少叙,未知可否?(德齋)

今天弟不得出館門,願君待[⑬]自吳淞歸滬之日[⑭],携手逍遥,時過茶社,大論時事,是固弟所願也。

兩人相對,筆端有舌,以言語不通不復爲憂也。

妙。(德齋)

---

① 隋唐使臣來往:京都大學文學部古文書室本作"昔隋唐間敝邦使臣之來往",東京大學史料編纂所本作"隋唐間敝邦使臣之來往",似皆優於底本。
② 爲:他本皆作"以爲"。
③ 爾:此字底本及京都大學文學部古文書室本似"再"近"爾",東京大學史料編纂所本作"尔"。
④ 亦:他本皆作"又"。
⑤ 寇:此字東京大學史料編纂所本皆誤爲"冠",下文不一一出注。
⑥ 固:京都大學文學部古文書室本後有"係"字,作"固係"。
⑦ 王:京都大學文學部古文書室本前有"吾"字,作"吾王"。
⑧ 吾邦:"邦",他本皆無此字;"吾",京都大學文學部古文書室本作"我"。
⑨ 皆賊姓:東京大學史料編纂所本作"皆賊將姓",京都大學文學部古文書室本作"皆島名,賊將因以爲姓"。
⑩ 聚群不逞:他本皆爲"嘯聚群不逞",前面多"嘯"字。
⑪ 從:他本皆作"服"。
⑫ 閑:東京大學史料編纂所本誤作"間",兩字形近易混。
⑬ 君待:他本均作"待君",語序更順。
⑭ 之日:他本均無此二字。

十三日(在館内)

城裏有課[1]善堂、福音會堂者,窺其户,衆人相會,内有西人,似説法教者。不識此亦耶穌堂之類歟?

然。(張雲)

余以爲中西言語不通,縱令愚民入其教,恐難會法意。但愚民先學西語,而後入其教歟?

西人學中語,穿中衣。(張雲)

同日(至新北門)

聞官軍之被創者約四名,入病院就療,大兄知之否?

前賊到虹橋,撫軍親統大軍,先鋒張山樵帶領二百餘人破賊十萬之衆,我兵受傷不過十人,就醫四人皆在其列。(劉文匯)

官軍先鋒僅二百餘人,破賊軍十萬者,蓋廟算有餘[2]之所致也。雖孫、吴、諸葛[3],何以過之?請問撫軍公尊姓大號如何?

撫軍姓李,名鴻章,向在安徽省隨曾帥統兵,賊聞風而逃。現在安徽全省肅清,皆曾、李二公之力也。(劉文匯)

十五日(早至李撫軍大營)

余是東洋一布衣,欲窺大操之美,早起特來上大營。

今天望日,拜上司,故不操。(兵士)

除朔望兩日[4]不操,餘皆操演,請觀可也。(兵士)

---

① 課善堂:底本"課"字形似"謀",據他本定。

② 廟算:事先謀劃、戰略籌備。《孫子·始計第二》云:"夫未戰而廟算勝者,得算多也;未戰而廟算不勝者,得算少也。多算勝,少算不勝,而况於無算乎!"

③ 孫、吴、諸葛:中國歷史上三位傑出的軍事理論家,"孫"指春秋時期的孫武,著有《孫子》;"吴"指戰國初期的吴起,著有《吴子》;"諸葛"即三國時期的諸葛亮,《隆中對》《出師表》等反映他的軍事思想。

④ 朔望兩日:農曆每月初一叫朔日;農曆每月十五日叫望日。

朔望兩日免大操者是了,被許觀操者謝謝。

營中壯士侯德齋,二三天前見訪敝寓,諸君知此人否?

所云侯德齋,聞其名而未見其人。(兵士)

敝邦曾中堂,用兵遠祖孫、吴,近法戚子,敝營均曾中堂帥[①]所派,故以訓練爲要。(張振軒)

貴邦兵書係何標目? 與孫、吴、俞、戚亦大略相同否?(張振軒)

大操以訓練爲要者固當,然敝邦兵籍并操法亦與貴邦略相同。請問閣下尊姓大號如何?

敝姓張,號振軒,安徽廬州府人,現帶樹字營淮勇。(張振軒[②])

同日(至理倉橋)

尊作數首,爲賜既大矣,更蒙賜玉帖[③],弟不知所答[④]。且言兵燹之餘屬殘闕,弟固兵家者末流,今此玉帖[⑤]罹[⑥]兵燹,萬危幸免者,是弟所以最愛賞不已也。加之蒙賜侯將軍尊寫,豈可勝喜哉! 請問侯將軍係君婚姻人[⑦]歟?

侯公係弟之岳丈也。(王亘甫)

三四天間,弟復至尊居告别,且以謝辱知之恩。但惡紙上尊寫,待其日弟上堂而賜之可也,何必用見送下敝寓哉?

奉請大駕至花廳[⑧]少坐可乎?(王亘甫)

可。

---

① 曾中堂帥: 東京大學史料編纂所本、京都大學文學部古文書室本僅作"曾帥",無"中堂"二字。

② 張振軒: 諸本皆闕,據意補。

③ 玉帖: 多古代金石碑帖、名人字畫摹本之類,此處指後文所言"藍本帖",即王亘甫高祖母手筆《節孝圖記》。

④ 所答: 東京大學史料編纂所本、京都大學文學部古文書室本均作"所謝"。

⑤ 玉帖: 底本顛倒爲"帖玉",此從他本。

⑥ 罹: 底本及京都大學文學部古文書室本作"羅",據東京大學史料編纂所本改,二字形近,抄手易誤。

⑦ 婚姻人: 底本闕"人"字,上下文義不通,故據他本補。

⑧ 花廳: 特指居室入户玄關處,一個收納自然的全功能開放空間,可稱爲客廳、餐廳之外的第三個廳。

尊居堂宇廣大,結構宏麗,誠以爲耐驚[1],蓋大官高爵之居宜如斯。

弟上祖以節孝起家,故敢造此屋,亦照例也。所送藍本帖,即弟之高祖母《節孝圖記》。(王亘甫)

君是係節孝之適裔宜矣。一言之下,節孝足以感人也。

庭上之卉木亦皆珎[2]奇。

弟嘗聞之,貴邦櫻花不如[3]桃李鮮娟,果然否?

然者。(亘甫)

請問貴國花菓樹[4]誰爲勝?中原無有者。(亘甫)

敝邦卉木,以櫻花爲最勝,桃李次之。

弟在敝邦,承平無事,有時爲圍棋戲。今君生長於干戈倥偬間,或無以暇及之,試問君能圍棋否[5]?

圍棋之道,中原亦行。嘉興郡之陳姓名子仙者[6],爲江浙國手,現今不知所住。弟不諳斯理,倘大兄意欲戲此,須約定日子,弟去邀能者來可也。(亘甫)

何必邀能者之爲哉?但弟以十九天將訪尊居,其日會有譜棋者在高堂,則弟試戲一局亦可。

現在上海之能,亦通融之巧手,准照所約,絶不失信。(亘甫)

請問貴國可有能彈琴者,其次琵琶者?(亘甫)

巧者則無,拙者則有[7]。

此謙語也。(亘甫)

---

① 耐驚:此爲日語漢字詞,日語中"耐"與"堪"同訓,意思是能夠、足以。

② 珎:諸本皆同,同"珍",日本多用之。

③ 不如:東京大學史料編纂所本脱"如"字。

④ 花菓樹:他本"菓"作"果",兩字雖多互通,但"菓"特指草本植物,故存之。

⑤ 君能圍棋否:東京大學史料編纂所本作"君能爲戲否",京都大學文學部古文書室本作"君能爲此戲否"。

⑥ 陳子仙(約 1821—約 1870):清浙江海寧人,名毓性。與周小松爲晚清兩大圍棋國手。8 歲成名,及長與諸高手角逐,除周小松外,餘皆難匹敵。著有《寶忠堂棋譜》,未見刊行。坊間印本有專集《子仙百局》《陳方七局》,另有《範西屏四子譜注》刻於《海昌二妙集》内。

⑦ 巧者則無,拙者則有:東京大學史料編纂所本、京都大學文學部古文書室本"則"皆作"并"。

舍親侯公係武將，世傳深諳《登壇必究》[①]兵書。奈大兄榮行已迫不暢談，是書大兄可見過否？（亘甫）

願謹閲之。

《登壇必究》一書，弟當檢出，俟[②]兄十九日來閲評之。（亘甫）

弟亦帶有敝邦兵書一部，回帆之期若小緩，則願以其書污侯將軍[③]電眸，蒙賜大評高批。但回帆之遲速，并待[④]十九天而明告之。

同日（至西門駐防）

逐日[⑤]天熱難堪，請問尊恙全愈否？

弟不幸眼恙尚未全愈，祗因供差不能養息故也。侯君受暑腹痛，在内房調治，其各位均幸托庇。閣下數日不晤，可好否？諸同鄉來前，水土合否？聞有一二卧床，果然歟？（陳汝欽）

承陳君眼恙未全愈，侯君感暑卧病，弟不堪驚愕[⑥]之至。且承問弟等同來之人一二卧床，誠如大兄言，不惟一兩在病床，同寓五十一名，死者既三人，其他或受暑，或感風疾[⑦]，不就醫[⑧]受療者僅數人而已。弟頑强[⑨]，幸不至服藥，自以爲天賜[⑩]。兩君既有尊恙，或未能取玉筆，然弟回帆近在八九天之間[⑪]，願兩君强取大筆[⑫]，使弟得衣錦之資，是弟所[⑬]深望於兩君也。

---

① 《登壇必究》：明末重要軍事著作，在宋明之際三部大型兵書中，上接《武經總要》，下有《武備志》，居於承先啓後的地位。該書成於萬曆年間，補充了宋、元及明中葉的大量新資料，對於研究中國軍事史和明史均有較高的史料價值。

② 俟：東京大學史料編纂所本作“候”。

③ 侯將軍：東京大學史料編纂所本作“將軍侯公”。

④ 并待：京都大學文學部古文書室本作“并宜待”，多“宜”字。

⑤ 逐日：京都大學文學部古文書室本“逐”作“連”，

⑥ 驚愕：京都大學文學部古文書室本“愕”改作“嘆”。

⑦ 風疾：他本無“疾”字。

⑧ 不就醫：他本前有“其”字。

⑨ 頑强：他本“强”作“健”。

⑩ 自以爲天賜：他本皆爲“自喜以爲有神助”。

⑪ 之間：他本均無“之”字。

⑫ 强取大筆：他本均作“强揮大毫”。

⑬ 所：他本皆作“所以”。

大兄勿藥有喜，君幸，予亦幸也。且云"不至服藥"，想亦曾染微恙，以後尚望珍重千萬。同寓者五十一位，[①]三位冥游，曷勝痛悵！惟三位或俱是貴邦之職禄者[②]，抑携帶至此伺候大兄者？又云"其餘不就醫而瘵只數人"，則卧病者四十餘人矣。敢問俱不至大損否？且問源君春風[③]如何？前所委作之記，弟本無才，刻已乘病完篇，恐不值大方字一哂。《兵要録》雖已讀過，其兵法等條，非止爲用兵計，實足爲爲[④]官者教民之一助。惜弟無才，不敢妄行擬評，惟間有贊處，尚望大兄裁正是《録》。弟本欲轉抄數本，以爲將來學習，奈現在不得偷間克成此舉，悵悵。源君委作之《記》，刻已成半篇，尚未了局。因大兄不敢不奉陪故也，所作之記皆是草稿。前承君惠賜紙物等項，因侯君貪愛甚，爲侯君收拾去了。明日弟衹可將本國紙書就以奉。侯君即卧病，恐亦不能[⑤]遵令，弟揣作先呈草稿覽政。（陳汝欽）

故者皆係僕隸，大兄幸不以爲念焉。源春風亦頑健，所奉囑楠木書屋[⑥]及拙號記，玉稿并半成，弟等不堪歡喜之至也。《兵要録》亦既經高評大批，謝謝。三四天間弟必至[⑦]大防告別，曩所奉囑高文、佳批、尊寫等物，待弟上防之日蒙賜之可也。

聞道光鴉片役，滬城殆致陷没。今看之，城壁樓櫓無一毁損者，敢問當時英兵所打放火器，未至掠城樓歟？伏請教。

鴉片役時弟年猶少，且離此地約有千里，所以不得其詳。據云夷人如竊賊一般，夜間挖城而進，是以墻壁俱未損壞，不數日即退出城外也。（汝欽）

---

① 三位：他本前有"内"字。

② 職禄者：他本前多"有"字，作"有職禄者"。

③ 源君春風：即高杉晋作，他乘"千歲丸"抵達上海後，在與陳汝欽筆談時自我介紹："弟姓源，名春風，通稱高杉晋作，讀書好武，常欽慕貴邦奇士王守仁之爲人。"（《游清五録》）

④ 爲爲：東京大學史料編纂所本少一"爲"字。

⑤ 不能：東京大學史料編纂所本誤作"不明"。

⑥ 亦頑健，所奉囑楠木書屋：此十字底本脱，兹據東京大學史料編纂所本、京都大學文學部古文書室本補入。

⑦ 必至：他本中間有"將"字，作"必將至"。

十六日(在館内)

請問李撫軍先鋒張山樵破長匪於虹橋者,此係何日子,虹橋此去約幾里?

此事是確信,係七八天前事。虹橋離此二十餘里。(脱名氏)[①]

兄既係避難之人,或親看長毛擄掠之形勢,知其猖獗之情由,願聞其略。

長毛賊首洪秀全,乃廣西山蠻,習天主教起事。由於官拿教匪搶劫等案,由廣西而江南、浙江,蔓延數千里,日以殺人奸淫爲事。國家雖有矛伐之師,一時難以蕩平,不久自滅。何也?賊之多行不義必自斃。國家深仁厚澤,民心堅固,如此亂離,民未涣散,故知賊之不久自滅。(胡興裔)

前日虹橋役,賊將爲誰?

江南寇推僞忠王[②]爲首。(胡興裔)

賊軍既敗,僞忠王退保何處?

聞援金陵去。(胡興裔)

十七日(至李撫軍操場)

刻下所操陣名爲何?

今日敝陣名爲八卦之陣,二次名爲雙龍出水之陣。(兵士)

雙龍出水之陣,奔而集者,或爲敗走之形歟?將追敵之勢歟?其奔時衆皆叫者,以字寫其聲爲何字?

出水之陣分爲左右,以爲遇打之勢。奔者進也,叫者打也。(兵士)

無事學習,如見賊,以照如此進[③]打耳。(兵士)

操練之法宜然。

① 脱名氏:東京大學史料編纂所本作"胡興裔",京都大學文學部古文書室本"胡"誤作"明"。

② 忠王:指李秀成(1823—1864),初名李以文,漢族,出生於廣西藤縣大黎里新旺村,太平天國後期著名將領。天京變亂後,他與陳玉成、李世賢等力撑危局,取得一系列軍事上的勝利,中興太平天國。天王洪秀全封其爲忠王。

③ 東京大學史料編纂所本無"進"字。

十九日(至新北門)

請問李撫軍所隸長官爲何?次之者又如何?

副將爲長,次之參將。(裘綬)

請問貴邦之制,臨戰[①]雖輕卒,亦必著戎衣乎?

臨戰時官長穿戰衣,至兵丁皆穿某營號衣也。(裘綬)

同日(至西門)

分袂之期在今天,會晤領教者,不爲不多。刻下一别,後會難期,秦胡之恨[②],豈有絶期哉!請問侯君之病既愈未?

弟領大兄之教多矣。弟資質愚魯,尚以不能常侍左右爲恨。承台諭,以分袂之期既在今天,曷禁腸如刀割,心如劍穿。請問閣下飲食歡喜若何?明日當至寶館邀君,并邀源君至洋涇浜酒館中一叙,未識可光臨否?侯君染疾未痊愈,辱承顧問,謝謝。聞大兄與吾邦嚴伯雅最稱莫逆,果然歟[③]?弟有同寅[④]頗能作文,亦與弟之塗鴉無異。願作尊書室序一篇,昨日送此呈政。(陳汝欽)

弟謹閲賢友賡君高文,一讀使懦生立志,真爲弟藥石,願大兄代弟轉謝是祈。承侯君之疾未全愈[⑤],弟欲上病床以告别,可乎?承高問,伯雅嚴君,弟辱一面之知[⑥],前日得看[⑦]其所著詩集。請問[⑧]大兄知[⑨]伯雅否?

---

① 臨戰:京都大學文學部古文書室本後有"時"字。

② 秦胡之恨:一般以"秦胡""参辰"比喻離别後天各一方、勢難重會的悲切心情。近年來學界對"秦胡"二字多有考釋。秦和胡是一種概略的稱謂,秦即秦人或漢人,胡指胡人,即漢族以外的諸民族。對内而言,指漢族與胡族;對外,猶今言中國、外國。

③ 歟:底本及東京大學史料編纂所本作"與",此據京都大學文學部古文書室本改。

④ 同寅:同僚。

⑤ 愈:東京大學史料編纂所本作"癒"。

⑥ 弟辱一面之知:東京大學史料編纂所本作"弟一面之知",京都大學文學部古文書室本作"乃弟一面之辱知"。

⑦ 看:京都大學文學部古文書室本作"閲"。

⑧ 請問:京都大學文學部古文書室本、東京大學史料編纂所本無此二字。

⑨ 知:京都大學文學部古文書室本、東京大學史料編纂所本作"亦知"。

弟回帆之期既迫矣，塵事鞅掌[①]，奔命之疲。明日大兄被枉鶴駕者，弟謹辭焉，大兄無以弟等爲念。

敝友與弟等所作，俱是狗尾續貂之誚，何敢當過譽。侯君公館離此地二里許，不敢當駕，弟當代爲傳命。嚴伯雅弟所認識，是吾地各城總巡，其筆墨諒堪爲大兄所許可。（陳汝欽）

弟久擬請君小酌，因日無暇晷[②]，是以耽擱至今。既不可屈駕光臨，請問後會當在何時？（陳汝欽）

萬里之別，域外之交，後會豈可期哉！但弟馬齡[③]雖加，游意尚未全灰。且通商貿易事蓋成矣，或三四年之間再會領教是祈而已。

請問軍營内所用帳棚者，乃貴邦古來所有物歟？將仿效西洋之制歟？

乃始於本朝也。（汝欽）

英法軍營亦有此物，不識彼仿貴邦以作之歟？

其名同，其式不同。弟至此未久，不得其詳，諒必仿我邦而作。（汝欽）

同日（至理倉橋）

弟欲以午牌[④]至尊居，會迷失路，始得上高堂，但以今天爲分袂之期。數日[⑤]會晤請教，得益者不少，今天一別，胡越不啻[⑥]也。後會難預期，離恨豈可已哉！

前承訂約所有棋友、琴友，今晨均到過已去，弟現差人去復召矣。（王亘甫）

---

① 鞅掌：底本寫作“鞅集”，據他本徑改。鞅掌，繁忙狀。典出《詩·小雅·北山》：“或棲遲偃仰，或王事鞅掌。”毛傳：“鞅掌，失容也。”鄭玄箋：“鞅猶何也，掌謂捧之也。負何捧持以趨走，言促遽也。”孔穎達疏：“《傳》以鞅掌爲煩勞之狀，故云失容。言事煩鞅掌然，不暇爲容儀也，今俗語以職煩爲鞅掌，其言出於此傳也。故鄭以鞅掌爲事煩之實，故言鞅猶荷也。”

② 日無暇晷：指没有空閑之意。

③ 馬齡：馬的牙齒隨年齡而添換，看馬齒可知馬的年齡。古人常以馬齒爲謙詞，借指自己的年齡。

④ 午牌：揭報正午的時牌，借指正午。《三國演義》第十二回：“是日午牌，城門開處，兩員將引軍出戰：前軍侯成，後軍高順。”

⑤ 數日：東京大學史料編纂所本、京都大學文學部古文書室本作“數旬”。

⑥ 胡越不啻：胡在北，越在南，比喻疏遠隔絶。

大兄戲談棋，棋友已到，姓汪。（王亘甫）

弟圍棋亦拙，彈琴亦特不過愛無弦琴①（陶潛有②此言）而已。然佳客既滿高堂，弟敢試下一子，聞一曲③。但刻下在坐，武則侯將軍④，文則⑤大兄與叔彝君，加之琴棋書畫之客皆會，大兄待弟之厚，何以加焉！謝謝。

前日所訂約敝邦兵書一部，敢污電覽，願得大批高評，以爲兵家秘訣。弟等⑥乘舟在念⑦二天，今此兵書⑧至念一日，使人送下敝寓，幸甚。

貴國兵書，素稱精妙，豈敢罔批？幸蒙賜覽，以廣識見，准於廿一日奉還。（亘甫）

《兵要録》大約據《武備志》《紀效新書》《練兵實記》等而作之，故襲其語者甚多。且此書既上梓⑨，弟所齎⑩字迹最拙，推讀亮察⑪。

請求賜教棋子。（亘甫）

弟甚拙技⑫，何敢當白子哉。

白子敬客，大兄是客，毋謙讓。（汪）

老先生是國手，非弟等所及也。弟所下棋子皆有纍卵之危，此局勝負既决矣，改局更領教⑬。

大兄如要聽琵琶，亦現成。（亘甫）

願在下風聞妙手一曲。

---

① 無弦琴：南朝梁蕭統《陶靖節傳》："淵明不解音律，而蓄無弦琴一張，每酒適，輒撫弄以寄其意。"陶淵明不解音律，却放置了一張無弦的不加裝飾的琴，每逢飲酒聚會，便撫弄一番來表達其中情趣。後用以爲典，有閑適歸隱之意。

② 有：京都大學文學部古文書室本、東京大學史料編纂所本作"曾有"。

③ 此句京都大學文學部古文書室本塗改爲"弟先敢試戲棋，後下一子，聞彈琴一曲"。

④ 侯將軍：東京大學史料編纂所本記爲"將軍侯公"，京都大學文學部古文書室本作"有侯將軍侯公"。

⑤ 文則：京都大學文學部古文書室本後多"有"字。

⑥ 弟等：他本前有"但"字，語氣更順。

⑦ 念：通"廿"，諸本皆同。

⑧ 兵書：東京大學史料編纂所本脱"兵"字。

⑨ 上梓：古時以木板印刷，將文字刻於木板上，謂之上梓。

⑩ 京都大學文學部古文書室本在"齎"旁注"係寫本"。

⑪ 推讀亮察：京都大學文學部古文書室本前有"大兄"二字。

⑫ 弟甚拙技：京都大學文學部古文書室本作"弟技極拙"。

⑬ 改局更領教：京都大學文學部古文書室本、東京大學史料編纂所本句前有"請"字。

幾友所書,係弟之友人。(叔彝)

弟在此相逢,殊①爲欣悦,聊送拙詩呈正。(叔彝)

弟不會作詩,有時漫吟,只取適意耳,故失律者多矣。請試録一兩首,以寓留别之意。

廿三日(至理倉橋)

弟回帆之期小緩,三秋之情②不能已,是以再奉訪尊居。

榮行在何日?(王亘甫)

或在念七八天,亦未可必。

前日弟至李撫軍操場,所賜看者八卦陣、雙龍出水之陣是也。請問每晨所操陣名約幾許?

李撫軍所操陣法,亦照從前古法。但中原承平日久,兵額減數。而長毛起事,各路調來尚不足禦,故③而募招鄉民以凑數。現在撫軍所帶者,則勇多而兵少,總之全仗火炮則庶幾乎。(王亘甫)

聞咸豐中,中西和議一破,西兵衝天津,於此帝京戒嚴④。敢問所以和議破者,因何事?

西虜至天津,欲求大皇帝許以通商事則可,後又有設立天主堂請,故僧王奏以兵禦⑤。然僧帥固守,斷然難進。其中有不可明言,竟至直抵御花

---

① 殊:東京大學史料編纂所本脱此字。

② 三秋之情:取"一日之别,如隔三秋"之意,語出《詩經・采葛》:"彼采葛兮,一日不見,如三月兮!彼采蕭兮,一日不見,如三秋兮!彼采艾兮!一日不見,如三歲兮!"

③ 東京大學史料編纂所本少"故"字。

④ 名倉予何人所問爲第二次鴉片戰争(1856—1860)。1856—1860 年,英、法在俄、美支持下,趁太平天國運動之際,以亞羅號事件及馬神甫事件爲藉口,聯手發動侵華戰争。1860 年英法聯軍攻入北京,强迫清政府簽訂城下之盟《北京條約》,宣告戰争結束。因此戰可看作是第一次鴉片戰争的延續,所以也稱"第二次鴉片戰争"。

⑤ 僧王奏以兵禦:"僧王"指僧格林沁。第二次鴉片戰争爆發,大沽淪陷、天津危急之際,咸豐八年(1858)臨危受命爲督辦軍務的欽差大臣,在朝廷一片撫議聲中挺身而出主戰,他上疏的《奏爲華夷通好敗害無窮事》義正詞嚴、激昂大義:"至於勝敗,兵家常事,勝不足以喜,敗不足以懼。人心非不可奮興,天命非不可挽回也。何至以堂堂上國,俯首乞和於外夷哉?"

園[1](是園遠城四十里),於是恭王[2]主議和者。(亘甫)

請問記咸豐役顛末書有否?

此書尚未須出。(亘甫)

敝邦古有弩,今無此物。尊家若藏弩,請蒙賜一看。

弟家向有數十張,亦因上地遭變,皆失。弟有一友,善造此物,現住松江,何如大兄行期已迫,不然弟盡可奉送幾張。(亘甫)

尊友家在松江,又屬無力。

此龜可以制蛇,非常龜也。(亘甫)

弟向以爲鱉也。此龜名何?

名挾蛇,弟畜多年矣。此處竟無蛇見,則可驗[3]耳。(亘甫)

據《武備志》[4],貴邦有三十六諸侯[5],今尚然歟?(亘甫)

所謂三十六諸侯,蓋係四五百年前事。今則不然,諸侯二百六十一[6],其最大者如貴邦周季列國,雖小者實封不下萬户侯也[7]。

弟采訪諸書所載,貴國尚古禮而遵古風。弟之問大兄者,欲增入筆記。(亘甫)

申甫君所謂"克復金陵"之説,確否[8]?

金陵之説,係曾撫軍軍營探報,有即日得手云。(亘甫、申甫并答)

---

① 御花園:指圓明園。1860年英法聯軍攻入北京後,肆意掠奪圓明園珍寶,并縱火將之焚毁。

② 恭王:即恭親王,原名愛新覺羅·奕訢(1833—1898),號樂道堂主人,道光皇帝第六子,清末洋務運動主要領導者,道光帝遺詔封"恭親王"。第二次鴉片戰争中,奕訢作爲全權欽差大臣負責與英、法、俄談判,簽訂了《北京條約》。

③ 驗:諸本皆作異體字"騐"。

④《武備志》:東京大學史料編纂所本、京都大學文學部古文書室本作"《武備志》《日本紀略》",然京都大學文學部古文書室本有劃去《武備志》痕迹。《日本紀略》是日本平安時代編纂的編年體漢文史書,共34卷,編者不詳。

⑤ 諸侯:京都大學文學部古文書室本、東京大學史料編纂所本後有"者"字。

⑥ 諸侯二百六十一:東京大學史料編纂所本作"約二百六十一諸侯",京都大學文學部古文書室本則爲"約有二百六十餘諸侯"。

⑦ 實封不下萬户侯:京都大學文學部古文書室本、東京大學史料編纂所本作"不下實封萬户","實封"與"不下"顛倒,且均無"侯"字。

⑧ 確否:京都大學文學部古文書室本、東京大學史料編纂所本二字間有"乎"字,作"確乎否"。

金陵是長匪巢窟，巢窟已覆矣，狐狸無所之[1]，爲諸君奉賀焉。

長毛之巢穴迭次收復，何如西戎之占地，已不可問，將來上海之地非我輩所居矣。（亘甫）

弟亦以爲或然。然李、曾[2]二公已能覆毛匪巢穴，破竹之勢，斷然仿效陳[3]化成、林則徐兩大人所爲，或事半功倍[4]，亦未可知也[5]。

西虜仗大炮取勝。（王亘甫）

承申甫君從戎行者已六載，請問臨戰地布陣以平生操法爲規乎？

舍弟曾隨從張提軍、王撫軍辦理糧餉事，領兵督戰亦不深悉。（亘甫）

癸丑之亂[6]，吉撫軍[7]仿本朝開國大將軍施浪[8]所起，名曰"老盾陣"，兵著黄衣，似虎形狀，皆用跳法，手持大藤牌、挑刀，領隊督陣在後，即百十之頭目，亦著虎衣臨敵，尚稱可以。至於隊伍等規模，一如常例。虎陣宜用於山，其次陸路。此軍爲吉公帶去矣。現在李公所操者，大兄到過營中，可明悉矣。大凡各取所好，并無一定道理矣。（亘甫）

說得明了，所教是領[9]，謝謝。

廿四日（在館内）

請問咸豐中，中西和議始破年，係何甲子？

---

① 狐狸無所之：東京大學史料編纂所本、京都大學文學部古文書室本"之"作"托"。

② 曾：即曾國藩，底本誤作"曹"，據他本改。

③ 底本"陳"誤作"陣"，據他本改。

④ 事半功倍：京都大學文學部古文書室本作"事半功必倍"，多一"必"字。

⑤ 亦未可知也：京都大學文學部古文書室本作塗改爲"大兄以爲如何"。

⑥ 癸丑之亂：咸豐三年(1853)小刀會首領劉麗川在上海率衆起義，接連攻剋寶山、南匯、川沙、青浦四縣，占領上海後成立了小刀會政權，1855 年在清軍與西方列强勾結圍攻下失敗。小刀會起事之年干支當"癸丑"，故清政府稱之爲"癸丑之亂"。

⑦ 吉撫軍：吉爾杭阿(？—1856)，字雨山，奇特拉氏，八旗鑲黄旗人。初由工部主事遷郎中，以道員赴江蘇候補，曾署理按察使。1856 年與太平軍作戰時中炮身亡。

⑧ 施琅(1621—1696)：字尊侯，號琢公，福建省泉州府晋江縣(今晋江市龍湖鎮衙口村)人，祖籍河南固始，明末清初軍事家，清朝初期重要將領。施琅早年是鄭芝龍的部將，順治三年(1646)隨鄭芝龍降清，1863 年指揮清軍水師收復臺灣。按：諸本均將"琅"誤作"浪"。

⑨ 是領：東京大學史料編纂所本、京都大學文學部古文書室本同作"謹領"。

丁巳[①]。（張雲）

和議復成年，係何甲子？

辛酉[②]。（張雲）

同日（至新北門）

前明良將南塘戚公[③]教士卒以拳法，其術今尚盛行於世歟？

拳棒并我國所習者頗多。（劉文匯）

廿八日（至理倉橋）

弟好吃烟，故每上高堂，被設紙啐[④]。此物持火不久矣，不如置小罐盛炭火之爲便也。

吃烟用火紙，何非敬客之意。居常自用，則以炭火耳。（王亘甫）

竊聞方今聖天子[⑤]龍壽未高，敢問若干歲？

昨有同官友自京來，述新主朝視[⑥]甚恭肅，現年七齡。（亘甫）

弟欲問者係貴邦所忌，然不問[⑦]則終不能悉焉。敢請[⑧]先帝[⑨]狩於韃靼，遂崩於行在所，所崩處名何[⑩]？

所問李君者，弟亦於咸豐元年入覲，今時情形未悉。并問宣宗皇帝崩於熱河之地。（亘甫代侯公語）

---

① 丁巳：指1857年英法聯軍攻佔廣州，時值干支紀年“丁巳”。

② 辛酉：指1860年《北京條約》《天津條約》簽訂之事，干支應爲“庚申”。

③ 南塘戚公：指戚繼光，號南塘。

④ 紙啐：底本及東京大學史料編纂所本頭注：“紙啐，一名煤紙。”唯京都大學文學部古文書室本在“紙啐”後雙行小注“一名煤紙”，似更接近原貌。

⑤ 方今聖天子：指同治帝。清穆宗愛新覺羅·載淳（1856—1875），清朝第十位皇帝。在位期間（1861—1875），鎮壓了太平天國及捻軍起義，平定陝西、甘肅的回變，同時興辦洋務新政，史稱“同治中興”。

⑥ 朝視：餘本皆作“視朝”。

⑦ 問：餘本皆作“請”。

⑧ 請：餘本均作“問”。

⑨ 先帝：從下條“宣宗皇帝崩於熱河之地”看，當指道光皇帝，然駕崩於熱河的是咸豐皇帝。

⑩ 所崩處名何：京都大學文學部古文書室本作同底本，東京大學史料編纂所本作“崩處名如何”。

請問熱河距京師約幾里程?

是遠都二百餘里。(亘甫)

敢問貴邦地理圖,以誰所著爲最密?

承下問,地理全圖,弟管中窺物,渉見淺聞,未敢輕談。(亘甫)

弟有幾友向住舍下,俱翰林學士,緣今年大比之歲[①],皆入都。不然大兄此來,可以談詩論文矣。今年新科狀元,貴邦得悉否?(亘甫)

弟未聞。

古昔狀元登科[②]者,有題慈恩寺塔[③]等例,今尚然否[④]?

今時尚有。(亘甫)

聞孔夫子之後,世襲衍聖公[⑤],請問名字[⑥]今如何?

名列縉紳録[⑦],天下通知其號。弟雖到山東,尚未到曲阜地,故未曉。(亘甫)

孔憲臻[⑧],至聖裔[⑨]。(閱《縉紳全書》[⑩]知之)請問大兄行期。(亘甫)

以明月初一定爲上舟之期。

大兄作詩頗佳。弟曾閲唐詩中見有貴邦人物,始信非惑者。未識詩以外,其填詞可行乎?(亘甫)

---

① 大比之歲:科舉考試,每逢丑、辰、未、戌年的二月舉行會試,稱"春闈",這些年頭稱爲"大比之年"。

② 登科:京都大學文學部古文書室本作"登科第",多一"第"字。

③ 慈恩寺塔:慈恩寺係唐三藏玄奘所建,在今陝西西安,中有大雁塔聞名於世。唐朝新中進士,均在大雁塔内題名,故以"雁塔題名"代稱進士及第。按:京都大學文學部古文書室本後有"等"字。

④ 否:京都大學文學部古文書室本删改爲"歟"。

⑤ 衍聖公:爲孔子嫡長子孫的世襲封號,始於 1055 年,歷經宋、金、元、明、清,直至 1935 年國民政府改封衍聖公孔德成爲"大成至聖先師奉祀官"爲止。

⑥ 名字:東京大學史料編纂所本、京都大學文學部古文書室本作"名號"。

⑦ 縉紳録:舊時官修或坊間刊行的全國職官名録,種類繁多,清華大學圖書館科技史暨古文獻研究所匯編成《清代縉紳録集成》(大象出版社,2008 年)。

⑧ 孔憲臻:諸本皆同,然此時的孔子後代是七十二代孔憲彝(1808—1863)。陳玉堂《中國近現代人物名號大辭典》(浙江古籍出版社,2005)載:"山東曲阜人(自署闕里)。字叙仲,號繡山,一號繡珊,又號韓齋,室名對岳樓等。道光十七年(1837)舉人。官内閣中書。工詩、畫及篆刻。著有《對岳樓詩録》。"

⑨ 至聖裔:聖人的後代。常專指孔子的子孫。

⑩《縉紳全書》:清朝官修多種縉紳録,稱爲《大清縉紳全書》,由榮禄堂、奎文閣、同陞閣、寶名堂、世錦堂、本立堂、本書坊、榮陞堂、榮晋齋、榮晋齋等書肆刊刻發售,流播甚廣。

敝邦儒家者流,皆能作詩做文,只弟結髮[①]繼箕裘[②]爲兵家者,故未嘗做詩作文。會乘興漫作,每違律失音,誠不免爲巴調[③]也。敝邦别有和歌者,其詞皆係俗語,故雖告之大兄,亦無益耳。在昔敝邦人安倍仲麻吕至貴邦留學者有年於兹,當時[④]受唐朝爵秩,爲秘書。歸[⑤],當世文人名士有送别作(往往見於唐詩中)。安倍亦賦和歌,以寓留别之意云,是可以驗也。

《明史·日本傳》,傳誤者不鮮矣。尊家若藏《明史》,弟取書一一辨之如何?

《明史》一書,中原大户家家有者。弟有兩部,俱爲兵燹所毁,惜[⑥]不全。大兄如要看,弟取出可也。(亘甫)

不必要看。

大兄此去,再至敝邦,諒難預定。然兄既是武弁,而風雅不讓中原武職,誠爲可敬。大兄在貴邦住居之所可否略説一二,抑或他日弟至貴邦時,便於訪問耳。(亘甫)

敝邦有禁,不許通信[⑦]於殊域。然君若至敝邦,則會晤或不妨。

服官[⑧]而至貴邦者亦頗難,或得巡洋之役,駕輪而東,則能如願。弟今冬欲入都矣。(亘甫)

大兄若入都,位必登槐棘[⑨]。

近來外任碌碌,能者甚多。弟意欲請就京職之舉,非敢望升遷,則自問才不足當耳。(亘甫)

---

① 結髮:指初成年時,古代男子自成年開始結髮。
② 繼箕裘:指繼承父業。
③ 巴調:附和音調。
④ 當時:京都大學文學部古文書室本、東京大學史料編纂所本後有"安倍"二字。
⑤ 歸:京都大學文學部古文書室本作"臨歸",當是。
⑥ 惜不全:東京大學史料編纂所本無"惜"字。
⑦ 通信:此是日本漢字詞,意思是互通信義,特指涉外交流,江户時代朝鮮派往日本的使節團稱"朝鮮通信使",即此義。
⑧ 服官:指爲官、做官。
⑨ 槐棘:指三公九卿之位。周代朝廷種三槐、九棘,公卿大夫分坐其下,以定三公九卿之位。後以"三槐九棘"爲三公九卿之代稱。

謙辭。

古有[①]跪座蹲踞等之[②]座法,今皆廢歟[③]?

敝地用枱櫈坐,是新法。貴處席地,是古法。(王仁伯)

請問加冠之禮[④],今亦以二十歟?

亦廢矣。二十歲左右成親是也。(王仁伯)

古女子年十五必有笄禮[⑤],今如何?

照舊有之。(仁伯)

據《桃夭》[⑥]《摽有梅》[⑦]詩及《周禮》[⑧]等,以二月定爲婚嫁之時,此禮今猶然歟?

敝地姻親必要算命,將男女八字合算。如有軟硬不均,則不對矣。貴處將八字算命行否?(仁伯)

弟未知八字合算者,請問其詳如何?

凡人生之日,如今年,年分是壬戌,月分六月是丁未,今月廿八[⑨]日是己卯,現時午時是庚午時,照此而推[⑩],壬戌年丁未月己卯日庚午時八字。有好算命者,竟能算定一世之窮通,壽之長短也。(仁伯)

此皆恐出觀相賣卜家者之言,蓋貴邦之俗禮也。

所云算命之説,并非俗禮,即都中欽天監亦有人請渠推算耳。(仁伯)

弟看葬埋之禮,似有棺無槨,如何?

---

① 古有:東京大學史料編纂所本、京都大學文學部古文書室本“有”作“之”。
② 之:東京大學史料編纂所本、京都大學文學部古文書室本無此字。
③ 歟:京都大學文學部古文書室本作“耶”。
④ 加冠之禮:古代男子二十歲行加冠禮,表示成年。
⑤ 笄禮:《儀禮・士婚禮》:“女子許嫁,笄而禮之,稱字。”即女孩成人禮,古代嘉禮的一種。笄,即簪子,用以盤髮。
⑥《桃夭》:指《國風・周南・桃夭》,是《詩經》中的一首詩。一般認爲這是一首祝賀年輕姑娘出嫁的詩。
⑦《摽有梅》:指《國風・召南・摽有梅》,是《詩經・召南》的一篇,爲先秦時代華夏族民歌。全詩三章,每章四句。是一位待嫁女子求愛的詩。按:諸本“摽”皆誤作“標”。
⑧《周禮》:初名《周官》《周官經》,與《儀禮》《禮記》并稱爲“三禮”,闡述儒家理想的官制。
⑨ 廿八:京都大學文學部古文書室本所藏寫本“廿”作“二十”。
⑩ 推:東京大學史料編纂所本同底本,京都大學文學部古文書室本作“權”,意思亦通。

此是家貧,甚至堂中公所[①]經葬皆有之。(王仁伯)

然則在富貴家,今尚用槨歟?

如其富貴,喪葬之禮甚大,衣衾棺槨皆用貴物所置。(仁伯)

山川鬼神祭祀之禮,今尚有存古禮者乎?

亦有之。又有無祖宗之鬼,逢節時亦有公項賑濟孤魂耳。又請本邑城隍出巡,監壇焚化紙錠等物。(仁伯)

弟歸期既迫矣,塵事亦多,請以今爲分袂之期。諸君爲國自愛,不使寸土尺壤爲西虜所掠,是亦弟所深望於諸君也。

自慚力小,未敢空言。(叔彝)

廿九日(在館内)

咸豐中天津之役,中西和議未成時,上海亦不許英法[②]二國[③]入港歟?

然。(張雲)

英法之兵助守上海城者,創於何年何月?

辛酉春間。(張雲)

跋李中堂書

明治十五年[④]代家兄作　周平

右"海隅丕冒"四大字,清國李中堂書也,書時係同治己巳[⑤]。余少時就井上侯臣名倉松窗,質《兵要録》疑義。松窗曾一游西洋,再游清國,談論甚奇。明治之初,爲甲斐[⑥]府市尹。後見辦事柳原公,竊有所陳,公納之,

---

① 公所:舊時區、鄉、村政府辦公之處。

② 法:底本旁注"佛",顯然是後人抄寫時所記。英語 France,中國譯作"法國(簡稱"法")",日本多譯作"佛國(簡稱"佛")",名倉予何人精通中國情況,又幾乎與當地人日日筆談,用"法"字無礙,但一般日本人不明其義,故記而存疑。按:接下一問"法"字,亦注有"佛"字。

③ 二國:東京大學史料編纂所本、京都大學文學部古文書室本後接"商舶"二字。

④ 明治十五年:公元 1882 年。

⑤ 同治己巳:頭注"明治二年　同治八年",當公元 1869 年。

⑥ 甲斐:日本戰國以來地名,屬東海道,現山梨縣一帶。

建言於朝。未幾，公命爲公使，之清國，松窗又從而往，獲中堂書數幅歸。時余爲松窗有所周旋，遂以此書見貽。今也中堂之名滿寰宇，兒童走卒尚能言之，其斷簡零箋動購以千金，則此書亦得不珍重歟？松窗名信敦，通稱予何人。其赴蝦夷，林鶴梁[①]作序贈之。追游清國，家君又有送序。自西洋歸也，安井息軒借覽其《航海日録》，皆奇其人而異其事也。爾來渺絶音信，不知健否。

石川文莊曰：松窗翁晚年落魄殊甚，隱居根岸里，下帷教授，僅以糊口。自易簀已十餘年，無復知其姓名者。今賴此篇而傳名於後世，幸矣。明治三十年[②]二月記。

① 林鶴梁(1806—1878)：日本幕末儒學家，代表作爲《鶴梁文鈔》。
② 明治三十年：公元 1897 年。

《航海漫録》解題

明治三年(1870)七月,名倉予何人隨從柳原前光抵達上海,開始與清國談判兩國修約的準備。一行先期到達上海,然後乘坐商輪前往天津,會晤了三口通商大臣以及曾國藩、李鴻章等權臣,雙方初步達成修約的意向,基本完成預期的任務。

名倉予何人有關此行的記録收録在《航海漫録》中,其第一卷目前收藏於日本國立國會圖書館。除了部分頭書用日文撰寫之外①,書中的大部分内容爲名倉予何人與上海各級官吏以及文人的漢文筆談記録,從中可以大致把握柳原前光與名倉予何人等使節團一行到達上海後的活動情況以及上海相關官員的應對。時間跨度從明治三年七月二十九日(1870 年 8 月 25 日)從日本東京出發至八月二十七日(9 月 22 日)搭乘上海至天津輪船爲止約一個月的時間。全書共 50 頁,大約爲六千餘字。

該書的題詞爲柳原前光爲名倉予何人作的詩:"數年論策太公明,唾手一朝功業成。須磬燕然山上石,先鞭正勤信敦名。"而後又有其好友增田貢在明治四年爲本書用漢文作的序言。

按照序文以及書卷數目的標識,應該還有後續的卷本,但是根據目前所掌握的材料,似乎已經失傳。後續的卷本應該涉及天津的談判内容,如

① 校注文中將日文譯爲中文,不再一一出注。

果能够有幸找到,則會爲研究當時兩國談判的具體情況找到進一步翔實的第一手資料。

該行紀起自明治三年七月二十九日從東京啓程,迄於同年八月二十七日搭乘上海至天津輪船,時間跨度大約一個月。訪華團於八月九日(9月4日)抵達上海,名倉予何人當天即開始筆談,一直延續到離開上海當天的八月二十七日,其間共與26人次進行21次筆談;日方參與筆談者,除了名倉予何人之外,還有團長柳原前光、副團長花房義質以及擔任翻譯的文書權少正鄭永寧。

《航海漫録》出版商爲金港堂書店,於明治十四年九月二十日(1881年11月11日)在東京出版。據記載,名倉予何人曾經將自己的紀行文作爲漢文館的教材,而金港堂書店在明治時代以出版教科書而聞名,所以推測當時此書很有可能作爲教材來出版。

關於1870年修約訪問團的記録,似乎應以時任團長柳原前光著《使清日記》爲全。該日記全部以漢文書寫,詳細記録了一行從東京出發再返回日本復命的全過程。其中在上海的部分可以與名倉予何人的《航海漫録》互爲補充印證,讓我們一睹當時中日雙方交往之詳情。

《航海漫録》校注

數年論策太公明，唾手一朝功業成。
須磬燕然山上石，先鞭正勒信敦名。
拙詩呈松窗老大人[①]并請指政[②]。

青青柳前光[③]

《航海漫録》序

予與倉先之[④]相識二十餘年，蓬轉萍合[⑤]，交誼如一。先是先之曰游清邦，接吴越名流。去秋復奉王[⑥]命向燕山[⑦]，議通市。將往，來飲於吾盧。

① 老大人：舊時官場用語。尊稱年老位尊之人。元無名氏《射柳捶丸》第一摺："老大人最是箇聰明尚斯文的人。"

② 政：通"正"。

③ 柳原前光(1850—1894)：日本政治家、外交家，明治天皇外戚、大正天皇舅父。參與赴清建交、處理臺灣漂流民事件等中日外交問題談判。

④ 倉先之：倉，指名倉予何人；先之，引導、教導之義，引申爲對長輩、尊者的敬稱。此處猶言"名倉先生"。

⑤ 蓬轉萍合：蓬轉，蓬草隨風飛轉，喻人流離轉徙，四處飄零。晋葛洪《抱樸子·安貧》："有樂天先生者，避地蓬轉。"萍合，偶然聚合。徐渭《壽中軍某侯帳詞》："異人萍合，曾傳黄石兵符；越女花嬌，親授白猿劍術。"此處意爲兩人奔走東西，偶爾相聚。

⑥ 王：日本之王，即指明治天皇。

⑦ 燕山：中國北方著名山脉，西起八達嶺，東至山海關，往往與"楚水"對應，泛指北方，如内藤湖南的中國游記《燕山楚水》即此義；因北京一部沿其山脊而築，也用以指稱北京，繼而引申爲中國的代稱。

留一詩曰:"秋風持節出京城,千歲遭逢是此行。孤劍咲①浮西海去,欲辱唐代舊鷗盟②。"予次韻送以"萬里秋風滬瀆③城,十年五度滿清行。善鄰不仿乘槎④誕,欲向天津辱國盟"之篇。先之忻然懷之而發矣。數月,果得要領而回,語予曰:"曩自滬城泝⑤天津,遇清國宰臣曹國藩⑥、李鴻章,約鄰交互市,而復命之日受天賞。"予於是始知先之"千歲遭逢"之言,非虚構矣。此行所著《航海漫録》,支那形情歷歷透眼,使人慨然發望洋洋峰。嗚呼!名倉氏之書有焉。

明治四年⑦條桑⑧月既望⑨　增田貢　識

《航海漫録》第壹卷

名倉信敦　著

鶴舞藩⑩現任文書大佑名倉敦

明治三年歲次庚午⑪七月,敦等奉旨隨從四位柳原氏使清國。先是,敦游清

---

① 咲:"笑"的古字。《漢書·外戚傳下·孝成許皇后》:"《易》曰:'鳥焚其巢,旅人先咲後號咷。'"顔師古注:"咲,古笑字也。"

② 欲辱唐代舊鷗盟:唐代中日友好交流盛況空前,此次遣使的意義有過之而無不及。鷗盟,形容隱居之人常與鷗鳥作伴,如有盟約在先,猶言關係密切。宋陳造《次丁嘉會韻》:"百年袞袞須今日,歲晚鷗盟要重尋。"辱,辜負、羞辱,引申爲"超越""凌駕"。

③ 滬瀆:古水名。指吴淞江下游近海處一段(今黄浦江下游)。因當地人民用"滬"在江海之濱捕魚爲業而得名。

④ 乘槎:乘坐竹、木筏。張華《博物志》卷十:"舊説云天河與海通。近世有人居海渚者,年年八月有浮槎去來,不失期,人有奇志,立飛閣於查上,多齎糧,乘槎而去。十餘日中,猶觀星月日辰,自後茫茫忽忽,亦不覺晝夜。去十餘日,奄至一處,有城郭狀,屋舍甚嚴。遥望宫中多織婦,見天丈夫牽牛渚次飲之。牽牛人乃驚問曰:'何由至此?'此人具説來意,并問此是何處,答曰:'君還至蜀郡訪嚴君平則知之。'竟不上岸,因還如期。後至蜀,問君平,曰:'某年月日有客星犯牽牛宿。'計年月,正是此人到天河時也。"後用以比喻奉使。

⑤ 泝:通"溯"。《廣韻》:桑故切,去暮,心。迎;向。

⑥ 曹國藩:"曹"乃"曾"之誤。

⑦ 明治四年:清同治十年,公元 1871 年。

⑧ 條桑:采桑之意,指春天。

⑨ 既望:周曆以每月十五、十六日至廿二、廿三日爲既望。後稱農曆十五日爲望,十六日爲既望。

⑩ 鶴舞藩:江户時代諸藩之一,位於日本千葉縣市原市鶴舞一帶。

⑪ 明治三年歲次庚午:清同治九年,公元 1870 年。

國已數回,曾入南朝以來之古都,有秦淮舟行之興,爾後夢寐難忘。既逢聖世,更與此行,復得逢海外知己,故所録公也私也,拾收成卷,命之曰《航海漫録》。[①]

七月二十九日,晴。九點鐘,大小官員及從臣計十有一名均登外務省,乘十點鐘馬車出本省,發東京。但臨出本省,大小丞以下衆員均送至廳庭,遠送至品川驛[②]者有數名。其人則森山權大録、本間少佑、宫本大令史等是也。十二點鐘,川崎驛休憩。三點鐘,到達横濱車站。給鄉友投留别詩曰:

秋風持節出京城,千歲遭逢是此行。
孤劍咲浮西海去,欲辱唐代舊鷗盟。

三十日,晴。逆旅中,以明日四點鐘爲開帆之期。夜來有文酒之興,次韻尾里氏之詩曰:

霜鬢秋寒志未灰,長風一棹促興來。
預期旭旆歸朝日,墨水浮舟看早梅。

八月初一日,晴。二點鐘辭旅館,一行乘上米國[③]郵船(船名:ゴルデンエーヂ),五點鐘起碇發横濱。夜來降雨。

初二日,晴。風清波平,舟行甚安。余航海過遠洋時,每每苦於怒波風暴而憂船暈。而此行風浪恬静、舟行安穩,實爲罕見,因有詩曰:

霜髮銜冠東海邊,秋風含命放輪船。

---

① 頭書多爲訓讀體日文,翻譯時盡可能使用原文的漢字詞標記。日語原文如下:"明治三年歲次庚午七月、敦等、旨ヲ奉シ從四位柳原氏ニ從ヒ、清國ニ使ヒス。先是、敦清國ニ游フコト已ニ數回、殊ニ南朝以來ノ古都ニ入リ、秦淮舟行ノ興アリ、爾後夢寐ニ忘レ難シ。既ニシテ聖世ニ遭遇シ、更に此行ニ與カリ、復タ海外ノ知己ニ逢フコトヲ得、故ニ録スル所、公也私也拾収シテ、卷ヲ成ス。之ヲ命シテ航海漫録トロフ。"下文直接譯成漢文,不再一一移録日語原文。

② 驛:古代指驛站,日語特指火車站。下同。

③ 米國:美國。

此行今足兆成績，參遠險洋平若川。

初三日，晴。五點鐘至神户港投碇。六點鐘一行人等均上岸投逆旅。午後吊楠公[1]之墓，有詩曰：

萬古精忠照碧天，至今廟貌[2]太儼然。
西人亦慕楠公去，神户港頭來泊船。

又至縣廳，見權知事[3]稅所氏。更過醫院，有酒杯之興。四點鐘歸寓點燭，後下郵船。

初四日，晴。拂曉五點鐘起碇發神户。風清波平，一如昨日。船左淡州[4]，船右播州[5]，四顧風景如畫，有詩曰：

一陣曉風帆影開，船過播淡兩州隈。
雙眸萬景看難盡，北島去時南島來。

午後忽聞警鐘數聲，船員皆携水桶疾走。原來舵樓失火爲警告狀，進退分合有節，其狀頗可觀。

初五日，晴。曉來過赤馬關[6]，出玄界洋[7]。此時船雖稍有摇晃，然即

① 楠公：楠木正成(1294—1336)，幼名多聞丸，明治時代起尊稱大楠公，爲鐮倉幕府末期到南北朝時期著名武將。
② 貌：底本作“皃”，當“皃”的訛文，同“貌”。《漢語大字典》“皃”條：“同‘貌’。《字匯補·八部》：‘皃，與貌同。《字匯》作皃。’《王昭君變文》：‘妾皃如紅綫。’”
③ 權知事：知事爲日本地方行政區劃的統轄長官。權知事特指明治維新廢藩置縣後出現了許多小縣，於是在没有知事官員的地方暫設權知事，其權限與知事同等。
④ 淡州：日本兵庫縣南部之淡路島。
⑤ 播州：指播磨，日本本州島兵庫縣南部舊國名。屬山陽道。首府在今姬路市。
⑥ 赤馬關：即下關(Shimonoseki)。下關古名“赤間關”，其中的“間”字，日語漢字發音是“馬”，所以稱爲“赤馬關”，簡稱“馬關”。位於日本本州島最西端，是山口縣最大的城市。
⑦ 玄界洋：略稱“玄洋”，即玄界灘，一般指從福岡縣宗像市的鐘之岬經志賀島、糸島半島、唐津灣到佐賀縣唐津市的東松浦半島的海岸，直到外海的大島、冲之島和長崎縣的壹岐、對馬的海域。

使有暈船之憂者，亦上舵樓，四顧眺望，其寧静可知。八點鐘船至於長崎投碇，大小官員均上岸，投宿於村山某之家。

初六日，晴。十點鐘，官員均至縣廳見知事，談公事。晚九點鐘回郵船，十二點鐘發長崎。此日，長州藩士兒玉少介①以柳原家所屬之名義，一同登船赴清國。

初七日，晴。起床略眺望，五島漸盡，滄濤漫漫。午前過男女二島，至此大日本海已盡。此刻風濤漸起，郵船飄摇。

初八日，晴。三點鐘，遥望寧波遠山。斜陽西下，郵船入揚子江口。十點鐘，至吴淞江口投碇泊船。有詩曰：

輪船四渡上洋濱，城裏文流多故人。
無道唐山蒼海遠，歡情到底是朋親。

初九日，晴。七點鐘，起碇發吴淞。八點鐘，至上海。九點鐘，衆人上岸，至新大橋側之品川通商權大佑寓所投宿。晚九點鐘，與余蔡氏同乘轎子，訪同知官②陳福勳③。筆話④如下：

弟曾游貴地既三次。歲次丁卯⑤春夏之際，弟在滬以王仁伯爲東道主，當時蒙前任道憲⑥應大人知遇，乘官船爲金陵之游。感恩之深，

---

① 兒玉少介(1836—1905)：幕末長州藩士，明治時期成爲官僚、政治家。
② 同知官：官名。稱副職。清代唯府州及鹽運使置同知，府同知即以同知爲官稱，州同知稱州同，鹽同知稱鹽同。
③ 陳福勳：清浙江錢塘(今浙江杭州人)。字寶渠。初至上海，留心洋務。咸豐末年，佐理會防局。擢海防同知。同治元年(1862)，辦理機器鐵廠。同治七年，爲會審委員，駐上海公共租界新建理事衙門，辦理華洋交涉事件。同治十年，協助懲處棍徒私開賭局。次年，赴日本會同審辦秘魯船瑪也西號拐賣華工事宜。
④ 凡筆話均照録原文，下同。
⑤ 丁卯：公元1867年。
⑥ 道憲：對道臺的尊稱。

至今不忘於懷也。君若將弟言轉禀道憲,則幸甚。[1]

諾。(福勳)

海防同知嚴公伯雅[2],弟舊友也。請問此公今尚在貴地否?

此公亦已罷官三年矣,現在不知何往[3]。(福勳)

侯儀君今如何?

在蘇州。(福勳)

張籽雲[4]如何?

現仍在會捕局,咫尺不遠。(福勳)

九點鐘歸寓所。

初十日,雲起。九點鐘,訪張籽雲而未遇,於是轉向入城。此時大雨蕭蕭,冒雨出小南門訪王仁伯。仁伯既已去世,其孫寶善及王仁伯叔維孝在。筆話之文如下:

寶善兄春秋[5]若干?

十六歲。(寶善)

弟昨日至滬,寓新大橋側。

仁伯先生於前年去世。(杜徽之)

昨弟聞此事未信。今聞君言,愁傷不自堪也。

君只言前年去世,請聞其詳。

---

① 未標姓名者,均係名倉予何人筆語,下同。

② 嚴伯雅:(1819—?),名鉷,浙江桐鄉烏鎮人。1860 年起任松江海防同知。

③ 據易惠莉《1862 年日本千歲丸訪滬武士筆下的中國紳士考論》一文中考據,此時嚴伯雅已離開上海,赴九江任"辦理茶捐"之差。

④ 張籽雲:張秀芝,字籽云。1867 年名倉予何人第二次訪問上海時,曾經得到當時上海道臺應寶時的許可,前往南京游歷,當時的陪同官員即是任海防同知的張秀芝。1870 年名倉予何人跟隨柳原前光第三次來到上海時,任華洋理事同知、法租界會審委員。

⑤ 春秋:年紀,年數。《戰國策·楚策四》:"今楚王之春秋高矣,而君之封地,不可不早定也。"

弟於本年七月間到申①，借住於此。仁伯去世，詳細病症不得知也。(徽之)

請問高姓大名?

姓杜，號徽之，安徽人。(徽之)

許先生住何處?

許君在上海城内教館。此間另請凌先生。(徽之)

小山侯公及平齋君無恙否?

侯小山已去世，其子平齋尚在。(徽之)

一别四霜，物變如斯，噫!

君何日到此? 同來幾位?(徽之)

昨日到滬，同來十四名。

請問有何公幹?(徽之)

欲議通信通商耳。

前日弟作書遥奉寄前仁伯大老爺，不識能落公等手否?

此函已見，原手帶回。(徽之)

喆生君無恙否?

此君移居南陽鎮。(徽之)

仁伯大老爺去世無奈何。他②問高堂群位安寧否?

家中尚有四人，媳婦兩位，寶善一位，孫女一位。(徽之)

今日四點鐘，同知陳公至敝寓。請告辭，緩日③再來。

弟明日赴尊寓答拜。(徽之)

豈敢。

君年幾何? 現居何職?(徽之)

---

① 申：上海的别稱。相傳春秋戰國時期，上海曾是“戰國四公子”之一的楚國公子春申君黄歇的封邑，故上海别稱爲“申”。

② 他：其他，此外。

③ 緩日：來日，後日。

馬齡已上"知天命"①,敝職掌文書大佑。

法國、布國②信息若何?(徽之)

兩國不和。聞得戰爭方酣,弟未知詳細。敢問天津之事③,和戰出何方?

近日無見聞,但約總是和局。(徽之)

請問叔彝王大人今尚在紹興否?

六年④九月在浙江嚴州⑤府任内去世。(徽之)

穀生君如何?

赴南京鄉試去了。(徽之)

兩湘公如何?

亦赴南京鄉試。(徽之)

仁伯先生在日,與閣下最好,常請顧舍談談。(王維孝)

豈不原原來。

平齋侯君亦弟莫逆⑥也。請以弟言轉達。

當轉致。(維孝)

此日四點鐘,同知陳福勳來,尾里權少録出迎,延引就座。須臾柳原以下官員出,接談公事。事罷,陳氏辭,柳原以下各官送至中門外。柳(原前光)、花(房義質)⑦拜會各國公使。

---

① 知天命:50歲。語出《論語・爲政第二》:"子曰:'吾十有五而志乎學,三十而立,四十而不惑,五十而知天命,六十而耳順,七十而縱心所欲,不逾矩。'"

② 布國:指普魯士王國。

③ 天津之事:指1870年天津教案。

④ 六年:當指同治六年,公元1867年。

⑤ 嚴州:舊嚴州府位於浙江省西部,錢塘江流域。大致相當於杭州市的桐廬縣、淳安縣和建德市。

⑥ 莫逆:志趣相同,志同道合。語出《莊子・大宗師》:"(子祀、子輿、子犁、子來)四人相視而笑,莫逆於心,遂相與爲友。"後遂以謂彼此交誼深厚。

⑦ 花房義質(1842—1917):號眠雲、長嶺居士。日本外交官,曾任日本駐朝鮮和俄國公使。1869年4月,花房義質成爲明治政府的外交官,1870年以外務權少丞的身份隨柳原前光出使中國,參與中日兩國建交談判事宜。

十一日，降雨。四點鐘，拜訪張籽雲，晤語盡歡，茶果豐盛，傍晚歸寓所。筆話之文如下：

不相見已四霜矣。玉體壯榮，奉賀之至。昨陳公云，於道署與公相話及弟等事，想公亦詳悉弟等來滬之由。今天專誠奉訪大居，得拜玉顔，不堪欣忭①之至也。

予何人兄别來無恙？冒雨枉顧②，四載之别，舊雨③殷殷，可感之至。敝居數椽④，聊蔽風雨，遠客辱臨⑤，蓬壁生輝。陳公之言誠有是説。第貴國大府遠賁，明日晤道臺時，公事可相商也。僕前奉應道臺委辦貴事，兹有陳公料理一切，勝僕百倍。前歲臨别，曾有贈扇之約。久已托友寫就，花卉緑所愛也。兹并山茶二瓶。聊將芹敬⑥，以志故人桃李之意。幸勿却也。（張籽雲）

閣下曾自云有一味燕趙士之風⑦，今果履四年前臨别之約，可謂季布一諾⑧。謹領拜謝。

區區將意⑨，用報故人。齒芬⑩辱及，是增愧赧。（籽雲）

此番弟等來貴地者，欲議通信通商之事。前年弟金陵之游，實係

---

① 忭：歡喜、快樂。《説文解字》："喜樂貌。"蘇軾《喜雨亭記》："官吏相與慶於庭，商賈相與歌於市，農夫相與忭於野。"
② 枉顧：屈尊看望。稱人來訪的敬辭。王昌齡《灞上閑居》詩："軒冕無枉顧，清川照我門。"
③ 舊雨：故友，舊知。語出杜甫《秋述》："常時車馬之客，舊，雨來；今，雨不來。"意思是往昔賓客雨天也來，而今遇雨則不來了。後以"舊雨"代稱老友。
④ 椽：古代房屋間數的代稱。
⑤ 辱臨：敬稱他人的來臨。蒲松齡《聊齋志異・宫夢弼》："舊歲辱臨，又不明告，遂使開罪良多。"
⑥ 芹敬：猶芹獻。《列子・楊朱》："昔人有美戎菽、甘枲莖芹萍子者，對鄉豪稱之。鄉豪取而嘗之，蜇於口，慘於腹。衆哂而怨之，其人大慚。"後因以"芹獻"爲禮品菲薄的謙詞。
⑦ 燕趙士之風：古代燕、趙多慷慨激昂、重情守諾之士，後以"燕趙風"指剛强不屈的氣概。
⑧ 季布一諾：楚人季布豪爽慷慨，非常重視對别人的承諾，名盛於楚，故當時人稱"得黄金百斤，不如得季布一諾"。語出《史記・季布傳》。後多用以稱人説到做到，極有信用。
⑨ 將意：表達心意，致意。《續資治通鑑・宋英宗治平二年》："若以爲奉承先志，理不可罷，則望閱諸府庫，取服用玩好物以充用，才足將意便可，不須過爲豐侈。"
⑩ 齒芬：口齒芳香，形容談吐風雅。吴高增《蘭亭志・上虞陳志學少亭》："盈盈秋水一池閑，映帶蘭亭九曲灣。四面烟霞濛碧落，千年風韵寄空山。感懷羲獻芳踪遠，游目林泉世味删。列坐高唫堪繼美，珠璣傾瀉齒芬間。"此處敬稱對方言辭。

閣下賜。今段[①]亦欲依閣下成事。偶有敝邦人在貴處，此人云陳公職掌同知，宜由陳公達道憲也。故弟等一昨到陳公所耳。略陳來意，閣下幸勿疑。

陳公與僕同辦各國事務，無分彼此，何疑之有？（籽雲）

請問現在閣下官階？

仍掌前事，特官晋一階耳。（籽雲）

再問現時職亦關外國交際之事歟？

正如所問。（籽雲）

閣下職已掌外交之事，想與陳公同僚。請聞其詳細。

現職之事實與陳公同，彼辦英美發審，僕辦法國發審。共係各國之事，隨時奉道憲差委，無不可辦也。（籽雲）

彼此通商之事，弟與閣下所曾謀也。願得閣下扶助之力，以成弟夙志。敢請如何？

昨晤陳公，已聞大略。然此事重大，非弟所敢知。以未奉委辦，故特不敢越職耳。（籽雲）

聞得閣下職係會捕，請問"會捕"名義。

敝國盜賊滋熾，多匿外國租界内，不肯任地方官搜捕。特設此局，會同外國巡捕兜拏[②]賊盜，以期慰民安商，誠出臺憲愛民之至意耳。（籽雲）

是乃敝邦墨盒異樣者，敢奉贈。

筆墨因緣，敬以銘謝。（籽雲）

前任應公才兼文武。請問現道涂公爲人如何？

涂觀察讀書人，最爲純正。應公升任臬憲[③]，涂憲辦事認真，接任

---

① 段：底本作"段"，似"叚"（通"假"），但從字形及文義判斷爲"段"。按："今段"猶言今番、此次。

② 拏：通"拿"，捉拿，拘捕。《清會典事例・刑律・有司决囚》："又或查拿案犯，不辨真僞，輒請交部嚴鞫。"

③ 臬憲：舊時對按察使的敬稱。

以來爲各國所佩敬也。(耔雲)

此帖乃敝友所携也。惟欲領閣下大毫,以壯帖面,伏乞一揮。

書之何處,祈指定格式,當爲覓善書者代之可耳。(耔雲)

只欲領閣下親寫耳,何覓他之爲哉!且小帖乃敝友花房之物,大貼乃敝友柳原之物。至書式,則任閣下筆意所向耳。

從何處寫起?(耔雲)

開卷第一張最妙。

聞貴國命大府遥臨,弟欲明日答拜閣下。未卜有無阻礙否?(耔雲)

不敢當。若蒙枉駕,則何賜如之。

是否尊寓在英公館後大橋邊?望詳示。(耔雲)

如命。

聊備粗餌,用佐清談,幸祈加餐。(耔雲)

感謝。

請問陳公亦好詩文乎?

却不解,見笑見笑。(耔雲)

故人遠來,忻慰無似,茶果之獻,不恭之至。(耔雲)

弟等所帶,有敝國史類若干種。閣下若有所撰[1],則請以一二種奉送可也。

屢承厚賜,萬不敢。尚亦慮無以報瓊[2]耳。(耔雲)

天將晚,請再來。

明日十點鐘,當答拜。(耔雲)

掃席謹待鶴輿翔下。

---

① 撰:此字多音多義,宋司馬光《類篇》:"撰,雛戀切,持也,集也。又須絹切,擇也。"此處讀 xuǎn,古通"選",抉擇之義。

② 報瓊:回贈,回饋。語出《詩經·衛風·木瓜》:"投我以木瓜,報之以瓊琚。匪報也,永以爲好也。"此處用"投木報瓊"典故,意思是接受豐厚禮物而無以回報。

此日鄭(永寧)①、尾(里政道)②乘轎子前往同知陳氏處。

十二日,晴。十點鐘,張秀芝來,柳原以下出迎。筆話之文如下:

閣下不違昨約,被枉鶴駕,感謝之至。閣下真信士也,不堪欽佩之至也。弟亦奉前約,探得《東洋小史》一部以奉贈,哂收幸甚。

叠蒙贈賜,何以克當,謹領拜謝。(籽雲)

弟同來之士亦欲拜鶴面。

昨囑書帖面,乃係柳原、花房二公,是否?(籽雲)

是也。二士亦在寓,請小坐,須臾出來。

予何人兄另字云何?望示知。(籽雲)

弟別號松窗,名信敦。

藍川何處去了?(籽雲)

此人在東洋,此番不同來。

花房公尊字,請教。(籽雲)

一號眠雲,又臥虎、花房。③

通商之事甚易,惟弟現未奉委。辦理貴國之事,自有陳司馬④思料一切,想必能妥愜⑤也。(籽雲)

---

① 鄭永寧(1829—1897):號東林,中國移民後裔,明治時期外交官。其祖先吴一官原爲福建省泉州府晋江縣大户,明末避亂遷居日本長崎。永寧原爲吴用藏第六子,因繼承鄭幹輔唐通事之職而改性"鄭"。明治維新後入外務省,歷任大譯官、外務少記、權大書記官等。明治三年(1870)四月,以文書權少正身份隨柳原前光、花房義質訪華,參與《中日修好條規》簽約的預備談判,兩國建交後曾一度擔任駐華代理公使。

② 尾里政道:號梅亭,明治時期外交官。1870年隨柳原前光、花房義質訪華時,任外務權少録。同年九月,使節團一行進入天津後,吴汝綸曾與之多次交往,吴汝綸在九月九日(重陽日)日記記載:"與陳荔秋刑部、林月槎志同往旗昌洋行訪日本使臣。該國近欲與中國定議通商,遣使五人:一曰前光柳原氏,號青青,年廿一歲,行外務權大丞兼文書正;一曰義質花房氏,號眠雲,年廿九歲,守外務權少丞;二人兼姓藤原。一曰信敦名倉氏,號松窗,五十歲,文書大佑;信敦曾屢至上海、金陵,見李相淮軍之盛者,姓橘。一曰鄭永寧,號東林,四十二歲,守文書權少正。一曰政道尾里氏,號梅亭,卅六歲,外務權少録。政道能畫圖,好爲詩而不能工。"

③ 此爲名倉予何人代花房義質筆答。

④ 陳司馬:指同知陳福勳,司馬、同知大抵多屬副職。

⑤ 愜:恰當,合適。王若虛《史記辨惑七》:"不惟文勢重迭,意亦不愜也。"

陳公料理,事成則止。若事屬澁難,則請煩閣下。

諒必不難。且俟晤道憲後再看如何。弟能進言,必從旁贊助也。(耔雲)

厚誼銘感。

柳原先生尊字,請教。(耔雲)

拙號青青子。(柳原)

此人弟長官也,姓柳,故以青青爲號。

配。(耔雲)

道憲若請閣下料理最妙。

前日陳司馬私言及此,弟恐才不堪任耳。(耔雲)

大謙。

總理各國事務衙門在京師,恭親王[①]總司其事,另有中堂、尚書等官同佐理之。外則金陵有五口通商大臣,天津則有三口通商大臣,此其大略也。(耔雲)

請問通商大臣威權?

通商大臣,金陵係兩江[②]總督代管。大事小事[③]在外作主,大事則咨總理衙門施行。(耔雲)

請問閣下品級官名?

四品銜五品官。(耔雲)

請問閣下鄉貫?

直隸省永平撫寧縣[④],乃在漢右北平也。(耔雲)

聞得至十月,天津海水冰合[⑤],果然否?

---

① 恭親王:道光帝第六子奕訢。乃咸豐、同治、光緒三朝名王重臣,洋務運動的開拓者之一,同時也是晚清外交的開拓者。

② 兩江:清朝時是江南省和江西省的合稱,地轄江蘇、安徽、江西三省。《清會典·户部·尚書侍郎職掌二》:"山東省之南爲兩江,其省三:曰江南之江蘇,曰江南之安徽,曰江西。"

③ 大事小事:此處自相矛盾,疑"大事"係衍字。

④ 撫寧縣:在今河北省秦皇島市撫寧縣。

⑤ 冰合:冰封,冰凍。

海水不冰，惟河水乃冰耳。（籽雲）

北京、天津之間，冬月[①]旱路尚得通否？

冬月尤通，秋夏之交，微妨泥濘，有時不通耳。（籽雲）

聞閭巷之説，天津自殺法人[②]之後，拒外國船進口。不識弟等附坐輪船而往，無礙否？（鄭[③]）

現在尚無滯礙，商船尚通行也。（籽雲）

上海、天津往來之驛船[④]，冬月尚能通否？

輪船不過四日可達天津，今歲有閏，十月底尚可能行，惟風潮加險耳。（籽雲）

即欲拜别，暇日再會。（籽雲）

午前作詩，次韻尾里氏詩，題《水仙梅花緑竹三君子圖》曰：

> 江南一朵自無塵，花遶瀟湘仙骨真。
> 描得雪中君子友，唤醒世俗醉狂人。

十二點，浮舟申江，官員從僕同游龍華。水路行約二里餘到龍華，鎮上有寺，寺中有塔，重叠七層。此乃余前年所游之地。四年前余來游之時，僧侶有百餘人，爲上海[⑤]近郊最大佛刹。然現今寺内寥寥，殆似廢寺。同來之士皆登七層塔眺望，其景頗佳。乃題詩曰：

> 昔日群僧盈梵閣，今年漫草遶欄干。

---

① 冬月：農曆十一月之謂，但此處似泛指農曆冬天之月份（十月、十一月、十二月）。
② 法人：指法國人。此處指天津教案。
③ 鄭：即日本使節團中任文書權少正的鄭永寧，雖然是福建移民後裔，且長期擔任唐通事，但福建話在上海不通行，所以也使用筆談與上海士人交流。
④ 驛船：郵船、輪船，指跨洋航行的班輪。
⑤ 上海：底本"上"誤作"土"，據意徑改。

空存層塔龍華稱，颯颯秋風一鎮寒。

一行人再往茶亭小憩，遂回棹歸斜陽寓。此日二點鐘，蔡善多携我長崎知事之書函到道臺府署，呈之於涂氏。涂氏收下，約以十七日二點鐘爲見我官員之期。

十三日，晴。八點鐘，出寓所，訪王寶善。遂伴寶善訪侯平齋。筆話之文如下：

一別四霜，高堂群位無恙？奉駕之至。聞得小山岳人既去世，弟不堪悲哀也。

家君於去年九月辭世。因在常游親戚家，得病而回，竟到不起。皆弟等罪深孽重耳。（平齋）

話之不堪悲傷，請不復問。

請問仁伯老爺辭世年月？

同治七年九月故。（平齋）

林矯齋君未知來否？此客何人？（平齋）

矯齋不同來，此人乃弟從僕耳。

此番弟等來滬者，欲議通信通商也。

老兄京都尚未去耶？（平齋）

未。

同來有幾位？（平齋）

官員五名，從僕九人。

上海地方官見過否？（平齋）

一昨見同知陳氏，又以十七日二點鐘爲見道憲之期。

以前老兄來申，亦云通商。已將[1]數年，何得尚未定？見近日西

① 將：逝也，過也。《荀子·賦篇第二十六》："聖人共手，時機將矣。"

虜天津作怪，足下知否？（平齋）

弟亦熟悉之。

此番欲議通商者，不啻上洋[①]，在大欲尋唐代舊盟耳。但弟固小員，不敢知通商大事。弟長官柳原氏專掌今番大事。

柳公同來否？（平齋）

在敝寓。

足下何日進京？諒必坐火輪舟去。（平齋）

進京與不進，未有定計。若進燕京，則必坐火輪船耳。

聞得貴國亦造火輪船，然否？此番到此，坐自造輪船否？（平齋）

此番只坐米國驛船。

佛蘭西[②]與大吕宋[③]打仗[④]，然否？（平齋）

弟亦聞。

請問天津之事，和與戰出於何道？

敝邦自平匪[⑤]之後，兵强將勇，非比昨前太平日久不知兵。若不能和，惟有戰耳。（平齋）

弟未信。若戰勝則已，若敗衄[⑥]，則恐不堪洋虜之責也。

當不在此。西虜所恃者，舡[⑦]堅炮利耳。今敝邦亦有堅舡利炮，不懼也。（平齋）

貴國亦新造堅船利炮乎？若仍舊貫，則恐不能敵西人炮船也。

此國家大事，當道者自有深謀遠慮。弟草莽之人，不敢窺測也。

---

① 上洋：此處指上海。

② 佛蘭西：法蘭西的舊譯。

③ 大吕宋：指西班牙。西班牙於 1571—1898 年間侵占菲律賓的吕宋島，故稱大吕宋。

④ 此處疑指 1870 年普法戰争。1870 年 7 月 14 日，普魯士首相俾斯麥就西班牙王位繼承問題發表“埃姆斯密電”，觸怒了法國政府。7 月 19 日，法國對普魯士宣戰。9 月 2 日，法國皇帝拿破崙三世親率近十萬法軍在色當投降。9 月 4 日，巴黎爆發革命，法國大資産階級建立法蘭西第三共和國，法蘭西第二帝國滅亡。

⑤ 平匪：指鎮壓太平天國。

⑥ 衄：通“衄”，挫傷、失敗之意。

⑦ 舡：通“船”。

（平齋）

明日四點鐘，到尊處奉侯，下雨則否。（平齋）

掃席謹待鶴駕翔下。

舊雨款然，歡盡而去。二點鐘，柳公以下諸君俱出寓所，由小東門入城，游城隍廟，遂至關帝廟，出西門歸寓。

十四日，晴。八點鐘，入城訪張國英。國英去南京不在家，遂游廣福寺。十二點，歸寓。四點鐘，侯平齋來。筆話之文如下：

不違昨約，鶴駕翔下。大兄真信士也，欽佩之至。

弟向不到此，故一路問諸。頃問隔壁東洋行，具云不知。故復至此。前足下在申時，囑先父所書詩箋，藏之已久，故今日奉繳。另有山水四幅，少不歉劣，望既哂收。（平齋）

弟臨黄泉，謹奉謝。且山水多多之賜，不堪感謝之至也。弟羈旅之士，不便供點心，請以此鞭充點心可乎？一咲。

昨日張雲溪過否？又往何處游玩，城隍去否？（平齋）

所惠太多，不安之止。（平齋）

今早弟訪張公，公有南京之行，不在家，一憾。昨二三點鐘伴一友去游城隍廟，池邊小樓風景可掬。

今日九點鐘有六位朋友，請弟在娼家[①]小飲，須倍異日[②]耳。（平齋）

是了。

此間新有鑄造局[③]作槍，兄知否？（平齋）

不知。君所言造槍，是洋槍乎？若果然，則弟爲貴邦奉賀之。

① 娼家：原指以歌舞爲業的人家，後謂妓院，此處或指有歌舞表演的酒樓。
② 異日：來日，以後。
③ 鑄造局：此處指洋務運動後，清政府洋務派設立的近代工業生産機構，如江南機器製造總局。

盡是洋槍洋炮。内大員所管。皆因水火機械,不用人力,極有可窺。(平齋)

最好。

貴國亦造輪船,未知機械辦否?(平齋)

辦矣。

娼家小飲,可羡可羡。

老兄去過否?(平齋)

亦好。

請付他日。

柳公出外否?(平齋)

在内,君欲見乎?

可以不必。(平齋)

弟等以十七日爲見道憲之期,若事容易則進京之謀亦急矣。然明月初旬或尚當在貴地。請緩日"上高堂剪西窗燭,話盡巴山夜雨時"①,是弟所希也。

倘通商已成,貴國官員亦在此否?(平齋)

不啻貴地,或當在燕京及他數港耳。

將及五點矣,想必朋友來齊②,弟當告别。後日再會,往城隍廟一游。所賜之物,恧③顔拜受,謝謝。(平齋)

十五日,晴。十二點鐘,同知陳氏之使來,道中秋之喜。二點鐘,蔡善多到陳宅答喜。二點半鐘,出寓所,將訪王寶善,途中逢侯埏壿,相伴到蔡氏家,有茶菓之興。更訪王寶善宅,遂至侯氏家,與平齋群弟晤語,黄昏

① 此處用了"剪燭西窗"典故,語出唐李商隱《夜雨寄北》詩:"君問歸期未有期,巴山夜雨漲秋池。何當共剪西窗燭,却話巴山夜雨時。"原指思念遠方妻子,盼望相聚夜語,後泛指親友雅聚。此處雖未精確引用原詩,但也有化用之妙。

② 齊:底本誤作"齋",據文意徑改。

③ 恧:慚愧。

歸寓。

同知之使來,筆話如下:

爲本日賀,被枉駕,謝謝。賤姓名倉,他諸人皆出外,請待回寓,當轉致耳。

小人今日來道喜,并無别事。(佚姓)

途中與侯埏壿筆話如下:

往表兄家如何?(埏壿)

可也。今日中秋佳節,故欲道喜耳。

王家否?(埏壿)

欲先到王家,後訪君家也。

我父出去,無由奉陪[①]。(埏壿)

王家可否?

先至此公。(埏壿)

從教。

弟未悉此公家,請問大姓雄名。

此即侄舅氏也,姓蔡。(埏壿)

昨日尊大人見訪敝寓,君知否?

知矣。老伯所贈之鞭甚佳。(埏壿)

到寳善家,筆話之文如下:

中秋令節,專誠叩喜。

① 陪:底本誤爲"倍",今據文意徑改。

百拜謝謝。(寶善)

鄉雲君在内否?

往游矣。(挺墫代寶善答)

請問寶善兄令號?

楚臣。(挺墫)

請再來。

叩謝。(寶善)

到侯平齋家:

今日佳節,敢道喜。

拜謝。(挺墫)

尊大人去何處?

家嚴到廟中去游矣。不能奉陪,不恭思罪。(挺墫)

弟歸路欲買棋子,請問此物在何處?

間日①往收可也。侄亦不知何在。伯若欲要,侄訪他人,於伯辦至可也。(挺墫)

感謝。

天向晚,請再來。

明日父叔當到貴寓奉謝。(挺墫)

不敢當,請固辭。

中秋分韻得"圓"字,作詩曰:

林立檣頭月正圓,清風滿榻絶塵緣。

① 間日:隔一天。

等閑休賞申江景，皆是家鄉夢裏船。

次韻柳原公所示詩，以題琴囊，曰(待薄暮月出)：

青龍抱玉未全颺，小立滬城水一方。
徒撫琴囊吟意切，魂迎明月至東洋。

夜來散步，游新大橋側之小園，觀月盡興。

十六日，小晴。八點鐘，出寓所，訪張秀芝。筆話如下：

鄙人早來警[①]玉夢，多罪多罪。

今天弟所以上崇堂者，只在請尊毫一揮耳。但紙張大者直幅，小者横幅可也。

嚴公伯雅，弟舊交也。聞得去往他。請問現今海防同知尊姓大號？

此乃敝邦馬鞭，敢奉送，哂收爲幸。

貪眠晏起，致失迎迓，罪甚罪甚。

嚴伯雅前赴桂州，今春轉來滬，未晤面。近日亦不知其在何處也。今海防郭姓，名階，字慕徐。(張耔雲)

貴國正副兩使，俱得瞻挹清光[②]，欽慕之至。祈代致起居。(耔雲)

弟徒號燕人，不能試馬春臺秋泊，早負馳騖[③]，鹽車下自貽羞慚。雖鞭之長，不及馬腹。謹領嘉祝，謝甚謝甚。(耔雲)

---

① 警：通“驚”，驚動，驚起。《周禮·春官·雞人》：“夜謼旦以䟢百官。”鄭玄注：“呼旦以警起百官，使夙興。”

② 清光：清美的風彩，多喻帝王的容顏。《漢書·晁錯傳》：“今執事之臣皆天下之選已，然莫能望陛下清光，譬之猶五帝之佐也。”此處是對柳原、花房正副使節的贊美。

③ 馳騖：疾馳，奔騰。此處意爲騎馬。《逸周書·文傳解》：“畋漁以時，童不夭胎，馬不馳騖，土不失宜。”

顧欲因閣下紹介,以見郭公,可乎?

郭君今午將晤食,適時試爲言之。此君年甚輕,未卜其一見海外佳士否。(籽雲)

閣下晤時,願以弟言轉致之郭公,亦弟之志也。

謹受教。(籽雲)

請問前日柳氏所轉囑小帖,尊揮既成未?

本國中秋乃下元之節[①],俗事多忙,尚未命筆伯。數日内即當奉璧也。(籽雲)

本月内寫就,亦不爲遲也。

遂到小東門内,買辦棋子及將棋[②],十二點鐘歸寓。

十七日,晴。一點半鐘,柳公以下官員備好儀仗,皆著正裝,前往道臺署,其列隊如下:嚮導一人[③](埜田千之、河村勘介),尾里權少録轎子(舁夫[④]二人),名倉大佑轎子(舁夫二人),掌儀(小柴恰),柳原從四位轎子(舁夫四人、高田精一郎、武市久馬吉),花房權少丞(舁夫四人),鄭權正(舁夫四人、東馬安太郎、增田兼藏),田處泰作。

及入轅門,祝[⑤]炮三發,喇叭聲起。既上堂,此時道臺涂氏(名宗瀛,號朗軒)、同知陳氏(名福勳,號寶渠)出迎,引請入席。公事話罷,至别堂品茶酒。四點半鐘,告辭回寓,時道臺、同知并送至廳庭外,歸路觀者如堵。

十八日,晴。九點鐘,遣使赴道署贈土宜數種(不受)。此日一點鐘,米國郵船(吾輩所乘來之船)發上洋赴東洋,因聊[⑥]作書信,付其船。(兒玉子

① 下元之節:舊時以農曆十月十五爲下元節,當與文義不合。疑爲農曆八月十五日"中元節"之誤。

② 將棋:日本式象棋。

③ 一人:疑爲"二人"之誤。

④ 舁夫:扛抬轎子、棺材之人,此處指轎夫。舁,抬舉、扛抬。《説文解字》:"舁,共舉也。從臼從廾。凡舁之屬皆從舁,讀若余,以諸切。"《魏書·鍾繇傳》:"時華歆亦以高年疾病,朝見皆使載輿車,虎賁舁上殿就坐。"

⑤ 祝炮:此處指禮炮。祝,音 shuì,祭祀活動,特指小祭。《廣雅》:"祝,祭也。"《集韻》:"式瑞切,音帨,小祭也。"

⑥ 聊:底本誤作"卿",據文意改。

乘此船歸東洋)

余有小恙,終日不出館門。柳公、花房、鄭等至同知居所。

十九日,晴。十一點鐘,柳公、花房至英國公使館。一點鐘,余出寓所,城傍逍遥。三點半鐘,歸寓。昨日,余作書送張籽雲,并請燕見道臺事、拜會海防同知郭氏事。恰好籽雲外出,今日送來答書,其文云:

松窗①星使大人閣下:頃承惠書,祗悉明日竭見道憲,自當代請。海防廳郭公現赴金陵,歸期無定。敢以布聞②,敬頌日祉。

愚弟張秀芝百拜。

二十日,晴。九點鐘,同知陳寶渠來,柳公以下均出迎。陳氏傳道憲語云:"貴官等赴天津一事,昨日作書報在天津諸大臣,故於進津事已無妨云云。"十點鐘,諸般公事議畢,陳氏離去。一點鐘,余出寓所,從小東門入城,來到一粟庵。有筆話之興,其文如下:

弟子四年前屢游貴寺領教,今尚依舊佛光烱烱,奉賀之止。

衲於去秋在寧波,有貴國安山、吴山二客。又在上洋③,於小東門美華書館④,有薩摩州棚張先生主印書。又於二渡恒安棧有畫工赤城城清水⑤。衲聞貴國佳風,欲同往。(望雲)

高僧若辱貴臨敝邦,則佛光當照吾東洋。謹待鶴輿翔下。請問高僧大號?

---

① 松窗:底本作"柒囱",係異體字、省筆字。

② 布聞:指向上傳報。《新唐書·西域傳上·焉耆》:"帝語近臣曰:'孝恪……當以二十二日破之,使者今至矣!'俄而遽人以捷布聞。"

③ 上洋:上海的别名。

④ 美華書館:The American Presbyterian Mission Press, 1860年美國傳教士創辦。前身是1844年美國基督教(新教)長老會在澳門開設的花(指花旗)華聖經書房(The Chinese and American Holy Classic Book Establishment),1845年遷往寧波,1860年落户上海,遂改名爲美華書館。

⑤ 赤城城清水:此處難解,或爲赤城、清水二人,"城"衍一字,存疑備考。

小名望雲。先請問法號?(望雲)

鄙姓倉,名敦,號松窗。賤行第一。

去年在寧波有貴邦來者,名安老山,君識其人否?(望雲)

弟子本不知其人。頃及游貴地,始相見耳。

現在何處?(望雲)

未問其居。

請領尊毫一揮,永以爲好。

出家人筆墨不足以當大雅一笑。(望雲)

遂訪侯平齋,筆話如下:

尊大人在内否。

已出去。(侯挺塼)

中秋節承枉顧,失迎,罪甚。(蓉江)

弟進京在近,願依舊領尊毫一揮。

未知月内去否?(蓉江)

在月内。

現見惠大作,感深謝甚。

字句陋劣,有汙尊目。(蓉江)

君家兄弟叔侄皆金玉,欽佩之至。現所奉囑紙張約數十張,請領金玉之令毫,永以爲至寶。

承過譽,愧甚。(蓉江)

閣下要進燕京,未知曾見道臺面商否?(蓉江)

既面商得允准。

此者有眼者謂之藕,無眼者謂之梨。貴邦同有否?(蓉江)

萬物皆有雙眼,弟未聞有八九目者,敢問何説?

萬物只有兩眼，惟藕之爲物，出此湖州府[①]者，有八縣，即出八眼；出之蘇州者，九縣，即有九眼，以一眼照一縣。所以不曰孔，而曰眼。(蓉江)

牽强最巧。

請問諸君亦曾游燕京否?

家兄平齋去過二次。(蓉江)

君亦同弟駕驛船，去游燕京如何?

刻下因父喪，守制[②]在家，不能前去。須三年服滿，方能出遠。(蓉江)

《官職圖》[③]可否留在弟處，借觀以便細閱，以資見識?(蓉江)

割愛以奉送。

謝謝。(蓉江)

承惠多珍，弟尚無奉贈，何以敢當！未知圍棋已辦就否?(蓉江)

已辦棋子及將棋，未得局[④]。

緩日奉贈棋局可也。(蓉江)

謝謝。請問弟來時在坐，及弟就席忽去人姓名。

此係醫生，姓黄，號小園。(蓉江)

又問在君傍女人，是尊細君[⑤]歟?

此拙荆[⑥]也。(蓉江)

芙蓉不若[⑦]。

---

① 湖州：州、路、府名。隋仁壽二年(602)置州，因地瀕太湖得名。治烏程(今湖州市)。唐轄境相當今浙江湖州、德清、安吉、長興等地。南宋寶慶初改爲安吉州。元改爲湖州路。明改爲府。唐宋以後蠶絲業甲於東南，明清又爲製筆業中心。

② 守制：守孝，遵行居喪的制度。在守制期内謝絶應酬，不得應考、婚嫁，現任官則須離職。

③《官職圖》：當是名倉予何人携來的本次使節團的人員職位示意圖。

④ 局："棋局"之略，即棋盤。

⑤ 細君：古稱諸侯之妻。後爲妻的通稱。《漢書·東方朔傳》："歸遺細君，又何仁也!"顔師古注："細君，朔妻之名。一説：細，小也。朔輒自比於諸侯，謂其妻曰小君。"

⑥ 拙荆：東漢隱士梁鴻的妻子孟光生活儉樸，以荆枝作釵，粗布爲裙。後以"拙荆"謙稱自己的妻子。

⑦ 不若：不如、比不上。此稱贊女子容貌美過芙蓉。

過譽,年老矣。(蓉江)

弟再到高居者,或當在念[①]八九日,願以其日領尊寫字可乎?

敬掃徑以待。所囑之書,恐不能全數寫就,屆時約一半可耳。(蓉江)

一半字,弟不能從教[②]。强請所囑紙張皆寫金字玉句。

當勉力。(蓉江)

樂矣。

聞有貴邦大臣與閣下同來,是何官職?又問尊銜在何處?(蓉江)

此番來者,弟就《官位表》[③]點朱露了。

歸路經王寶善處,回斜陽寓。夜來,次韻尾里子《游龍華寺[④]》詩曰:

遥認龍華烟樹間,蘇山一碧白雲環。

扁舟回棹斜陽處,倒路七層塔影還。

二十一日,晴。八點半鐘,出寓所訪張秀芝,筆話如下:

此一書,閱敝邦雜史時頗有便,敢奉送。

請問赴天津驛船行號?

再承惠《和漢年契》[⑤],何以克當?謝謝。

天津無甚船行,近年本國客商往來皆搭附輪船。由上海到天津,

---

① 念:此處通"廿"。

② 從教:聽任,任憑。

③《官位表》:即前面提到的《官職圖》,標示本次訪華團人員職位。

④ 龍華寺:寺名。在今上海市龍華鎮。唐嗣聖四年(704)興建,後歷經興廢,現寺爲清光緒元年(1875年)重建。寺前有龍華塔。

⑤《和漢年契》:淺野高藏著,寬政八年(1796)序,以年表的形式羅列神武天皇至寬政年間中日兩國的大事。

每人廿兩舟金玉[①]。在何處附塔[②],陳公甚了了也。(秀芝)

今日弟竊有請於閣下,一昨[③]弟等既經道臺允准,進京在近。但弟等未曾窺燕京之美,故不甚便地理。幸閣下燕人也,竊想閣下當有要事報貴家者,願差令僕一名,導弟等進天津,入燕京,豈不兩便乎?談及此者,弟實與閣下交誼不淺,閣下若不遐棄[④]弟不肖,允所請,則恩誼莫大焉。伏乞垂憐。

昨晤道憲,諸君燕都之行,擬請少待。以貴邦來意已稟通商大臣,俟筆帖批回,不過十餘日耳。未卜尊意如何?弟舍間[⑤]無甚事,近亦有人初回,未能遵命奉陪,祈諒諒。(秀芝)

承示天津批回不過十餘日云云,僕歸寓當以閣下言轉致也。嚮導一事,不蒙允許,亦無奈之何耳。但僕曾受閣下大恩,其誼宛如父子兄弟,故談及此,閣下若更賜一層工夫,以着鄉導者,則幸甚。

出言太重,萬不敢當。貴邦事未奉委辦,不敢越俎[⑥]而代,所以區區寸忱,不過以素承愛,未聊盡朋友之私誼耳。倘後來以貴邦事相委,必尚盡力設謀。本國職有所司,不能相擾之故,幸見諒也。(秀芝)

遂到旗昌洋行[⑦],問赴天津驛船之事:

聞得貴行係天津驛船行,有公事欲赴天津,請問何日開行?

開行未能預定。(行内人　張仲延)

---

① 舟金玉:此處指船費。金玉,黄金與珠玉,泛指珍寶、錢財。《周禮·天官·玉府》:"玉府,掌王之金玉。"

② 附塔:塔,疑爲"搭"之訛,此處指搭乘。

③ 一昨:前些日子。

④ 遐棄:遠相抛撇,遠相離棄。語出《詩·周南·汝墳》:"既見君子,不我遐棄。"

⑤ 舍間:謙稱自己的家。清全祖望《答史雪汀問〈十六國春秋書〉》:"此舍間所無者。"

⑥ 越俎:越俎代庖,典出《莊子》,語出許由,引申爲放下自己分内的職責去幫助其他人做事。

⑦ 旗昌洋行:Russell & Co.,是19世紀遠東最著名的美資公司,1818年由出生在康涅狄格州米德鎮(Middle Town)商人塞繆爾·羅素(Samul Russell)創辦於廣州,後擴展到上海等地。

請問自上洋到天津,上位船價若干銀?

唐人每位十五兩,洋人每位五六十兩不定。(仲延)

中位多少?

天津船只有上位。(仲延)

再問月内尚有開行赴津船乎?

此月内開去,尚有二三隻。(仲延)

弟寓新大橋側,若行期定,則請煩報知。

望閣下數日内到小行,一如有船開,便可搭定。況小行門首曾有牌子掛出門,是定見日期也。(仲延)

十一點鐘,歸寓。頃連日殘熱難堪。此日,午前炎埃如焚,午後轉小涼。七點鐘,柳原以下官員五名,如約至孛國[1]岡士館[2]赴宴,十點鐘歸寓。

二十二日,小晴。天氣清凉,賦小詩示蔡善多,曰:

憶昨同君游上洋(十年前俱游上海相親),萍蹤[3]一别夢魂長。
愧吾今日相逢處,雙鬢徒添江畔霜。

七點鐘,柳原以下大小官員均出寓所,至同知陳氏公館饗宴。陳氏大設酒饌,文話盡歡而歸。

二十三日,晴。二點鐘,出寓至海防廳,見郭氏筆話。因有前日張籽雲介紹之故,郭氏見吾至大喜,晤語盡歡。筆話如下:

弟東洋鄙人,久聞雄姓。今天忽賜竭見,誠恆弟願,不堪抃躍[4]之

① 孛國:普魯士王國。
② 岡士館:領事館。
③ 蹤:底本誤作"縱",兹據文意改。
④ 抃躍:猶言手舞足蹈,表示歡欣鼓舞。梁江淹《爲蕭驃騎讓太尉表》:"雖蹈疵戾,猶深抃躍。"

至。此乃敝邦墨盒，敢奉送，咲收幸甚。

堦久聞貴邦人文淵藪[1]，閣下碩學鴻儒，急思奉訪，俾暢叙一切。適以塵冗[2]，未克趨走[3]。乃蒙枉顧，慚感何如乎！賜墨盒，却之不恭，敬拜領謝。（郭堦）

前文過譽，慚愧慚愧。敢問大號？

前任伯雅嚴公，弟故人也。聞得此公既罷官去，不識今在何處。

字子貞，一字慕徐。（堦）

嚴公伯雅聞在江寧[4]，不知確否。堦與此公，未嘗往還也。（堦）

閣下春秋方壯，而當此大任，其才其略可想，不堪欽仰之至也。

堦年少不才，更謬承上游[5]拔擢，俾供斯職。深懼德薄才疎，或致隕越[6]。尚希錫以南針[7]，匡其不逮[8]，幸甚感甚。（堦）

不敢當。

請問閣下歷星霜約幾年？

堦今年二十九。（堦）

前任嚴公有著作詩，已上梓，弟領之藏於家。願更領尊作一二，永以爲好。

堦學識庸陋，何敢附於作者之林？惟亂筆無詢，敢不就正道。惟未有録，有副本，容録成奉上。閣下著述想已宏富，尚希賜讀[9]，俾廣

① 淵藪：謂學問深廣。《隸釋·漢荆州刺史度尚碑》："智含淵藪，仁隆春煖，義高秋雲，行絜冰霜。"此處稱頌日本人文積澱深厚。

② 塵冗：繁冗，繁雜。元劉壎《隱居通議·文章五》："意欲自立，不混流俗；言欲簡潔，不爲塵冗。"此言瑣事纏身。

③ 趨走：原義疾步行走，《戰國策·趙策二》："不佞寢疾，不能趨走。"此處用古禮之義，謂小步疾行，以示莊敬。

④ 江寧：南京舊稱。

⑤ 上游：原義臨近河流發源地之流域，轉指技藝、地位之前列，此處特指官場中的上司。吴啓太、鄭永邦《官話指南》："那兒的話呢？老兄如此大才，無怪上游器重！"即此義。

⑥ 隕越：失敗、失職。

⑦ 南針：指南針之謂，此處喻指點方向。

⑧ 不逮：不足之處；過錯。《尚書·冏命》："懋乃後德，交修不逮。"顔師古注："不逮者，意慮所不及。"

⑨ 讀：底本作"瀆"，輕慢、不恭之義，此據文意改。

見聞。(郭階)

拙詩蕪稿,固不以足[①]污電眸。但弟鄉友所作小詩數卷已上梓,現帶有留敝寓。再上高堂之日,當携來奉送也。

謝謝。(階)

請問每日何時視朝,何時退朝?

鷄鳴視朝,退朝則因事之多寡以定。(階)

貴邦山公[②]著有《七經孟子考文》[③],甚爲博贍精確。物公名茂卿[④],聞亦著述宏富。山公《七經孟子考文》外,尚有何書?兩物公書何名?希賜教。(階)

敝邦陋儒物茂鄉,極雜駁。山子亦陋儒也。《七經考文》一書,既污電眸,但物子有著作數十百部,大抵係辯駁古人之説者。此番弟等所帶,更有敝邦書籍若干部。請待閑日,取一二可觀者來,乞尊評大批可也。

容詣尊齋拜讀。階聞貴邦有伏生[⑤]《尚書大傳》[⑥]完本,果然否?希示悉。(階)

此書有之,弟等不帶來。

弟聞閣下言,熟察似專治四子[⑦]六經[⑧]者,弟亦曾鷄窗讀經書,所

① 不以足:此處疑日語漢文訓讀造成詞序混亂,當以"不足以"爲是。

② 山公:山井崑崙(1690?—1728),紀州(今和歌山縣)人,名鼎(一作"重鼎"),字君彝、忠甫,通稱小傳次、善六,崑崙是其號。荻生徂徠門人,日本江户時代中期儒者,被稱爲當時考証學第一人。

③《七經孟子考文》:江户時代古學派學者山井鼎考文、物觀補遺編成的經書校勘著作,在中日學術界産生了相當大的影響。其書作爲僅有的兩部由外國人纂集的經學著作之一而被收入《四庫全書》,更得到乾嘉學者的肯定,成爲清代以降經書校勘必不可少的著作。

④ 物茂卿:荻生徂徠(1666—1728),名雙松,字茂卿,别號蘐園。江户時代前中期儒者,古文辭學派創始人。著作有《譯文筌蹄》《論語徵》《弁道》《弁名》等。按:底本"卿"誤作"鄉",據意徑改之。

⑤ 伏生:漢時濟南人,名勝,或云字子賤。原秦博士,治《尚書》。

⑥《尚書大傳》:係詮釋《尚書》之書,傳爲伏生所著,但學人多疑之。《四庫全書總目》:"舊本題漢·伏勝撰。勝,濟南人。考《史記》《漢書》但稱伏生,不云名勝,故説者疑其名爲後人所妄加。然《晋書·伏滔傳》稱遠祖勝,則相傳有自矣。"此書無完本傳世,唯有後人輯本流傳,以皮錫瑞本最佳。

⑦ 四子:指《論語》《大學》《中庸》《孟子》四部儒家的經典。此四書是孔子、曾子、子思、孟子的言行録,故合稱"四子書"。

⑧ 六經:六部儒家經典。《莊子·天運》:"孔子謂老聃曰:'丘治《詩》《書》《禮》《樂》《易》《春秋》六經,自以爲久矣,孰知其故矣。'"

謂同氣相求[①]者也。想閣下既有尊著經説，請賜一觀。

閣下乃積學[②]之士，敝帚[③]何足當方家一噱，容趨謁時携呈乞教正。（階）

果有尊著述，若賜拜觀，則弟當刮眇目[④]仰讀也。弟等假寓固在陋巷，不足容高蓋車，他日弟拜趨賜一觀可也。

不欲再勞尊駕，定當拜趨謝。（階）

謹固辭，兩三日間携呈書，當再上高堂，敢請日期。

更固辭，萬不敢當。連日稍有俗冗，遲日當先行函訂日期，詣談一切。（階）

弟欲借尊著作書一二，帶去以拜讀，敢情如何？

尊意諄諄，謹不揣謭陋，拙作《周易漢讀考》呈政[⑤]。惟是書無副本，希閲後放還爲荷。（階）

拜閲後定當奉璧[⑥]。

請問蘄水亦尊號歟？

階，蘄水[⑦]人也，蘄水屬湖北黄州府。（階）

弟本好讀《易經》《欽定四經》[⑧]《述義》[⑨]《啓蒙》[⑩]等書，曾熟讀。此書，末書極多，想若尊著作，折其衷、拔其萃者也。

---

① 同氣相求：語出《周易・乾》："同聲相應，同氣相求。水流濕，火就燥，雲從龍，風從虎。聖人作而萬物睹。"比喻志趣相同的人自然結合在一起。

② 積學：猶言博學、飽學。唐韓愈《順宗實録三》："給事中陸質、中書舍人崔樞積學懿文，守經據古，夙夜講習，庶協於中。"

③ 敝帚：破舊的掃帚。喻無用之物。

④ 眇目：瞎眼，自謙詞。

⑤ 呈政：指正，斧正，請人指教時套語。政，通"正"。

⑥ 奉璧：底本作"璗"，似"瑝"字，然於義不妥，疑爲"璧"之異體字，存疑待考。按："奉璧"，完璧歸趙、物歸原主之義。

⑦ 蘄水：湖北省浠水縣的舊名。

⑧《欽定四經》：清李光地《御纂周易折中》、王頊齡《欽定書經傳説彙纂》、王鴻緒《欽定詩經傳説彙纂》、王掞《欽定春秋傳説彙纂》。

⑨《述義》：疑爲乾隆年間汪由敦等奉敕所撰《周易述義》。汪由敦（1692—1758），初名汪良金，字師苕，號謹堂，又號松泉居士，安徽休寧人。雍正二年（1724）進士，乾隆間累官至吏部尚書。

⑩《啓蒙》：恐爲南宋朱熹、蔡元定合撰之《易學啓蒙》。

階所作踳駁①庸陋，何敢云折衷？過奬，殊覺汗顔。尚希不吝教。（階）

弟前年游李撫臺曾鎮小南門外，蓋備毛賊也。當時弟曾仰豐采，然未看其書。今高堂壁間揭此公書，字句并巧。弟初想李公是武辦，及今閲之，知文武兼備人。請問閣下與李公曾締交否？

曾見過，不甚熟。（階）

賤人久坐，污玉堂，多罪多罪，請告辭。

五點鐘，歸寓。是夜讀《周易漢讀考》，有感賦小詩，以贈郭氏曰：

襟韻②風流意豁如，高才早已馳聲譽。
多君世事埤遺處，看破韋篇三絶書。

題《周易漢讀考》：

近世學《易》者，大抵以唐宋諸家説爲宗，其能沂秦漢者，蓋鮮矣。子貞郭君，年未上而立，既有此著，且以"履霜"③起筆，以"大過"④斷筆，蓋有寓意存焉。可觀學有淵源矣，他日成業豈可窺測哉！余東洋鄙人，腹無隻字，固非一辭可以妄贊也。但謬辱一面知，欽其人，善其著，不覺走筆題卷端云。於時大清同治九年⑤，我明治三年庚午八月下浣也。東洋倉敦拜草。

---

① 踳駁：亦作"踳駮"，錯亂、駁雜之意。左思《魏都賦》："非醇粹之方壯，謀踳駮於王義。"
② 襟韻：胸懷、氣度。
③ 履霜：出自《易經・坤》，原文爲："初六：履霜，堅冰至。象曰：履霜堅冰，陰始凝也。馴致其道，至堅冰也。"
④ 大過：《周易》卦名，六十四卦中第二十八卦，巽下兑上。
⑤ 同治九年：日本明治三年，公元 1870 年。

廿四日，小晴。北京行日近，因賦小詩留別上洋故人曰：

秋風一別淚潸如，雲嶽烟波恨有餘。
若聽鴻聲推户看，天邊字樣是吾書。

此日蔡善多乘驛船歸長崎。晚漫步新大橋，立而納凉；又游花園，興致頗濃。

二十五日，雲起。作書與郭子貞并贈《周易漢讀考》之題辭評文等。九點鐘，余與鄭氏共至旗昌行購買船票。議定票價上位（官員）每人五十兩，中位（僕人）每人十五兩，定於本月二十八日發上洋赴天津。一切議定，返回寓所。十一點鐘，出寓所訪侯平齋告别，更至王寶善家話别：

弟等行期頓迫，明後天下船，二十八日開行，將赴燕京。故今日專誠來留别，但拙詞一章送呈，并乞政。（詩逸）

詩絶佳，佩服佩服。（平齋）

閣下行期何以如此急迫？囑書數紙尚未告竣，奈何？將棋、圍棋局已辦，就奉送。（平齋）

奉囑書未告竣者不妨，棋局拜領，謝謝。尊揮數張謹拜玉賜之辱。

字迹惡劣，恐攜至貴邦，貽笑不淺。（平齋）

弟等未知燕京地理，聞大兄游京既二次，請問京地舍館何處最好？

弟在道光廿六年[1]，隨先父進京一次；廿八年，弟自己有事亦進一次，皆寓在前門西河沿。彼處舍館甚多，擇其佳者居之可耳。（平齋）

弟聞海路四晝夜達天津。在天津四五日，或者八九日，當直進燕京。又聞天津有通商大臣料理外國事務，若果然，則弟等淹留天津，當與之俱議事也。請問天津舍館如何？

① 道光廿六年：公元1846年。

弟前次進京，從内地而去十餘站至請江浦[①]，則江南之地盡矣。從此坐車登陸，十八站到京。經山東、直隸各省而行，須得一月可到彼。時輪船未通天津耳。已通之後，弟并未去過，不知天津地方如何光景也。彼時進京極難，不比目下也。(平齋)

大兄進京時無輪船，只積步爲里，積里爲宿，積宿三四十，始得達京耳。今則不然，一走千里，數走而達京，又何時變之速如此也！

老兄用道臺文書乎？抑至通商大臣處面見乎？(平齋)

前日道臺作書，馳報北京及天津大臣，故弟等進京無妨云。

正一位[②]在何處？(平齋)

敝邦以正一位爲贈位，故生前無登此位者。

貴國將軍何品？(平齋)

君不聞敝邦政治一新，舊將軍一廢不用。

今以天子爲尊，然否？(平齋)

然。

舊將軍時，百官職名皆從俗稱。此番改正，故大兄閲之轉易了會耳。

去歲聞得貴國有干戈之事，諒必廢將軍而起。(平齋)

然。

兩三年前干戈大動，數十萬兵卒，晝夜苦矢石。至客年春間，干戈始熄。

爲何事開兵端？(平齋)

將軍叛矣。

平秀吉有後裔否？(平齋)

無。

① 請江浦：指清江浦，今江蘇淮安市。按：底本“清”作“請”，疑誤。
② 正一位：日本品秩與神階的一種，爲日本品秩制度中最高者。

人臣專政者于今六百年,至三年前始復古。

貴國有徐村,係中國徐福[①]後裔,然否?(平齋)

只道東洋紀伊州[②]有徐福祠,當時奉秦始皇帝敕來采藥,然未曾聞有徐村者。

行裝匆忙,請告辭。

弟耳聽好消息。(平齋)

廿六日,陰。八點鐘,出寓所,訪張秀芝話別:

弟等行期頓迫,明日下船,明後日開行。故今日專誠來上堂,敢告別。請閣下爲國自愛。

昨日差人賜尊毫數揮,謹領拜謝。此乃敝邦詩箋,敢奉送,哂收是祈。

留别拙詩一章,奉呈并乞正。

弟又有請於閣下。閣下燕人也,弟等亦將入燕京,願得帶領介書一二,以達京内名士。伏乞愛下。

芝居處離燕京尚有五百里,且出京已久,所有故人皆已游宦外省,芝亦京中不通音問者廿餘年矣。(秀芝)

弟以爲[③]尚當一二雅友在京,拜領一介書否可[④]?

芝本係寡交,兼久離鄉貫,故爾書信索然。非故却也,祈諒之。京師文人雖多,不知者恐難爲介紹也。(秀芝)

無力。

前日因尊介得見郭公,謝謝。年内必當復拜鶴顔。請百事爲國自

① 徐福:字君房,是秦朝著名方士。秦始皇時期,徐福率領三千童男女出海求仙,傳説遍及韓國南部與日本沿海各地,成爲歷史上中日韓文化交流的一段佳話。

② 紀伊州:現在日本和歌山縣與三重縣南部一帶。

③ 以爲:此二字底本漫漶,兹據殘筆推測,存疑備考。

④ 否可:此二字底本漫漶,兹據殘筆推測,存疑備考。

重。臨別忽賜次韻，謝謝。弟敢獻蕪詞[①]者，爲釣得此好詩耳。

拙句貽笑大方，慚愧慚愧。（秀芝）

星軺[②]北上，恕不走送，返旆再當奉教。（秀芝）

十點鐘，歸寓。十一點半鐘，又出寓至旗昌行[③]交付船價（洋銀計四百九十三元半）。遂至埠口，查看驛船，船名曰“滿洲米國之驛船”。午後雲起，天色如暗。晚來降小雨。旗昌行内筆話如下：

請問貴姓名？

姓金，號逸琴。

門楣揭示云“今晚開行”，今兄云“開行在明晚”，弟大惑焉。請問如何？

因今日不及下貨，故改明晚耳。（金）

請問貴姓大名，現往天津何事？（金）

姓倉，名敦，號松窗。此番赴天津者，因有公事耳。

請問自上洋至天津，海路幾日程？

約四五天可至耳。（金）

今日欲撿[④]驛船，預確定每位船室可乎？

儘可使得。（金）

每名各自可得領票乎？

五位駢[⑤]做壹張票，八位各自有壹張。（金）

---

① 蕪詞：蕪雜之詞，常用作對自己文章的謙稱。趙令畤《商調蝶戀花》詞：“奉勞歌伴，先定格調，後聽蕪詞。”

② 星軺：使者所乘的車，亦借指使者。宋之問《奉和梁王宴龍泓應教》：“水府淪幽壑，星軺下紫微。”

③ 此處指旗昌輪船公司，亦名“上海輪船公司”，是美國在華旗昌洋行經營的企業之一，是上海港第一家外商輪船公司。1862 年旗昌輪船公司開業，經營滬粵、長江兩大航綫。1867—1872 年，壟斷了長江航運。該行的全部業務在 1891 年清理結束。

④ 撿：查看，驗看。

⑤ 駢：合、并。

再者搭客票,望弗遺失。如上船時,勿必交出,待至天津將進口時交出。此并以作爲憑心①。(金)

上位客五人,此一票而足乎?

此并係是寫明客人五位,望弗疑可也。(金)

閣下上船時,將此紙至船上賬房,一問即知其住何處也。(金)

受教,謝謝。

再問刻交付洋銀,更可領證記乎?

此是敝賬房向無此例。(金)

請著人導弟等至船處。

同閣下至船,實因此刻無人得暇,只好寫一字條,望閣下帶去何如?(金)

好。

請問船名?

滿洲。(金)

廿七日,晴。早起整理行裝頗忙。九點鐘,同知陳氏來送別。十一點鐘,尾里及諸從僕監督行李至驛船。午前,海防廳郭氏遣人送筆墨及次韻詩。午後,郭氏來送別(儀威甚盛),柳原以下官員均出迎。筆話如下:

鶴輿翔下,不堪恐懼之至。

連日俗冗羈身,今始得至高齋②一申謝悃。遲延之咎,尚希原恕。(郭階)

恐懼恐懼。

請問京内有尊友否?

① 心:此字疑爲"信"之誤。

② 高齋:高雅的書齋。常用作對他人屋舍的敬稱。孟浩然《宴張别駕新齋》詩:"高齋徵學問,虚薄濫先登。"

能文者大都出京,其餘無足訪也。(階)

弟等不便京内地理。閣下若有尊友在京,則願得領一二添書,因尊介達名士,伏乞垂憐。

翰林院畢[①](名保厘,號東屏。住琉璃廠蘊真齋古玩店間壁),閣下可訪伊問一切也。(階)

願欲領帶尊介一简書入京,敢請如何?

謹作書轉達,晚間送上也。(階)

不堪攸抃[②]之至。

今日筆墨之贈,感恩之止。弟歸國之日,珍藏家,永以爲好。謝謝。

久溷[③]高齋,不安之至。且諸君行色早早,不便久坐,謹拜別。(階)

郭氏去後,大小官員、從僕等均辭寓所,下驛船。五點鐘,余至海防廳,得郭氏添書一簡而回船。於海防廳筆話如下:

前刻鶴駕辱枉顧,感深謝甚。

帶來書籍,深藏船底,探出甚難。請待歸滬日,必當取一二部奉送耳。

弟自用雜什,撰[④]一二,敢送呈,薄品見哂之至。長者是馬鞭,布是手巾,短者是小刀及錐。

高軒[⑤]再過,感愧無地。蒙惠多珍,心感擘謝[⑥],萬不敢領。(階)

---

① 畢東屏:蕲水人,庚申(1860)翰林。
② 攸抃:歡欣鼓舞之意。
③ 溷:《説文解字》:"溷,亂也。一曰水濁貌。從水圂聲,胡困切。"此處通"混",係郭階自謙之辭。
④ 撰:同"選"。
⑤ 高軒:猶言"鶴駕",敬稱對方之詞。
⑥ 擘謝:即大謝、深謝之義。擘,原義大拇指,此處喻大。

返旆後，此購書籍，定當奉價。（階）

不腆[1]土宜，閣下若不肯受，則弟慚汗無地。枉哂收是祈。

賜尊介書，謝謝。

盛意諄諄，不敢再却。謹領小刀及錐。餘珍擘[2]謝。（階）

弟誓不肯從尊讓。

雲情優渥[3]，敢不領，拜謝拜謝。（階）

行裝早忙，請告辭。

明治十四年六月七日　版權免許

同年九月廿二日出版

著者　東京府士族　名倉信敦　東京府下芝區南佐久間町二丁目一番地

出版人　東京府士族　福島信堅　東京府下本鄉區駒込曙町三番地

發兑書肆：東京芝三島町　山中市兵衛；同馬喰町二丁目　石川治兵衛；同櫻田本鄉町　伊東武亥；同本町三丁目　金港堂

① 不腆：不豐厚，謙詞。《左傳·僖公三十三年》："不腆敝邑，爲從者之淹，居則具一日之積，行則備一夕之衛。"

② 擘：底本作"璧"，此據前文"心感擘謝"改。

③ 雲情優渥：盛情難却。

下編　文獻編

《滬城筆話》

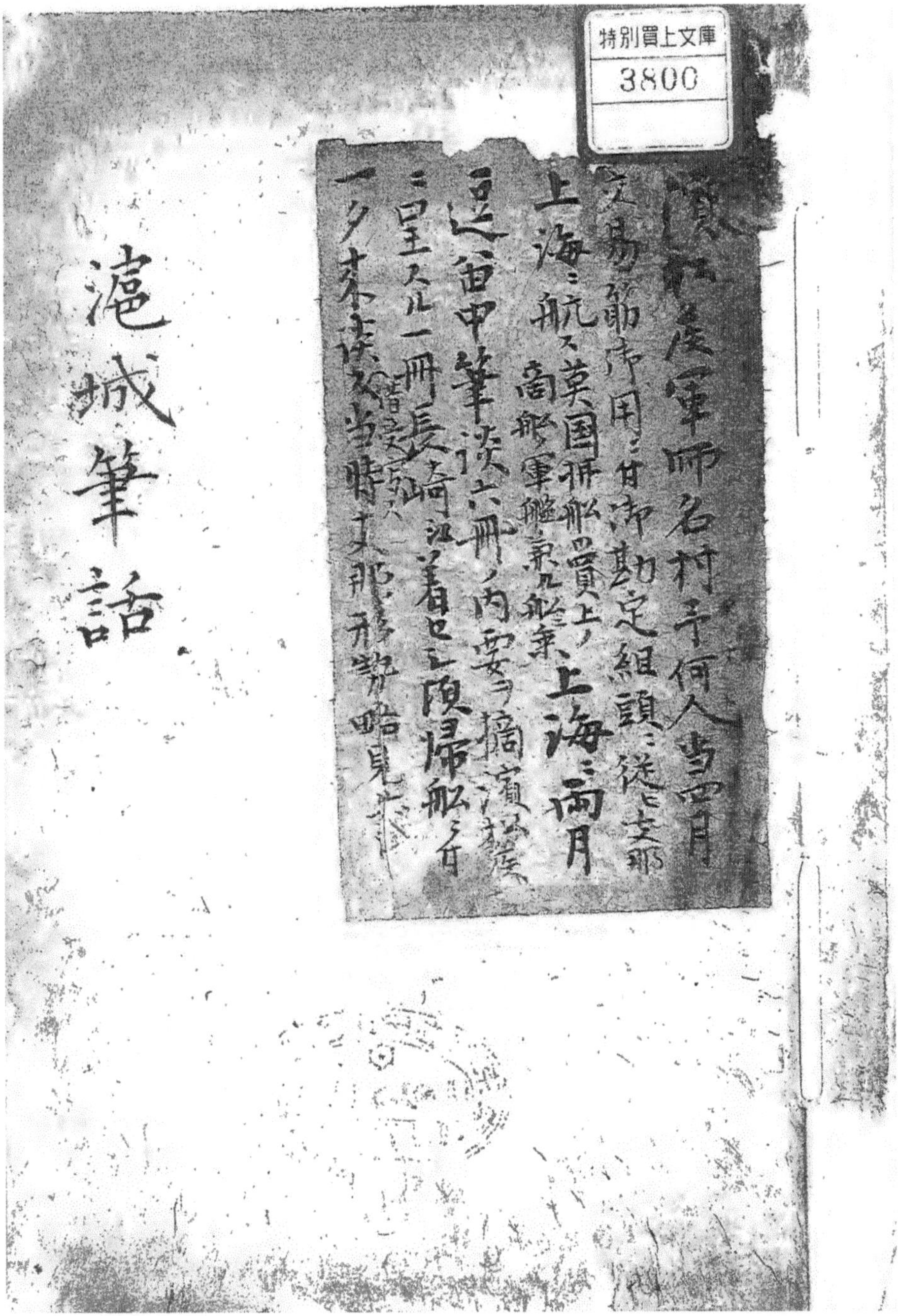

東京都立日比谷圖書館
37.5.12
017965

臣始入滬城七月初五覓去滬
六旬但以言語不通故自飲食
辯也於是臣預作小冊子若干
漸積爲六卷然鹵莽俚野之言
臣削繁除雜更爲一卷頓首再
拜謹獻之銀閣之下
五月初九日在館

請問上海中有名兵家者爲誰
一因上海沒有名兵家不能抵長匪之類　張雲
宿儒碩學其名最顯者如何
上海乃活水之地亦少文學之人　張雲
蓋彼善於此則有之

本地乃萬方雲集之處文武諒亦有之 張雲
舉兄所知
勞鍊未明 張雲
初十日 內在館
貴國中有作文做詩者乎 唐虞賡
吾邦文化大開五尺童尚能作文做詩惟吾輩偶無
文字耳
何謙虛若是乎 唐虞賡
字与文理与吾邦國同否 唐虞賡
同
十三日 內在館
黄浦所繫舟間有携妻兒以舟為家者請問此係何
等人

其小船均係逃難而来者以船為家替人裝貨者亦有之 張椒香

余閱英國館前新大橋落後中分兜扯桔槔每帆檣過橋下輒開桔槔每開稅銀一元請問稅銀一元而數舟得經過否

此事尚未經手過不知其細 張椒香

十七日 至南馬路街

弟未知長匪之所由起請問渠以何為名舉師郵此

匪起粤西初起時緣當事只用撫綏不即撲滅蔓延已十載矣鄙愚弟兄等自旧冬避難渡浦而西今春三月家室被焚家中所有書籍圖画金石尽付一炬之不勝於邑 顧麟

慇懃之至

雖賊匪必當有兵制陣法渠以何等兵術倡獗如何乎

賊實無兵法緣吾朝泰平已久將不知兵〻不統將賊來即遁所謂委而去之者今日是也　顧翯

同日　至文廟側

余欲拜孔夫子廟可得歟

現有英人在內作寓彼国不敬神聖欲拜聖人恐不能也　吳嶽士

君以余爲何国人

閣下落〻大方豈琉球國歟　吳嶽士

未

來

高麗國手　吳崴士

弟素未見聞求指示　吳崴士

余是五帝国之大日本武藏州人

失敬〻〻日本国弟所知者国一時失記也　吳崴士

請示高姓大名容日奉訪可得入貴寓否　吳崴士

弟姓名倉名敦通称予何人若見枉駕幸甚

尊姓名何

賤姓吳号崴士安徽歙縣人曰避乱遷吳先世亦

是讀書者　吳崴士

弟欲觀貴邦軍馬操演之美者久矣願兄為之介

現有新德君李公駐札大南門外每日早晨有操

練之事欲一往觀須至營中有相識之人方可僕乃
客居未得入其營也不能奉陪憾甚愧甚 崴士
今日有緊要事件請他日再會敘話
同日至西門
閣下寓何處祈說明以便專人送上 陳汝欽 候儀
弟寓洋涇浜宏記館
此剣亦長匪依然猖獗乎否
就上海而論猖獗西北東南已稍平矣 陳汝欽
我江南統兵元帥曾相国現猶駐紮安徽一帯用兵
之法名振中外不日可以恢復中原上海係海僻小
隅暫借西兵為邦帛一助耳 陳汝欽
名對如君可謂使四方不辱君命者矣

請問貴國向国想必同一教化術示之 海欽

僕是大日本武藏州人姓名倉名敦

請問君在貴国所司何職現到中國所幹何公 海欽

僕江都兵家者今番有故陪小員至貴邦身

吾邦自有數種兵法僕既得畧尽其蘊奧矣且僕小少

好讀貴邦兵籍韜畧以下俞戚諸公兵學亦畧涉獵焉

但未知貴邦刻下兵制伏乞教

我大清二百餘年一統承平遠近化向自逆夷入寇

国務漸有剝耗之危以至長髮捻匪等接踵而起其

餘各省州縣羣雄争起者難枚挙道光年間林少穆

素習古人兵法廣東夷匪當時一平後有文武將相

屢奉我皇聖命統領攻剿逆賊其祖何人兵法予未

得其詳但見其用兵之時与來必拘泥成法就
時應計耳 汝欽
道光中鵝片役詳于粵匪犯境録僕固知之只來必
拘泥成法云〻並乃確言
敢問貴兄官位爵秩高姓大名如何
僕姓陳名汝欽號勉生浙江天台山人也少年鷄
窓讀書輙以翰苑自許不料采芹後急於進取循
大朝捐輸之例奉旨以巡撿奉發江蘇補用現署
蘇州府吳縣光福司巡撿事兼攝盤查奸細之役
微員末秩自悔不及貴兄事也拿劾變支汝欽登武弁
貴家爲從免冀登黌之才固僕之所以兄事也今以
君才登武弁安知他日 登壇之舉哉請君勉旃

僕淹留中欲觀看操演之美可得至操場乎

大南門外大營中日〻操演君不時可去閱之 汝欽

本地駐防兵凡幾名

西門城上下各樓兵二千另城門口盤詰四十

餘名城上砲臺放砲手六百餘名 俟儀

貴姓大名如何

敝姓俟名儀号梧軒係浙江台州府臨海縣人

十八日在館內

聞此地有陳化成之墓未知確否

是香煙祠非墓也在城內地名淘砂場 張耘香

請問公墓在何処

墓在吳淞 棣香

公子孫今在官途否

已歸原籍 棣香

十九日 至西門駐防

前日蒙賜顧謝〻今日願敘話可得乎

敬求賜教 侯儀

聞英法二国助戍城門其費殆不貲請問二國費於何處 或云英法自備或云貴邦償之未知孰是

英法二國助守城門之費供係自備 侯儀

萬里長城之遺址今猶存否

長城現尚依然無恙 侯儀

魚腹江之圖又猶存否

腹江之圖現在遺失然尚有不過難覓耳 侯儀

敢問諸君經歷戰場多少

不多歷但我軍与敵人情形頗知之 陳汝欽

屢戰地一齒尚可以語勝負情由況既兄曰不多歷

蓋踐履不少矣願聞其畧

僕於金閶未失之時于役太湖水營三月又曾

至浙江之長興所履之地原屬一〻長髮之懼

義兵者懼在兵心之齊尤懼在民心之齊恕一

稍解彼即長驅直入所向靡莿 汝欽

請問當時官軍用何陣法又彼以何陣法其勢頗猖

獗欤

凡到處失守之時俱屬士卒不戰之故彼此何
有陣法長髮之邑拔見我軍一退即將我軍旗
幟一竪假我(作)潰敗之軍沿途擄掠使百姓之膽
一寒兵勇既潰真偽難分遂致一ヽ月間三五處
地方失守究之大朝承平(已)久偃武脩文致有饑
匪窺伺之患刻下英俊挺生江南自(不)難掃平幸
慮焉　海欽

弟始聞戰地實踐之言豈可堪喜哉他日弟又好吐
露滿腹以大論戰畧陣法君(若)無棄弟幸甚

道臺吴公前任在何州

吴公前任係某公署理失守蘇州省城奉旨　倭儀

敢問吴公才學文章如何

吾公才學經濟世所罕有 汝欽

貴邦人共有多少到來共穀長毛不亦美乎何必用西洋諸国 棠勤齋

今番吾邦人来者僅五十有一名只爲通商貿易而已若穀長匪則請待他日

醫術用西洋方歟將仍舊方歟

医術仍用舊方 俟儀

間有用西洋方者乎

多所見均用舊方西洋方間或用之未可知也 俟儀

貴邦之筆甚妙名呼何筆毛歟 俟儀

此筆疏悪甚何名之有

請問君居何職乞明以教我 俟儀

僕是一諸侯之臣以兵学為賤身

前明義士鄭成功之裔今猶儼然存歟

鄭成功之苗裔極多　侯儀

弟所齎有吾邦兵書一部請他日以其書示諸君願

賜高批覽評

貴邦兵書謂必超拔倘得拜讀固所願也　侯儀

其書係百五六十年前吾邦人所著當時火術未甚

熾盛故說火術者不精密請諸君亮察　一二日間才必攜之來

侯奉到時拜讀可也　侯儀

同日　至新北門駐防

貴国必係文物之邦可有孔夫子廟否　楊溥

諸侯國都必有孔夫子廟

改日在此候教　楊濤

弟結髮從事兵法未嘗習書是以字體殆類塗鴉貴
兄推讀是祈

弟身歷戎行亦係粗魯之輩考較文理尚欠用
功祈原之　方瑤卿

弟亦小少學兵法頗知韜畧以下諸名將之兵法敢
問方今貴邦兵制陣法從西洋法歟將仍舊用愈戚
之法歟曩弟至西門以新事問陣候兩士〻〻未有
以答願貴兄為弟語之

若問現時用兵非古來排兵佈陣之法同今逆賊
倡乱皆係擄裁国之良民充當頭陣者多臨敵之
時見機行事未能預定之戰法古語云用兵之道

虛〻實〻臨機應變并不能一定之氣程也 方瑤卿

二十一日 至西門駐防

僕号予何人此乃取孟子所謂舜何人予何人之語以自命爲願待侯陳（王）兩君作之記以貽之子孫

辱荷命題本當遺教愧才疎学淺有負雅囑且日來抱採薪之憂容緩献愧係恐縮不恭之罪也 侯儀

交誼之不淺無以謙讓可也

昨承賜兵書尚未拜讀前命寫便面亦未書就因有採薪之憂是以遷延迄乞原諒爲感 侯儀

兵要録高評并便面之尊寫過本月而成亦以爲遅也兩君以病間賜覽寫是可

兵要録之作据武備志練兵實記記効新書故書中大抵取茅戚二子之語但有口訣之處僕審言之英法二國助戍滬城者僕既聞之敢問其他别縣又有二國助戍之處乎

惟有上海西兵自願助戍餘地兩国均不得與聞也 俟儀

以火術日熾盛故西洋諸國廢棄弓弩而不用之請問貴邦亦廢弓弩歟

弓弩間亦用之 俟儀

砲臺并鏡砲之製做西洋歟將用貴邦之舊制歟

吾邦各處砲臺鏡砲供用舊制尚屬精工惟上海任西兵自用耳 俟儀

龍泉莫耶尚矣方今貴邦良劍實刀其名如何
吾邦所称寶刀亦龍泉莫耶是也 侯儀
本地道臺以下百官品級凡幾等次道臺者為何官
道臺係三品次知府四品知州謬廁司馬係五
品縣七品再下佐雜八九品也 侯儀
兄來後見老練之人吾高杉兄如何人也 汾欽
僕至貴邦除諸君之外未嘗見宿德碩學之人也 昨
所賜顧高杉子一大諸侯之貴臣也 吾邦立國封建至
最大諸侯則食數國其臣之大者亦其釆不下數萬
户但高杉子貴臣中之小者耳
二十三日 至斬北門駐防
楊公方公在大防吾

揚公已赴奉賢縣做官去了方公出去未來 裘綏

貴防有縉紳全書頗得一見

縉紳在敝寓 裘綏

弟閱貴邦立國郡縣設仕至宰相之其子孫勿落在

民間暴戾否

亦有亦有不者 劉文滙

雖無通事而滿言語相通歟

不相通 文滙

滿漢同察恐有妨公事如何

滿官會說漢話 文滙

滿与漢兵孰精

魯衛之政 文滙

敢問貴邦軍艦之制從西洋然

我國戰船皆是本國自造非洋船也　文滙

康熙以降諸名家所著書大約宗朱學而折其衷耳

今學流亦然耶

是　文滙

方今宿儒碩學爲誰

雖有均不在此亦不深悉　文滙

二十四日内在館

余欲出郊外探民間之情實請問何村落風俗最美

許霍生

上海村鄉風俗一體風俗最麗者惟蘇杭耳

上海距蘇杭約數許里

三百餘里　許霍生

滬城户口數多少

今往來無數浩称十餘萬户　張雲

請問防西洋諸虜与討長匪似有内外之別陣法戰畧亦有以異乎

西洋諸虜前林文忠公（名則徐）以守爲戰不肯登与接仗其海防之法極詳至于長髮烏合之衆實在無能只以當事人知兵者少以致如此遇曾袁諸公則可見矣　華毓慶

弟嘗竊謂貴邦所長在陸戰西洋所長在水戰須及閲花燒録則不然貴邦奏捷者不在陸而在海西洋得利者不在海而在陸弟疑焉蓋有高説請詳言之

敝邦兵法多宗武經七書〻〻言兵大畧如前

明戚紀綱效新書練兵實記法則全備水陸並用可節（林）制之師我大清承平日久軍政稍替以致跳小醜麋爛數省現在曾元帥（名國藩）統兵將次克復南京賊巢ㄱ破各處可望蕩平袁甲三統兵江北勝保（滿洲人）僧格林沁（蒙古人）四公用兵水陸有法不愧名（古）將敝邦用兵南人水陸戰俱講北人長馬戰西洋只長火器能水戰者止輪船亦在火器耳孫武子等書貴邦想亦有之另分有兵書否用兵所長若何願閱之幸勿吝 華毓慶

孫武以下茅元儀所著武備志其他俞戚諸公兵籍若某輩亦能閱之了敝邦別有數種兵法老兄若辱尊問則某詳言之

願聞其畧 筆談

敝邦兵法大約十餘種其最顯者三曰甲州流曰越後流曰長沼流是也其法与兪戚兵法畧相似但敝邦所長在槍劔故以短兵相接爲便耳

二十五日 在館内

日本語与漢語通書有否 許霍生

恐無此書

何以字同而声音異乎 許

吾邦自有一種音訓故不通耳

音韻惟以五十字之声如能借漢字傍有五十字音者其語即可通也 許

吾邦自古以訓讀行故言語不同耳

何故眠無床榻蔑鋪枱櫈而官吏無紗帽烏靴
不穿褲乎 許
此乃吾邦風俗然也吾華兄等座卧亦以爲可笑
二十六日 至新北門
聞貴邦有傳吾邦刀鎗法者果然否
此事不知其詳 文涯
勇以爲本防所在此爲郭或以爲城如何
城之外城爲郭蒙恐防所乃城也 文涯
外埄爲郭者固也但本防大門之外更無郭恐此屬郭非城也
吾國皆城之外有郭上海乃一小縣是以無郭 文涯
貴兄言始分明

同日至關帝廟

請問貴邦是否東洋日本 道士朱逸山

如高諭

現來此地何事 道士

爲貿易耳

現居何處 道士

弟等五十有一名共寓洋涇浜宏記洋行

高師知吾敝邦亦有道士

久慕貴邦之盛々在道士深明玄門微妙敝邦道

家皆屬學徒負其名惶愧々々 道士

關帝廟可得拜乎

可 道士

提偃月者蓋周倉也不識其他左右三像爲誰
左首捧印者関平捧劔者趙來右首捧書者皇
甫与帝君同時殉節　道士

同日　至西門

三五日間弟不問候陳両君起居前日両君有貴恙不識全
癒否

數日不見似隔三秋承繡注賤恙稍減尚未全愈惟
陳君目痛未愈謹復　倭儒

今日既迫虜泉請二三日間卜日早來
改日定當与兄臺細談心曲以快宿願　倭儒

二十七日　在館内

請問方今貴弗貨幣多爲幾品

不可勝計 張叙秀

君欲一見乎 叙秀

所謂金錠銀錠者是歟

請問尺度量衡亦有數品乎

中西皆備 叙秀

君知一碼之長乎西洋三尺爲一碼中華二尺半爲一

碼 叙秀

同日 至遊船場

此場造創以來約幾年

脫名氏 此處開了七年初開是廣東人造作今轉賣夷人

地名如何

此處号廿三堡二圖 脱名氏

同日 至浦東製鉄場

請問此場係何年所落成

距今十餘年 脱姓名

二十八日 至一粟菴

遠方之人慕貴僧高德特来拜望

貧僧名喚耕溪係江南楊州府人氏未識貴客係琉球何處居址並尊姓再者貴邦既有僧人作何事幹及三教可完全否 和尚

弟子非琉球乃大日本武藏州人姓名倉名敦職司兵學故不知僧家事

尊駕来此中国還是貿易還是遊玩任是官長麽

兵帮助藏去長髪紅巾賊否　市文

弟子等至貴邦者只爲貿易耳

敝邦緇流大抵有爵秩在貴邦亦然否

敝國僧人不欲爲官爵但講道爲本竟是爲官大

至四五品小至八九品亦係奉差遣不得而已　市文

僧風甚好

請問本堂所安置何佛

中央供置主佛藥師琉璃　市文

尊寺結構宏壯堂内約有幾僧

敝菴住僧六十餘人請問貴邦僧人還是剃髪任

是留髪否　市文

敝邦緇徒頭皆禿与貴邦同惟衣服小不相似耳按簷

曝雜記所載当時有蓮紅等教此二教今猶行否

教邪南方無此萬紅二教過滿洲有此二教 方丈

聞耶蘇教頗行于貴邦果然否

此教者因為下元甲子正氣衰微而耶所勝焉 方丈

請問尊寺係何宗門

臨濟正宗 僧

人死則葬之本寺山內歟

不得葬此 僧

弟子腰間帶行厨若日既午則吃之了不識金壺之漏

今若干時

倘肚中饑者澱庵有素饌亦可饒当不妨 方丈

同日 至關帝廟

弟未讀道家書請問兄等所讀何等書目

　弟讀經者清靜經十方經玉皇經皆是祖師流傳餘外
　再有四五十号經名 道士

不識高祖師係何代人

　余祖師太上老君在于混沌之前後開闢時化身在
世起立道教傳授經讖法事 道士

請問其教有採芝煉丹奇術乎

　弟煉丹之法未能學得弟年弱但學經讖丹法皆
是老華所學 道士

道光中鴉片役上海致陷沒當時尊堂無毀損者弟以
為奇異蓋道家碩德之所致歟

　此非道士之德行乃關聖神威所以毫無毀損也

今十有餘年重加修葺纔得落成是以廟貌巍
嶪峩煥然燦爛也　道士

吾邦專尚文学若論武備未免貽笑方家唯前
明戚継光諸公曾經講武有百金方紀效新書
所論最為扼要近時專尚火攻若論鎗炮究推
西人敝邦恐不能及此皆国家承平日久武備
廢弛閣下專精於此他日領教　馬銓銓至道士家談及兵法因云

各國俱所長有所短只捨所短用所長者此兵家者
之套語也然此亦千古不易之確言故僕折其衷以
用之今西洋所長固在火術与軍艦僕將采用之貴
邦所長蓋在戰畧軍理僕既講之至敝邦所長則在
短兵相接故僕將取舍此數者以為一家兵法是僕

意見大約如此大兄以为如何

敝邦以弓箭為武負進身之階滿人文武皆習弓箭則是弓箭總是專門然較力疆場不能專恃其藝昔馬謖云攻心為上斯言良確否則敝邦精於武備者不少其人何以長髮賊縱横天下各省被其蹂躪者不一而足此皆為將者不明攻心要術以至如此閣下以為然否 馬銓

此則仍弟所謂軍理是也大兄言或然

六月初一日 銍橋西

傳云国之大事在戎与祀敢问山川鬼神之祀今尚遵古礼欤

今之祀典与古不同惟吾邦祭孔廟必擇丁日
尚是古禮至拜跪趨蹌古今大不相同　馬銓
長匪抄掠州縣者縱令雖係烏合而無陣法則不可
以逞猖獗請問賊匪用何陣法
並問陣法不過亡命之徒有進無退奈官兵往
往先走以致猖獗如此　馬銓
使士卒有進無退者良將所難也今長髮輩能固人
心如斯者以何術願領教
長髮到處擄掠人民擄後必一一分編使熟悉
者不能相顧臨陣時各不相識退則刀鋸在後
如此人人怕死有進無退矣　馬銓

此乃淮陰背水之遺意

初三日陘西

聞河南人周祖培方今碩学大凡知其人否

周祖培委係碩学既已拜大学士矣 侯儀

方今貴邦所行学流如何在敝邦專用朱学但古学家陽明家等間有之

吾邦所行亦本朱程二夫子大約与貴邦亦相同也 侯儀

陳君嘗云曾元帥方今良將敢問曾公大名鄉貫如何

曾中堂係湖南人現在將已南京七門圍住不

日可以蕩平此真決奇制勝之奇才也 侯儀

初四日 在館內

上海中草茅蕪穢之處往々見棺槨狼籍此乃殯歛
之遺意欤其埋葬之昔以幾月為期

因有同仁義塚此係無力者如有力者停在家
內葬埋之期年內年外無令 張雲

称同仁義塚者盖有力者出貨助其葬埋之謂欤
然各行鋪店民捐之 張雲

城內有耶蘇堂數基請問此係西洋人所造欤將貴
邦人所創欤

係西人所造 張雲

其創造距今几幾年

在道光廿七八年前 張雲

初五日 在館內

女子既嫁与未嫁服飾面容盖有其別如何

雉面髮者既嫁未雉者未嫁 張雲

初七日 至西倉橋

聞尊兄於冊陽与長匪戰陣亡如尊兄可謂不背所学矣請問当時官爵及贈謚如何

先兄馬釗官藍翎內閣中書陣亡後奉旨照四品官例賜卹世襲雲騎尉四品官尚無謚 馬銓

請問冠婚喪祭之儀今尚有存古典者乎

無一同者唯父母之喪三年尚是古禮 馬銓
行三年之喪者漢晉以来所希有至大清断然行二
十五月之喪者可以爲美談矣但奪情復任者有否
士太夫二十七月民間二十五月令軍營官員
大都奪情 馬銓

古今度量衡共有異同請聞其畧

古尺与今官尺不同大約古尺一尺抵今官尺
六寸攷諸鄉黨圖攷衣服等制可以知矣否則
文王十尺湯九尺若以官尺論之未免太長升
斗古今亦不同相求古録内俱詳攷衡則古今
仿彿 馬銓

明季義士朱舜水者来吾邦当時舜水所著書論度量衡頗詳然皆係前明事与大清之制不同願弟借度量衡親看之

同日　坙西門

俟陳両君尊恙日向痊弟亦不堪歡喜

弟不才荷蒙致問懇懇寔深慚愧刻下賤恙頗痊惜目未還光所以委作之書屋記及源君之楠木書屋記均未動筆且弟胸無點量又不敢遽行獻醜　汝欽

弟等觧纜在本月下浣願諸君就紙上賜尊写但此紙両三張充乎何入書屋記其他以写近時尊作及

送别高詩

叙晤未幾即欲話別心實怏怏弟東道之情未尽感愧奚似至今書記詩如件恐汚尊目叨在知己何敢過卻有遺雅嘱容俟荣行時定當獻醜以誌高誼未識後會何期乞明以教我别後有便祈時賜德音是則私心所默禱耳 俟儀

弟微志在歷遊五大洲探索事情今春有敝邦使臣赴西洋弟亦欲遊西洋百方尽力有故遂不果雖然今得至貴邦見諸君亦弟之幸也别後永無遺棄其為賜懸大焉

前聞貴邦素重文誼今見大兄果然丰雅宜人

一

而且情至誼尽真不禁有相見恨晚分別太速之嘆还乞不遺在遠永以為好耳弟号梧軒名儀官司馬別後如賜惠音務祈函面写明廣不致誤 侯儀

弟有一言竊謂長毛是病之小者西虜乃病之大者他日貴邦之憂恐不在長毛而在西虜兩君以為如何

真金玉之言也 侯儀

西又初八日内在館

西人纂維廉者有著書若干其他滬城淹留西人中知漢字者有否

其餘〻少 馬銓

聞貴邦有赴西洋習学者未知確否

不有 馬銓

敢問貴邦天子巡狩之禮今如何

初九日 在館内

請問貴邦之紙以何物製之

棉竹桑稻臘 張雲

此地四顧不看一山距山幾里

山在松江百里之遥 張雲

松江之山有虎豹否

家山没有荒山有之 張雲

余来上海未嘗見象此獸在何處

在北京 張雲

同日至理 倉橋

聞城内有西人操練塲弟欲至其塲偶然過尊居邂逅遇名士甚適弟願

此地去小南门甚近城内本有西人操練塲然為地甚窄不足以容多人也敝居甚陋今蒙兄過實為榮幸現在貿易何時可畢約在幾時回櫂容再到宏記洋行請教 王叔彝

貿易告畢解纜回櫂并在本月下浣若鶴駕屈臨敝寓弟等幸甚

貴國有劉子賢係中原青田劉伯温先生之後
未知兄認得否

劉青田是前明國初良臣也其裔在敝邦者弟始領
教但我武藏州有劉某者自言漢献之後未可知確
否未可知

聞劉子賢是文哉能詩能画是一位名士中原
人到曾經見過筆墨是以曉得 王炑彝

弟亦知其人〻〻今故
高堂結構甚巍〻〻敢問大兄係何官哉

此地係家兄住宅家兄係是知府弟係候補道
不住在此 王叔彝

君家可謂門閥不賤失敬〻〻

弟住在城内日来城門甚緊是以急欲進城緩日到洋浜巡請教當囑舍姪奉陪 王叔彝

大兄盖係叔彝君令姪請問大名

弟名亘甫請問兄戦諸侯臣司是文是武 王亘甫

弟戦掌兵学故結髮弄孫呉韜略未嘗学書是以字蹟塗鴉大兄推讀亮察是祈

貴国戦官品級与中華同否 王亘甫

戦官品級畧相同但敝邦係封建其勢殆如貴邦周代列國時一般

大兄既經同知淅江等官鶴駕所臨至何州

弟歷到過京師山東直隸安徽浙江福建等處

王亘甫

噫如君謂是跡徧中原亦可也請問方今宿儒碩学其名最顯者為誰

大學士賈中堂為最　王亘甫

請問西人到貴國可滋擾否　王亘甫

敝邦自古称武國有日本刀長者可以擊萬人矣短可以刺千人矣是以西虜不敢滋擾敝邦也然敝邦承平既久矣不敢不戒西虜也弟亦敢告大兄長毛是病在腠理西虜乃心腹之患一日　懈怠或病入膏肓請戒之

是極〻　王亘甫

才在座有顯者係二品将軍知大兄亦武職請賜
兵法一二為荷　王亘甫

敢問二品公尊姓大号如何
姓虞名小山向鎮守江浙等處現在已告假在
家　亘甫代公答

僕是日本賤士得拜二品虞公者誠僕幸也願請一
言以為畫錦之資
願君為之介紹使弟得觀李公營盤之操則弟終身
不遺大恩
今月天色已晚路遥不及明後早些去看可也

此地去營盤約五里許王亘甫
初十日至新北门
昨弟至小南门外見二品矦将軍峈小諸君知此公
否
此君係太湖協副将劉文滙
刻下就席人衣冠甚盛蓋大員也敢問尊姓大号
姓嚴号伯雅淅江人曾官松江海防同知即用
知府嚴伯雅自荅
官位杲盛矣敢问当時海防之畧以何陣法編伍為
要
照旧章督率捕盜輪船會同水師兵船於江海

交滙之處嚴密巡防緝盜安良係本任之事陸
路兵勇非海防同知所管（同知係官名知府之次知縣之上）
嚴伯雅

古来水師之法大約与陸無異也第所問者只在編
伍陣法而已閣下若謂水師無編伍陣法則僕不敢
請

海防同知係屬文員不過派船捕盜而已至於
戰陣之法水師則有蘇松水師總兵駐劄崇明
陸則軍有提督軍門五營駐劄松江各有職司
未能越俎嚴伯雅

十一日（至酉門）

二三天前弟与一縉紳約観李撫軍操演其期在今天聞北門内亦有操場不識与李公大操孰最盛

據云北門内九畝地有洋鎗隊一二百人不時演習此時新学耳諒無足観　陳汝欽

請問李撫軍大操亦係洋鎗隊欤將其編伍之法仍貴邦之旧貫欤

乃敝邦之旧貫也　汝欽

最好最好

弟固不好洋鎗隊但所取於彼者特火術与軍艦而已

凡用兵之術固不可不備而其要皆本之於心

心既聯則術無所試其奇西洋火術軍艦雖美我皇上明聖多能拔賢豪於草莽樹德澤於四方天下齊心誰敢窺伺君所謂但取夫西洋火術軍艦等物吾亦未始不取之而尚未收其效忠效義之心也 汝欽

大兄所言此乃拔本之論所謂地利不如人和之意

同日至西倉橋

吾邦之禮与人共食必異器各人一器吾邦不然 馬銓

使箕子看此箸恐傍人聞長太息之聲幸無玉杯 馬銓

吾邦人多喰魚而不喰獸

貴邦人胃薄 馬銓

胃薄而膽大

同日 至理 倉橋

觀操之約搏似後期多罪

觀操之處係荒野待天涼時日奉陪一行可也

王亙甫

弟等解纜在近故天熱不可厭願大兄無食前言

李撫軍係欽差大臣弟當差人員未便進營故

囑妥當友人奉陪營內兵勇多屬粗人恐冒瀆

耳 王亙甫

同日營至軍

弟始至大操場進退謹奉兄教

大操場是此地操不及時 秦燕樓

弟欲遍觀操地可得乎

好進去看 燕樓

請問大操每日始何時終何時

每日辰申兩操 羨德齋

願在帳棚內待申時謹觀大操可乎

今天晚操因我巡撫部院有公事免操請閣下

明辰来可也 羨德齋

營門內今日不進去改日弟約友人再同閣下

進内遍觀所操之地即在轅門外弟當奉陪也
矦德齋

請問每日兩次大操約幾許人

五百人為一營每日操演一營帰一營操 德齋
每日我營之操並非撫院部所看之大操乃是
各營帶兵官教軍耳在弟看来亦無甚大好看
撫院大人按臨看操方称大觀耳 德齋

弟小少從事兵学故一觀便知了操練之大小非弟
所問也

閣下既知兵法改日到貴公館再為細談一切
矦德齋

十二日在館內

前来敬謁領教望毋棄厭為感 侯德斋

昨承々分手不堪遺憾今天君犯熱見訪敝寓弟喜可知也請問君官位職掌如何

鄙人侯姓号懷斎籍鄉乃北京城內人去歲蒙前任巡撫部院薛保奏以從九品不論双單月歸部儘先選用目下弟在撫院李大人標下管帶馬隊儘先參府亦理文案 侯德斋

聞大營操法專用古制果然否

如逢督撫閱邊親看水路各營兵操練陣法仍照古制刻下營盤內兵少勇多（应募之人曰勇）故在營

之營官哨官逐日教練弟賦性粗魯不諳筆墨望祈我閣下明白教誨鄙人心感難言也請问同来有多少位数 侯德斋

弟等同来約五十有一名請问當与賊戰之時步与騎孰便孰否

馬隊最便但江南蘇松等府州河港頗多馬隊無用武之地比步騎摠連便耳 侯德斋

請问欽差營盤有幾營

欽差營盤均在城外連營三十里 侯德斋

請问弟獨行至操場可乎

可 德斋

貴邦来中華通商以何年為始　德齋

敝邦通商貴邦者弟詳言之隋唐間使臣来往無年無之当時通商亦為熾盛爾後敝邦干戈相継通商亦從而絶矣至前明互市亦起当明之季世會敝邦海賊寇貴邦邊界（所謂倭寇是也此国海賊決非受王命寇貴邦也）於是通商亦絶但貴邦商賈至吾邦長崎貿易者今尚有之然則弟等至貴邦者幸無以為異

海賊係何国之人　德齋

所謂倭寇者当時我邊島有野嶋久留嶋因島（皆賊姓）等數賊聚群不逞割據海嶋上不從王命下与諸侯構怨其勢頗猖獗遂發舟師寇貴邦聯（詳于史）至明季

其禍不已大為貴邦患其實不過蠢爾海賊所為而已

通德斋

敢請吾兄散步閒遊同携筆硯茶社少叙未知可否

德斋

今天弟不得出館门願君待自吴淞帰滬之日携手逍遥過茶社大論時事是固弟所願也

兩人相對筆端有舌以言語不通不復為憂也

妙德斋

十三日在館内

城裡有課善堂福音會堂者窺其户衆人相會内有

西人似説法教者不識此亦耶蘇堂之類歟

眦 張雲

余以为中西言語不通縱令愚民入其教恐難會法意但愚民先学西語而後入其教歟

西人学中語穿中衣 張雲

同日 至新北门

聞官軍之被創者約四名入病院就療大兄知之否

前賊到虹橋撫軍親統大軍先鋒張山樵帶領二百餘人破賊十萬之衆我兵受傷不過十人就醫四人皆在其列 劉文滙

官軍先鋒僅二百餘人破賊軍十萬者蓋廟算有餘

之所致也雖孫吳諸葛何以過之請問撫軍公尊姓
大号如何
撫軍姓李名鴻章向在安徽省隨曾帥統兵賊
聞風而逃現在安徽全省肅清皆曾李二公之
力也 劉文滙

十五日早至李撫軍大營

余是東洋一布衣欲窺大操之美早起特来上大营
今天望日拜上司故不操 兵士
除朔望兩日不操餘皆操演請觀可也 兵士
朔望兩日免大操者是了被許觀操者謝々
營中壯士侯德齋二三天前見訪敝寓諸君知其人

否

所云侯德齋聞其名而未見其人 兵士

敝邦曾中堂用兵遠祖孫吳近法戚子 敝營均曾中堂帥所派故以訓練為要 張振軒

貴邦兵書係何標目與孫吳俞戚亦大畧相同否 張振軒

大操以訓練為要者固當然敝邦兵籍并操法亦與貴邦畧相同請問閣下尊姓大号如何

敝姓張号振軒安徽廬州府人現帶樹字營淮勇

同日 倉橋至理

尊作數首为賜既大矣更蒙賜玉帖弟不知所答且言兵燹之餘属殘闕弟固兵家者末流今此帖玉羅兵燹萬危幸免者是弟所以最愛賞不已也加之蒙賜侯將軍尊畫豈可勝喜哉請問侯將軍係君婚姻歟

侯公係弟之岳丈也　王亘甫

三四天间弟復至尊屋告別且以謝辱知之恩但惡紙上尊写待其日弟上堂而賜之可也何必用見送下敝寓哉

奉請大駕至花廳少坐可乎　王亘甫

可

尊居堂宇廣大結搆宏麗誠以為耐驚盖大官高爵之居宜如斯

弟上祖以節孝起家故敢造此屋亦照例也所送藍本帖即弟之高祖母節孝圖記 王亘甫

君是係節孝之適裔宜矣一言之下節義足以感人也

庭上之卉木亦皆珍奇

弟嘗聞之貴邦櫻花不如桃李鮮娟果然否然者 亘甫

請問貴國花草樹誰為勝中原無有者 王亘甫

敝邦卉木以櫻花為最勝桃李次之

弟在敝邦承平無事有時为圍碁戲今君生長於干戈倥傯間或無暇以及之試问君能围碁否

囲碁之道中原亦行嘉興郡之陳姓名子仙者為江浙国手現今不知所住弟不譜斯理倘大兄意欲戲此須約定日子弟去邀能者來可也 亘甫

何必邀能者之為哉但弟以十九天將訪尊居其日會有譜棋者在高堂則弟試戲一局亦可

現在上海之能亦通融之巧手准照所約決不失信 亘甫

請问貴國可有能彈琴者其次琵琶者 亘甫

巧者則無拙者則有

此謙語也 亘甫

舍親奕公係武將世傳深諳登壇必究兵書奈

大兄榮行已迫不暢談是書大兄可見過否 亘甫

願謹閱之

登壇必究一書弟當撿出俟兄十九日來閱評

之 亘甫

弟亦帶有敝邦兵書一部若回帆之期小緩則願以

其書汚奕將軍電眸蒙賜大評高批但回帆之遲速

并待十九天而明告之

同日 至西门駐防

逐日天熱難堪請問尊恙全痊否

弟不幸眼恙尚未全愈祇因供差不能養息故也侯君受暑腹痛在內房調治其各位均幸托庇閣下數日不晤可好否諸同鄉來前水土合否聞有一二卧床呆然歟　陳汝欽

陳君眼恙未全愈侯君感暑卧病弟不堪驚愕之至旦承問弟等同來之人一二卧床誠如大兄言不惟一而在病床同寓五十一名死者既三人其他或受暑或感風疾不就醫受療者僅數人而已弟頑強幸不至服藥自以為天賜而君既有尊恙或未能取筆然弟回帆近在八九天之間願兩君強取大筆使

弟得衣錦之資是弟所深望於兩君也

大兄勿藥有喜君幸予亦幸也但云不至服藥想亦曾染微恙以後尚望珎重千萬同寓者五十一位三位冥遊曷勝痛悵惟三位或俱是貴邦之戢禄者抑携帶至此伺候大兄者又云其餘不就醫而療只數人則臥病者四十餘人矣敢問俱不至大損否且問源君春風如何前所委作之記弟本無才刻已棄病完篇恐不值大方字一哂兵要錄雖已讀過其兵法等條非止為用兵計實是為為官者教民之一助惜弟無才不敢妄行擬評惟間有贊處尚望大兄裁正

是録弟本欲轉抄數本以為将来学習奈現在
不得偷閒克成此舉悵〻源君委作之記刻已
成半扁尚未了局因大兄不敢不奉陪故也所
作之記皆是草稿前承君惠賜紙物等項因侯
君貪愛甚為侯君收拾去了明日弟衹可将本
國紙書就以奉侯君即卧病恐亦不能遵命弟
揣作先呈草稿覽政　陳汝欽
故者皆係僕隸大兄幸不以為念焉源春風及拙号
記玉稿半成弟等不堪歡喜之至也兵要録亦既經
高評大批謝〻三四天间弟必至大防告别曩所奉
嘱高文佳批尊写等物待弟上防之日蒙賜之可也

聞道光鴉片役滬城殆致陷没今看之城壁樓櫓無一毁損者敢問當時英兵所亦放火尚未至掠城樓歟伏請教

鴉片役時弟年猶少且離此地約有千里所以不得其詳據云英人如竊賊一般夜間挖城而進是以墻壁俱未損壞不數日即退出城外也

汝欽

請閣十六日 在館内

請問李撫軍先鋒張山樵破長匪於虹橋者此係何日子虹橋此去約幾里

此事是確信係七八天前事虹橋離此二十餘

里脱名氏

兄既係避難之人或親看長毛擄掠之形勢知其猖獗之情由願聞其畧

長毛賊首洪秀全乃廣西山蛮習天主教起事由於官拿教匪搶刼等案由廣西而江南浙江蔓延數千里日以殺人姦淫为事國家雖有征伐之师一時難以蕩平不久自滅何也賊之多行不義必自斃国家深仁厚澤民心堅固如此乱離民未涣散故知賊之不久自滅 胡興齋

前日虹橋役賊將為誰

江南寇推僞忠王为首 胡興齋

賊軍既敗偽忠王退保何處

闻援金陵去　胡興裔

十七日至李撫軍操場

刻下所操陣名為何

今日操陣名为八卦之陣二次名為双龍出水之陣　兵士

双龍出水之陣奔而集者或為敗走之形欲将追敵之勢欲其奔時衆皆吽者以字寫其声為何字

出水之陣分为左右以為遇击之勢奔者進也吽者打也　兵士

無事学習如見賊以照如此進打耳　兵士

操演之法宜然

十九日至新北門

請問李撫軍所隸長官為何次之者又如何

副將為長次之參將　裘綬

請問貴邦之制臨戰雖輕卒亦必着戎衣乎

裘綬　臨戰時官長穿戰衣至兵丁皆穿某營号衣也

同日至西門

分袂之期在今天會晤領教者不為不多刻下一別後會難期秦胡之恨豈有絶期哉請問侯君之病既愈未

弟領大凡之教多矣弟資質愚魯尚以不能常
侍左右為恨承台諭以分袂之期即在今天曷
禁腸如刀割心如劍穿請問閣下飲食歡喜若
何明日當至寶館邊君並邊源君至洋涇浜酒
館中一叙未識可光臨否　侯君染疾尚未痊
愈辱承顧問謝謝　聞大凡与吾邦嚴伯雅最
称莫逆果然與　弟有同寅頗能作文亦与弟
之塗鴉無異願作尊書室序一篇昨日送此呈
政　陳汝欽

弟謹閱賢友慶君高文一讀使懦生立志真為弟藥
石願大凡代弟搏謝是祈　承侯君之疾未全愈弟

欲上病床以告别可乎　承高问伯雅嚴君弟辱一
面之知前日得看其所著詩集請問大兄知伯雅否
弟回帆之期既廹矣塵事鞅集奔命之疲明白大
兄被枉鶴駕者弟謹辞焉請大兄無以弟等為念
敝友与弟等所作俱是狗尾續貂之謂何敢當
過誉　侯君公館離此地二里許不敢當駕弟
当代為傳命　嚴伯雅弟所認識是吾地各城
總巡其筆墨諒堪為大兄所許可　陳汝欽
弟久擬請君小酌因日無暇晷是以躭擱至今
既不可屈駕光臨請问後會當在何時　陳汝欽
萬里之别域外之交後會豈可期哉但弟馬齒雖加

遂意尚未全灰且通商貿易事蓋成矣或三四年之
間再會領教是祈而已
請問軍營内所用帳棚者此乃貴邦古来所有物歟
將傚傚西洋之製歟
乃始於本朝也 汝欽
英法軍營亦有此物不識彼傚貴邦以作之歟
其名同其式不同弟至此未久不得其詳諒必
傚我邦而作 汝欽
同日 至理倉橋
弟欲以午牌至尊居會迷失路始得上高堂但以今
天為分袂之期數日會晤請教得益者不少今天一

别胡越不啻也後會難預期離恨豈可已哉
前柬訂約所有碁友琹友今晨均到過已去弟
現差人去復召矣 玉亘甫
大兄戲談碁々友已到姓汪 亘甫
弟圍碁亦拙彈琴亦特不過愛無弦琴陶潛有此語而已
然佳客既滿高堂弟敢試下一子聞一曲但在坐武
則侯將軍文則大兄与叔蘂君加之琴棋書畫之客
皆會大凡待弟之厚何以加焉謝々
前日所訂約敝邦兵書一部敢汚電覧願得大批高
評以為兵家秘訣弟等衆舟在念二天今此兵書至
念一日使人送下敝寓幸甚

貴國兵書素称精妙豈敢冒批幸蒙賜覧以廣
識見准於廿一日奉還　亘甫
兵要録大約據武備志紀效新書練兵實記等而作
之故襲其語者甚多且此書既上梓弟所藏字蹟最
拙　推讀亮察
請求賜教碁子　亘甫
弟甚拙技何敢當白子哉毋謙讓　汪
白子敬容　大凡是容
老先生是國手非弟等所及也弟所下碁子皆一一有累
卵之危此局勝負既决矣改局更領教
大凡如要听琵琶亦現成　亘甫
願在下風聞妙手一曲

幾友所書係弟之友人 叔彝

弟在此相逢殊為欣悅聊送拙詩呈正 叔彝

弟不會作詩有時漫吟只取適意耳故失律者多矣

請試錄一兩首以寓留別之意

廿三日 銈 橋理

弟回帆之期小緩三秋之情不能已是以再奉謁尊

居

榮行在何日 主亘甫

或在念七八天未可定

前日弟至李撫軍操場所賜看者八卦陣双龍出水

之陣是也請問每晨所操陣名幾許

李撫軍所操陣法亦照從前古法但中原承平日久兵額減數而長毛起事各路調来尚不足禦故而募招鄉民以湊數現在撫軍所帶者則勇多而兵少總之全仗火砲則庶幾乎

聞咸豐中〻西和議一破西兵衝天津於此帝京戒嚴敢問所以和議破者因何事

西虜至天津欲求大皇帝許以通商事則可後又有設立天主堂請故僧王奏以兵禦然僧帥固守斷然難進其中有不可明言竟至直抵御花園（是園遠城四十里）於是恭王主議和者 直甫

請問記咸豐役顛末書有否

此書尚未須出 亘甫

敝邦古有琴今無此物尊家若藏琴請蒙賜一看

弟家向有數十張亦因上地遭變皆失弟有一友善造此物現住松江何如大兄行期已迫不然弟儘可奉送幾張 亘甫

尊友家在松江又屬無力

此龜可以制蛇非常龜也 亘甫

弟向以为鼈也此龜名何

名挾蛇弟畜多年矣此處竟無蛇見則可驗耳 亘甫

據武備志貴邦有三十六諸侯今尚然欤 亘甫

所謂三十六諸侯蓋係四五百年前事今則不然諸侯二百六十一其最大者如貴邦周季列国雖小者實封不下萬户侯也

弟採訪諸書所載貴国尚古禮而遵古風弟之问大兄者欲增入筆記 亘甫

申甫君所謂克復金陵之説確否

金陵之説係曾撫軍〻〻營探報有即日得手云

亘甫 申甫并答

金陵是長匪巢窟〻〻已覆矣狐狸無所之为諸君奉賀焉

長毛之巢穴迭次収復何如西戎之佔地已不

可問将来上海之地非我輩所居矣　亘甫

弟亦以為或然々李曹二公已能覆毛匪巢穴破竹之勢断然倣傚陣化成林則徐両大人所為或事半功倍亦未可知也

西虜仗大砲取勝　亘甫

承申甫君從戎行者已六載請問臨戦地布陣以平生操法為規乎

舍弟曾隨從張提軍王撫軍辦理粮餉事領兵督戦亦不深悉　亘甫

癸丑之亂吉撫軍仿本朝開国大将施浪所起名曰老虎陣兵着黄衣似虎形状皆用跳法手持大

藤牌挑刀領隊督陣在後即百十之頭目亦着佈衣臨敵尚称可以至於隊伍等規模一如常例佈陣宜用於山其次陸路此軍為吉公帶広矣現存李公所操者大兄到過營中可明悉矣大凡各取其所好並無一定道理矣 亘甫

說得明了所教是領謝〻

廿四日 在舘内

請問咸豊中中西和議始破年係何甲子

丁巳 張雲

和議復成年係何甲子

辛酉 張雲

同日至新北門

前明良將南塘戚公教士卒以拳法其術今尚盛行于世歟

拳棒并我國所習者頗多 劉六涯

廿八日至裡倉橋

紙碎一名煤紙

弟好吃烟故每上高堂被設紙啐此物持火不久矣不如置小鑪盛炭火之為便也

吃烟用火紙何非敬客之意居常自用則以炭火耳 王亘甫

竊聞方今聖天子龍壽幾高敢問若干歲

昨有同官友自京來述新主朝視甚恭肅現年

七齡 亘甫

弟欲問者係貴邦所忌然不問則終不能惓惓敢請

先帝狩于韃靼崩于行在所々崩處名何

所問李君者弟亦於咸豐元年入覲今時情形

未悉並問宣宗皇帝崩於熱河之地 亘甫代庚公語

請問熱河距京師約幾里程

是遠都二百餘里 亘甫

敢問貴邦地理圖以誰所著為最密

承下問地理全圖弟曾中窺物渺見淺聞未敢

輕談 亘甫

弟有舊友向住舍下 俱翰林學士緣今年大比

之歲皆入都不然大兄此来可以談詩論文矣
今年新科狀元貴邦得悉否 亘甫
弟未聞
古昔狀元登科者有題慈恩寺塔等例今尚然否
今時尚有 亘甫
聞孔夫子之後世襲衍聖公請問名字今如何
名列縉紳錄天下通知其号弟雖到山東尚未
到曲阜地故未曉 亘甫
孔憲臻 至聖裔閱縉紳全書知之
請問大兄行期 亘甫
以明月初一日定為上舟之期

大兄作詩頗佳弟曾閱唐詩中見有貴邦人物
始信非惑者未識詩以外其填詞可行乎　亘甫
敝邦儒家者流皆能作詩做文只弟結髮継箕裘為
兵家者故未嘗做詩作文會桑興漫作每違律失音
誠不免為巴調也敝邦別有和歌者其詞皆係俗語
故雖告之大兄亦無益耳在昔敝邦人安倍仲麻呂
至貴邦留学者有年于茲當時受唐朝爵秩為秘書
帰当時文人名士有送別作（性ゝ見于唐詩中）安倍亦賦和
歌以寄留別之意夫是可以驗也
明史日本傳傳誤者不鮮矣尊家若藏明史弟取書
一ゝ辨之如何

明史一書中原大戶家〻有者弟有兩部俱為兵燹所毀惜不全大兄如要看弟取出可也 亘甫

不必要看

大兄此去再至敝邦諒難預定然兄既是武弁而風雅不讓中原武職誠為可敬大兄在貴邦住居之所可否畧說一二抑或他日弟至貴邦時便於訪問耳 亘甫

敝邦有禁不許通信于殊域然君若至敝邦則會晤或不妨

服官而至貴邦者亦頗難或得巡洋之役駕輪而東則能如願弟今冬欲入都矣 亘甫

大兄若入都位必登槐棘

近来外任碌碌能者甚多弟意欲請就京職之举非敢望升遷則自问才不足當耳 亘甫

謙辞

古有跪座蹲踞等之座法今皆廢欤

敝地用枱櫈坐是新法貴處席地是古法 王仁伯

請问加冠之禮今亦以二十欤

亦廢矣二十歲左右成親是也 仁伯

古女子十五必有笄禮今如何

照舊有之 仁伯

据桃夭標有梅詩及周礼等以二月定为婚嫁之時

此禮今猶然歟

敝地姻親亦要算命將男女八字合算如有歉硬不均則不對矣貴處將八字算命行否 仁伯

弟未知八字合算者請問其詳如何

凡人生之日如今年〻分是壬戌月分六月是丁未今月廿八日是巳卯現時午時是庚午時照此而推壬戌年丁未巳卯日庚午即为八字有好算命者竟能算定一世之窮通壽之長短也 仁伯

此皆恐出觀相賣卜（命者）家之言蓋貴邦之俗禮也

所云算命之説並非俗礼即都中欽天監亦有

人請渠推算耳 仁伯

弟看葬埋之禮似有棺無槨如何

此是家貧甚至堂中公所經葬皆有之 仁伯

然則在富貴家今尚用槨歟

如其富貴喪葬之禮甚大衣衾棺槨皆用貴物所置 仁伯

山川鬼神祭祀之禮今尚有存古礼者乎

亦有之又有無祖宗之鬼逢節時亦有公項賑濟孤魂耳又請本邑城隍出巡監壇焚化紙錠等物 仁伯

弟歸期既迫矣塵事亦多請以今為分袂之期諸君

為国自愛不使寸土尺壤为西虜所掠是亦弟所深
望于諸君也
自慚力小未敢空言　叔彝
廿九日　在館内
咸豊中天津之役中西和議未成時上海亦不許英
法（佛カ）二国入港欤
然　張雲
英法（佛カ）之兵助成上海者刱于何年何月
辛酉春間　張雲

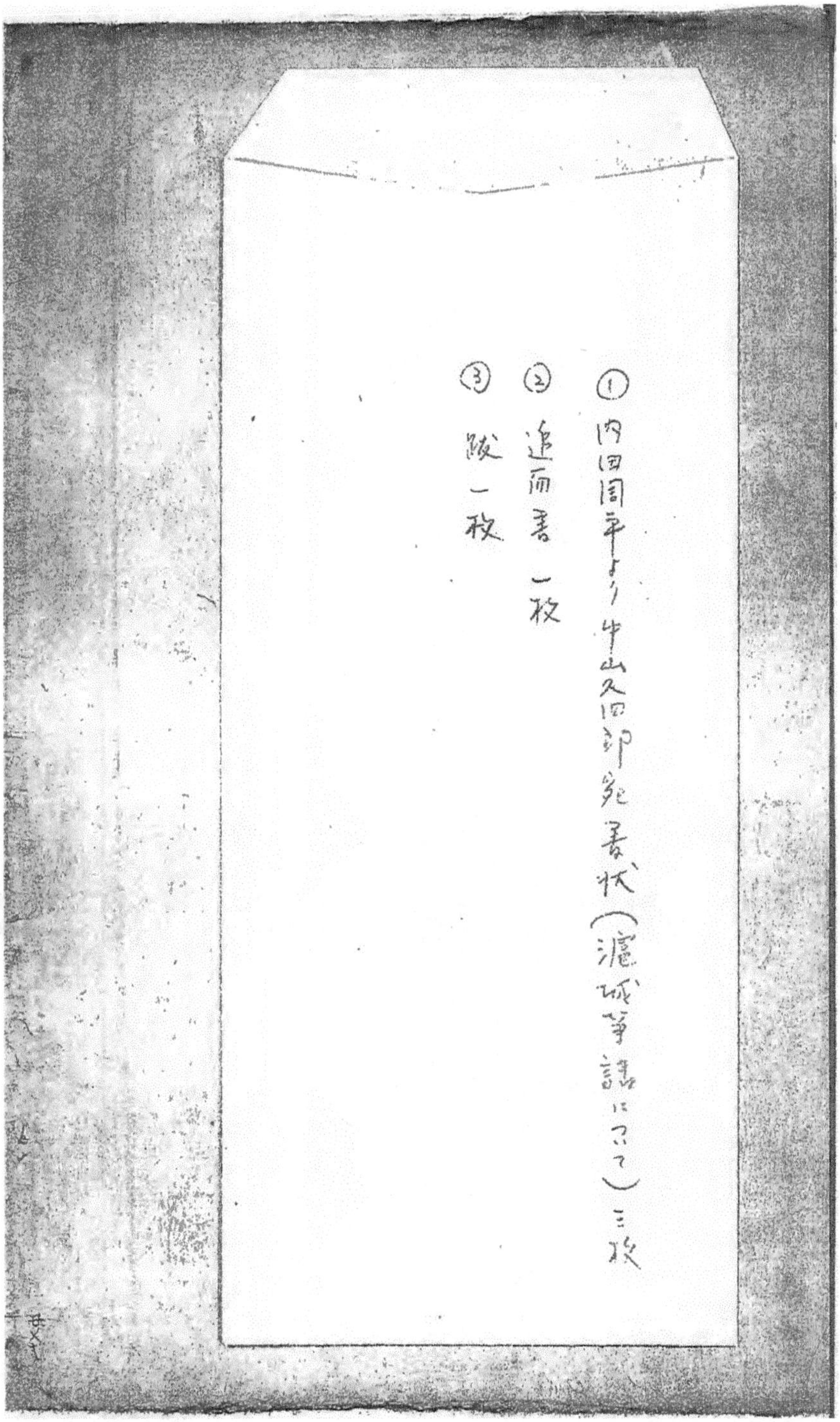
① 内田周平より中山久四郎宛書状（滬城筆話について）三枚
② 追而書 一枚
③ 跋 一枚

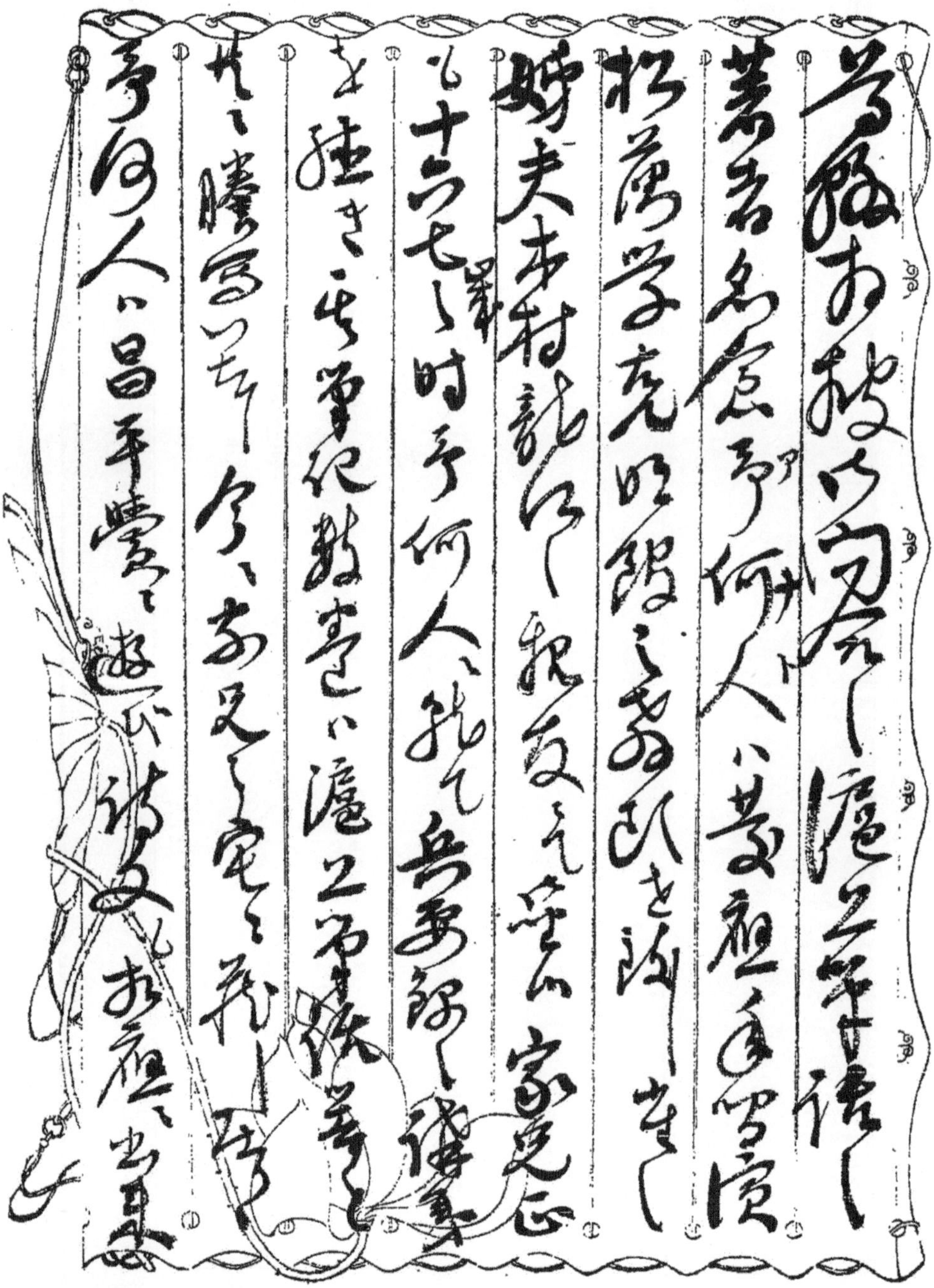
[illegible]
兼而名倉予何人ハ[illegible]
[illegible]学[illegible]
[illegible]夫本村[illegible]家[illegible]
[illegible]十六七ノ时予何人ハ[illegible]
[illegible]
[illegible]
予何人ハ昌平黌ニ遊ビ[illegible]

二

我先支那に遊びし時ハ自ら兵学者と称し
居りしが高杉晋作の支那行ハ其時に此地に西洋遊びしきハ
東洋の一書を著し著を読て詩を作りたること
あり先生書契食自印成及自筆晩香吟其の詩を写出し路としてもとに公にせり
し時劉銘傳に招に應じて臺湾に赴ける
ことありし此時家兄に伴はれて来滬
し家に至りて其西洋を写出したる像を一見
し其風貌ハ今も髣髴目前にあり

三

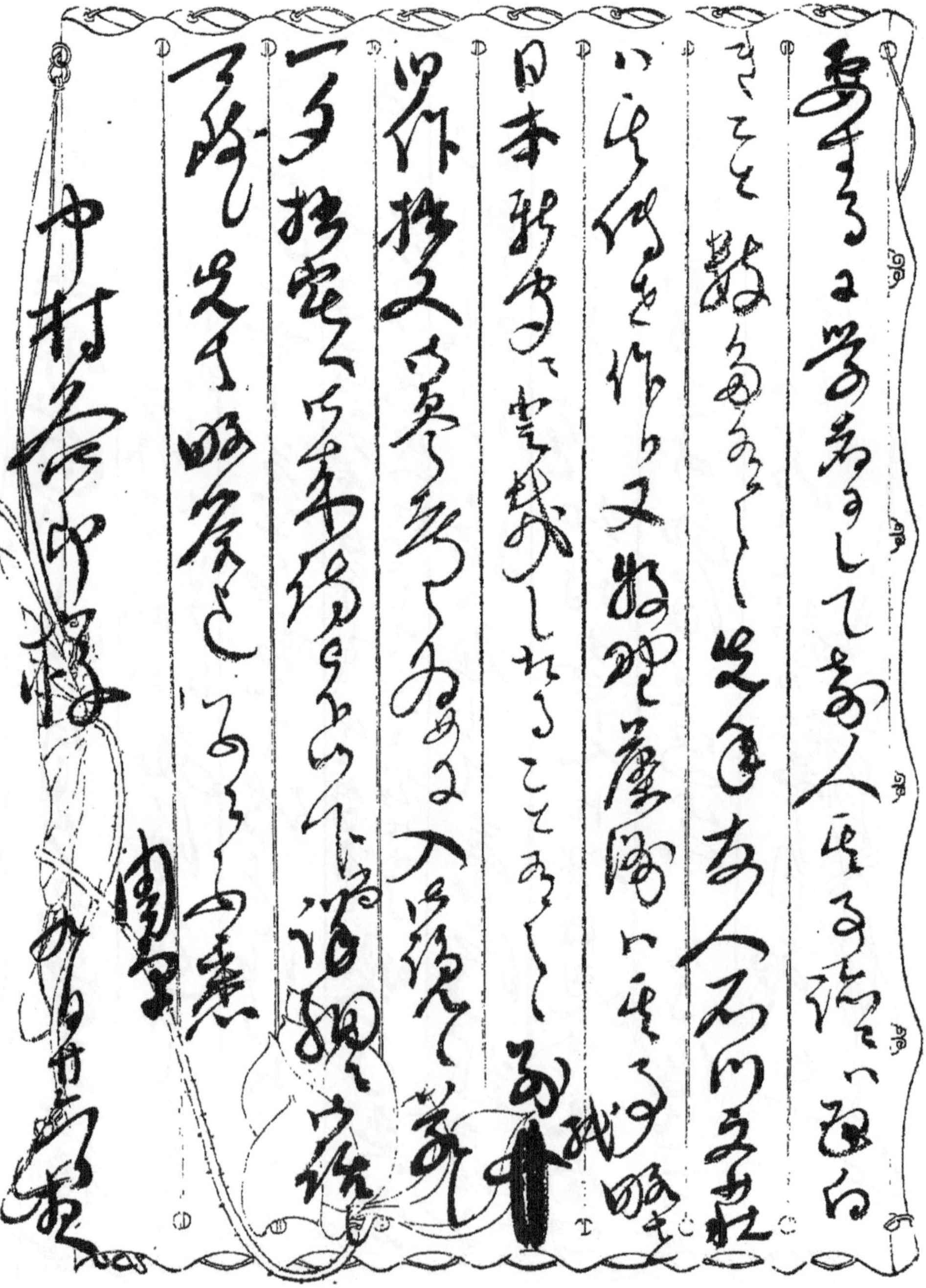

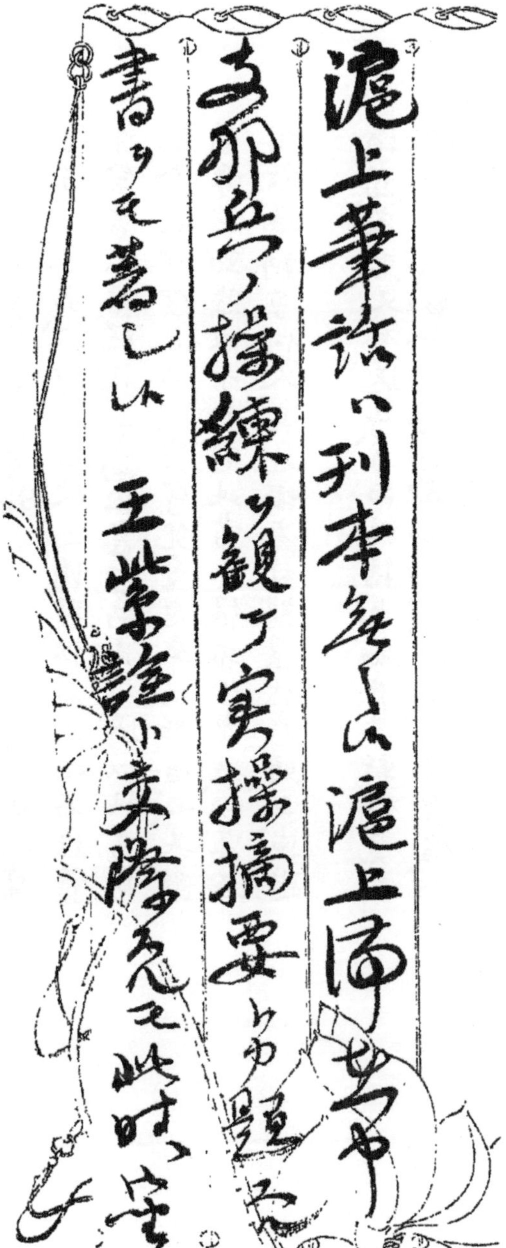
滬上筆話ハ刊本無シ滬上帰
支那兵ノ操練ヲ観テ実操摘要トカ題シテ
王紫詮

明治二年
同治八年

跋李中堂書 明治十五年 代家兄作

周平

右海隅丕冒四大字、清國李中堂書也、書時係同治已巳、余少時就井上侯臣名倉松窓、質兵要錄疑義、松窓曾一遊西洋、再遊清國、談論甚奇、明治之初、為甲斐府市尹、後見辦事柳原公、竊有所陳、公納之、建言于朝、未幾、公命為公使、之清國、松窓又從而往、獲中堂書數幅歸、時余為松窓有所周旋、遂以此書見貽、今也中堂之名滿寰宇、兒童走卒尚能言之、其斷簡零墨動購以千金、則此書亦得不珍重歟、松窓名信敦、通稱予何人、其赴蝦夷、林鶴梁作序贈之、追遊清國、家君又有送序、自西洋歸也、安井息軒借覽其航海日錄、皆奇其人、而異其事也、爾來渺絕音信、不知健否、

石川文莊曰、松窓翁晚年落魄殊甚、隱居根岸里、下帷教授、僅以糊口、自易簀已十餘年、無復知其姓名者、今賴此幅、而傳名于後世、幸矣明治三十九年二月記、

《航海漫録》

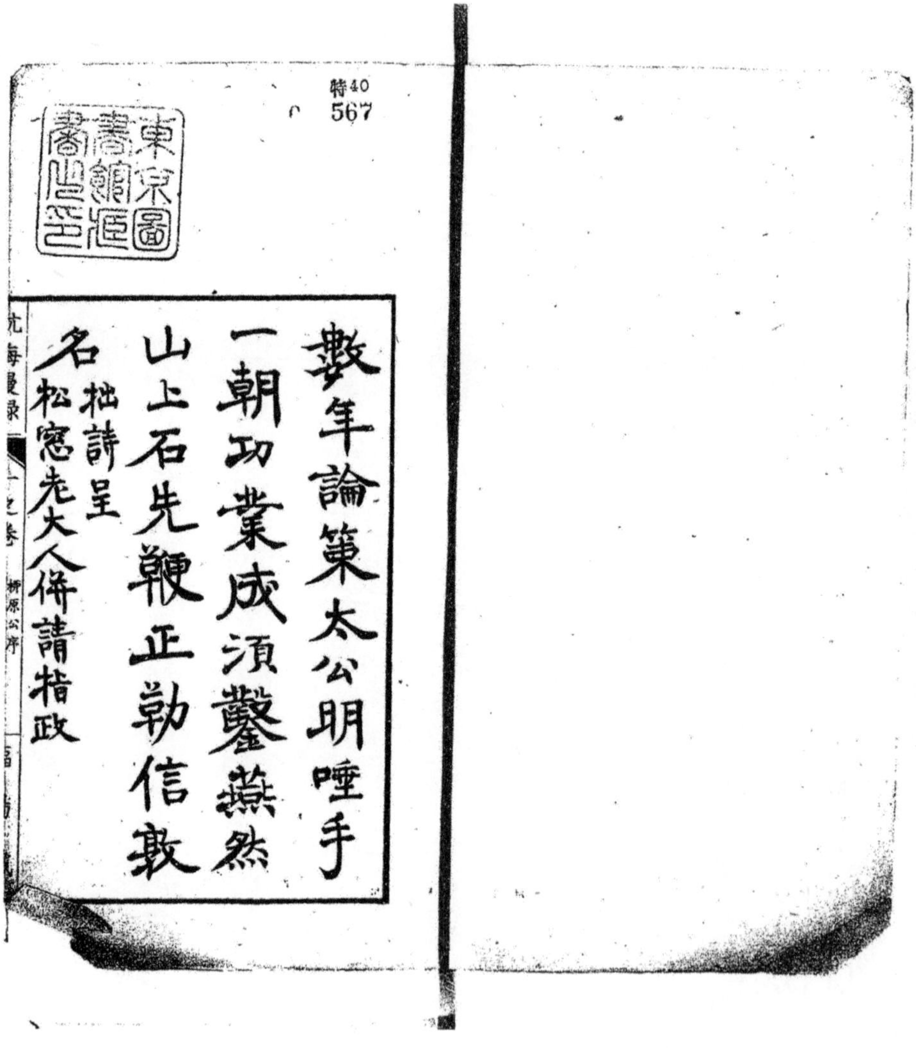

特40
567
數年論策太公明唖手
一朝功業成須鑿鑿然
山上石先鞭正勒信敦
名 拙詩呈
松窓先大人侍請指政
航海漫録
一之巻
柳原公序

青青柳前光

航海漫録　一之巻　福島藏

航海漫錄序

予與倉先之相識二十餘年。遂轉萍合。交誼如一。
先是先之曰遊清邦。棲吳越名流。去秋復奉　王
命向燕山。議通市。將往來飲於吾廬。留一詩曰。秋
風持節出京城。千歲遭逢是此行。孤劍咲浮西海
去。欲辱唐代旧鷗盟。予次韻送以萬里秋風滬瀆
城。十年五度滿清行。善隣不仿乘槎誕。欲向天津
辱國盟之篇。先之忻然懷之而發矣。數月果得要
領而歸。語予曰。曩自滬城泝天津。遇清國宰臣曹
國藩李鴻章。約隣交互市。而復命之日。受　天賞。

航海漫録　一之巻　福島藏

予於是始知先之千歲遭逢之言。非虛搆矣。此行所著航海漫録。支那形情歷々透眼。使人慨然發望洋々峰。嗚呼名倉氏之書有焉。

明治四年條桑月既望　増田貢識

航海漫録第壹卷

名倉信敦著

鶴舞藩現任文書大佑名倉敦

明治三年歳次庚午七月敦等旨ヲ奉シ從四位柳原氏ニ從ヒ清國ニ使ヒス先是敦清國ニ遊フヿ已ニ數回殊ニ南朝以來ノ古都ニ入リ秦淮舟行ノ興アリ爾後夢寐ニ忘レ難シ既ニシテ
聖世ニ遭遇シ更ニ此行ニ與カリ復タ海外ノ知己ニ逢フヿヲ得故ニ録スル所公

也私也拾収メ巻ヲ成ス之ヲ命メ航海漫録ト曰フ

七月二十九日 晴 九點鐘大小官員及ヒ從臣計十有一名均シク外務省ニ登ル十点鐘馬車ニ乘シ本省ヲ出テ東京ヲ發ス但本省ヲ出ルニ臨テ大小丞以下衆員均シク廳庭ニ送ル遠ク送テ品川驛ニ至ルモノ數名アリ其人ハ則森山権大録木間少佑宮本大令史等是ナリ十二点鐘川崎驛ニ憩ヒ三点鐘横濱ニ至リ逆旅ニ投ス鄉友ニ留別スル詩アリ曰ク

秋風持節出京城。千歳遭逢是此行。孤剣咲浮西海去。欲尋唐代舊鷗盟。

三十日 晴 逆旅ニアリ明日四点鐘ヲ以テ開帆ノ期トス夜來文酒興アリ尾里氏ノ詩ノ韻ヲ次ス曰ク

霜鬢秋寒志未灰。長風一棹促興來。預期旭旆歸朝日。墨水洋舟香早梅。

八月初一日 晴 二点鐘旅館ヲ辭シ大小人員均シク米國驛舩舩名ゴルデンエージニ乗ス五点鐘碇ヲ起メ横濱ヲ發ス夜來雨降ル

初二日　晴　風清波平ニシテ舟行甚タ安シ余航海ノ遠参洋ヲ過ル毎ニ波怒リ風暴ニシテ暈ヲ憂ルモノ大ニ苦シム風浪ノ恬静ニシテ舟行ノ安キ此行ヲ以テ始メトス因テ詩アリ曰ク

霜鬢衝冠東海邊。秋風含命放輪船。此行今足兆成績。参遠険洋平若川。

初三日　晴　五点鐘神戸港ニ至リ碇ヲ投ス六点鐘大小人貞均シク岸ニ上リ逆旅ニ投ス午後楠公ノ墓ヲ弔ス詩アリ曰ク

萬古精忠照碧天。至今廟貌太儼然。西人亦慕楠公去。神戸港頭来泊船。

又縣廳ニ至リ権知事税所氏ヲ見ル更ニ病院ニ過リ酒杯ノ興アリ四点鐘寓ニ帰リ点燭ノ後駅船ニ下ル

初四日　晴　暁四点鐘碇ヲ起シテ神戸ヲ発ス風清波平ナル事昨ノ如シ船左ハ淡州船右ハ播州四顧風景画ノ如シ詩アリ曰ク

一陣暁風帆影開。船過播淡両州隈。双眸萬景看難盡。北島去時南島来。

午後金ヲ打ツ数点鐘シテ舟奴皆水桶ヲ携エ疾

ク走テ舵樓ニ會シ失火ヲ警ムルノ狀ヲ爲ス進退分合ノ節頗ル観ルヘシ

初五日 晴 曉來赤馬關ヲ過キ玄界洋ニ出ツ此時船小シク動揺ス然ﾄﾓ暈ヲ憂ルモノモ亦皆舵樓ニ上リ四顧眺望ス其寧靜ナルヿ知ルヘシ八点鐘長嵜ニ至リ碇ヲ投ス大小人員均シク岸ニ上リ村山某ノ家ニ投ス

初六日 晴 十点鐘官員均シク縣廳ニ至リ知事ヲ見テ公事ヲ談ス晩九点鐘驛船ニ下リ十二点鐘長崎ヲ發ス此日長州藩士兒玉少介柳原家ノ所屬トナリ同シク清國ニ赴ク

初七日 晴 起來小立眺望ス五島漸ヤク盡テ蒼濤漫々タリ午前男女二島ヲ過ク此ニ至テ大日本海已ニ盡ク此刻風濤小シク怒リ驛船轉動搖ス

初八日 晴 三点鐘遙ニ寧波ノ山ヲ望ム斜陽揚子江口ニ入リ十点鐘呉淞江口ニ至リ碇ヲ投ス詩アリ曰ク

輪船四渡上洋濵。城裡文流多故人。無道唐山蒼海遠。歡情到底是朋親。

初九日 晴 七点鐘碇ヲ起ノ呉淞ヲ發ス八点鐘上海ニ至リ九点鐘岸ニ上リ新大橋側品川通商權大佐ノ假寓ニ投ス晩七点鐘余蔡氏ト共ニ轎子ニ乗シ同知官陳福勲ヲ訪フ筆話ニ曰ク

弟曾遊貴地既三次。歳次丁卯春夏之際。弟在滬以王仁伯為東道主。當時蒙前任道憲應大人知遇。乗官舩為金陵之遊。感恩之深至今不忘于懐也。君若將弟言轉稟道憲。則幸甚。

諾。福勲

海防同知嚴公伯雅弟旧友也。請問此公今尚在貴地否。

此公亦已罷官三十年矣。現在不知何往。福勲

候儀君今如何。

在蘇州。福勲

張籽雲如何。

現仍在會捕局。咫尺不遠。福勲

九点鐘寓ニ歸ル

初十日 雲起 九点鐘張壽雲ヲ訪フ遇ハズ路ヲ
轉メ城ニ入ル此時大雨蕭々雨ヲ犯ノ小南門
ヲ出テ王仁伯ヲ訪フ仁伯既ニ世ヲ去ル其孫
寶善及ヒ仁伯叔維孝在リ筆話ノ文ニ曰ク

寶善兄春秋若干。

十一歳。寶善

弟 昨日至滬。寓新大橋側。

仁伯先生於前年去世。杜徵之

昨 弟 聞此事未信。今聞君言愁傷不自堪也。

君只言前年去世請聞其詳。

弟 於本年七月間到申。借住于此。仁伯去世。詳細病症不得知也。徵之

請問高姓大名。

姓杜號徵之。安徽人。徵之

許先生往何處。

許君在上海城内教館。此間另請凌先生。

徵之

小山矦公及平齋君無恙否。

矦小山已去世。其子平齋尚在。徵之

一別四霜。物變如斯噫。

君何日到此。同來幾位。徵之
昨日到滬。同來十四名。
請問有何公幹。徵之
欲議通信通商耳。
前日弟作書遙奉寄前仁伯太老爺。不識能
落公等手否。
此函已見。原手帶回。徵之
喆生君無恙否。
此君移居南陽鎮。徵之
仁伯太老爺去世無奈何。他問高堂群位安

寧否。
家中尚有四人。媳婦兩位。寶善一位。孫女
一位。徵之
今日四点鐘。同知陳公至敝寓。請告辞。緩日
再來。
弟明日赴尊寓答拜。徵之
豈敢。
君年幾何。現居何職。徵之
馬齡已上知天命。敝職掌文書大佑。
法國布國信息若何。徵之

兩國不和。聞得戦争方酣。弟未知詳細。敢問
天津之事。和戦出何方。
近日無見聞。但約總是和局。徽之
請問叔彝王大人今尚在紹興否。
六年九月在浙江嚴州府。任内去世。徽之
毅生君如何。
赴南京郷試去了。徽之
兩湖公如何。
亦赴南京郷試。徽之
仁伯先生在日。與閣下最好。常請顧舎談
々。王維孝
豈不原々来。
平齋侯君亦弟莫逆也。請以弟言轉達。
當轉致。維孝

此日四点鐘同知陳福勲来ル尾里權少録出迎ヘ延テ席ニ就シム須臾柳原去ル柳原以下官員出テ接ス公事談シ罷テ陳氏去ル柳原以下送テ中門ノ外ニ至ル柳花各國公使ヲ訪フ

十一日雨降四点鐘張稃雲ヲ訪フ晤語メ歓ヲ盡シ茶果與アリ晩ニ至テ寓ニ歸ル

航海漫録　一之巻　八　福島蔵

筆話ノ文ニ曰ク

不相見已四霜矣。玉体壯榮奉賀之至。昨陳公云。於道署與公相話。及弟等事。想公亦詳悉弟等来滬之由。今天專誠奉訪大居。得拜玉顔。不堪忻忭之至也。

予何人兄別来無恙。冒雨枉顧。四載之別。旧雨殷々。可感之至。敝居數椽。聊蔽風雨。遠客辱臨。蓬壁生輝。陳公之言誠有是說。第貴國大府遠貢明日晤道台時。公事可相商也。僕前奉應道台委辦貴事。茲有陳公。料理一切。勝僕百倍。前歳臨別。曾有贈扇之約。久已託友寫就。花卉緑所愛也。茲並山茶二瓶。聊將芹敬。以誌故人惠李之意。幸勿却也。張耔雲

閣下曾自云。有一味燕趙士之風。今果履四年前臨別之約。可謂季布一諾。謹領拜謝。區々將意。用報故人。齒芬辱及是。增愧赧。耔雲

此番弟等來貴地者。欲議通信通商之事。前年弟金陵之遊。實係閣下賜。今段亦欲依閣

下成事。偶有敝邦人在貴處。此人云。陳公戢掌同知。宜由陳公達道憲也。故弟等一昨到陳公所耳。畧陳來意。閣下幸勿疑。

陳公與僕同辦各國事務。無分彼此。何疑之有。耔雲

請問現在閣下官階。

仍掌前事。特官晉一階耳。耔雲

再問現時職亦關外國交際之事歟。

正如所問。耔雲

閣下戢已掌外交之事。想與陳公同僚。請聞其詳。

現戢之事寔與陳公同。彼辦英美發審。僕辦法國發審。共係各國之事。隨時奉道憲差委。無不可辦也。耔雲

彼此通商之事。弟與閣下所曾謀也。願得閣下扶助之力。以成弟夙志。敢請如何。

昨晤陳公。已聞大畧。然此事重大。非弟所敢知。以未奉委辦。故特不敢越戢耳。耔雲

聞得閣下戢係會捕。請問會捕名義。

敝國盜賊滋熾。多匿外國租界內。不肯任

地方官搜捕。特設此局。會同外國巡捕兜拏賊盜。以期慰民安。商誠出台憲愛民之至意耳。籽雲

是乃敝邦墨盒異樣者。敢奉贈。

筆墨因緣。敬以銘謝。籽雲

前任應公才兼文武。請問現道涂公為人如何。

涂觀察讀書人。最為純正。應公升任臬憲。涂憲辦事認真。接任以来為各國所佩敬也。籽雲

此帖乃敝友所携也。惟欲領閣下大毫以壯帖面。伏乞一揮。

書之何處。祈指定格式。當為覓善書者代之可耳。籽雲

只欲領閣下親寫耳。何覓他之為哉。但小帖乃敝友花房之物。大帖乃敝友柳原之物。至書式。則任閣下筆意所向耳。

從何處寫起。籽雲

開卷第一張最妙。

聞貴國命大府遠臨。弟欲明日答拜閣下。

未卜有無阻碍否。耔雲

不敢當。若蒙枉駕。則何賜如之。

是否尊寓在英公館後大橋邊。望詳示。耔雲

如命。

聊備粗餌。用佐清談。幸祈加餐。耔雲

感謝。

請問陳公亦好詩文乎。

却不解。見笑々々。耔雲

故人遠來。忻慰無似。茶果之獻。不恭之至。耔雲

弟等所帶。有敝國史類若干種。閣下若有所撰。則請以一二種奉送。可也。

屢承厚賜。萬不敢。尚亦慮無以報瓊耳。耔雲

天將晩。請再來。

明日十点鐘當答拜。耔雲

掃席謹待鶴輿翔下。

此日郑尾轎子ニ乗シ同知陳氏ニ到ル

十二日　晴　十点鐘張秀芝來ル柳原以下出テ接ス筆話ノ文ニ曰ク

閣下不違昨約。被枉鶴駕。感謝之至。閣下真信士也。不堪欽佩之至也。弟亦奉前約。探得東洋小史一部以奉贈。哂收幸甚。

疊蒙贈賜。何以克當。謹領拜謝。耔雲

弟同來之士。亦欲拜鶴面。

恥囑書帖面。乃係柳原花房二公。是否。耔雲

是也。二士亦在寓。請小坐。須臾出來。

予何人兄另字云何。望示知。耔雲

弟別号松窓。名信敦。

藍川何處去了。耔雲

此人在東洋。此番不同来。

花房公尊字。請教。耔雲

一号眠雲。又卧虎。花房

通商之事甚易。惟弟現未奉委。辦理貴國之事。自有陳司馬。思料一切。想必能妥愜也。耔雲

陳公料理事成則止。若事屬溢難。則請煩閣下。

諒必不難。且俟賠道憲後。再看如何。弟能

進言。必從旁賛助也。耔雲
厚誼銘感。
柳原先生尊字請教。耔雲
拙号青々子。柳原
此人弟長官也。姓柳。故以青々為号。
配。耔雲
道憲若請閣下料理最妙。
前日陳司馬私言及此。弟恐才不堪任耳。
耔雲
太謙。

總理各國事務衙門在京師。恭親王總司其事。另有中堂尚書等官。同佐理之外。則金陵有五口通商大臣。天津則有三口通商大臣。此其大略也。耔雲
請問通商大臣威權。
通商大臣。金陵係兩江總督代管。大事小事在外作主。大事則咨總理衙門施行。耔雲
請問閣下品級官名。
四品銜五品官。耔雲

請問閣下鄉貫。

直隷省永平府撫寧縣。乃在漢右北平也。耔雲

聞得至十月。天津海水氷合。果然否。

海水不氷。惟河水乃氷耳。耔雲

北京天津之間。冬月旱路尚得通否。

冬月尤通。秋夏之交。微妨泥濘。有時不通耳。耔雲

聞閭巷之説。天津自殺法人之後。拒外國舩進口。不識弟等附坐輪舩而往。無礙否。鄭

現在尚無滞碍。商舩尚通行也。耔雲

上海天津往來之驛舩。冬月尚能通否。

輪舩不過四日。可達天津。今歳有閏。十月底尚可能行。惟風潮加險耳。耔雲

即欲拜別。暇日再會。耔雲

午前詩アリ尾里氏ノ韻ヲ次シ水仙梅花緑竹三君子ノ圖ニ題ス曰ク

江南一朶自無塵。花遶瀟湘仙骨真。描得雪中君子友。喚醒世俗醉狂人。

十二点鐘舟ヲ申江ニ浮ヘ官員従僕均シク龍

華ニ遊フ水路約スルニ二里餘龍華ニ到ル鎮ニ寺アリ寺ニ塔アリ重疉七層ヲナス此乃チ余前年遊フ所ナリ四年前余来遊ノ時僧侶百餘人アリ上海近郊ノ最大刹トス然ルニ現今寺内寥々殆ト癈寺ニ似タリ同来ノ士皆七層塔ニ登ル塔上眺望頗ル佳ナリ詩アリ曰ク

昔日群僧盈梵閣。今年漫草遶欄干。空存層塔龍華稱。颯々秋風一鎮寒。

更ニ茶亭ニ憩ヒ遂ニ棹ヲ回ノ斜陽寓ニ帰ル此日二点鐘蔡善多我長崎知事ノ書函ヲ携ヘ道台府署ニ到リ之レヲ涂氏ニ贈ル涂氏預メ約メ十七日二点鐘ヲ以テ我官員ヲ見ルノ期トス

十三日晴八点鐘出寓王寶善ヲ訪フ遂ニ寶善ニ伴フテ侯平齋ヲ訪フ筆話ノ文ニ曰ク

一別四霜。高堂群位無恙。奉篤之至。聞得小山岳人既去世。弟不堪悲哀也。

家君於去年九月辭世。因在常遊親戚家。得病而回。竟到不起。皆弟等罪深孽重耳。

平齋

話之不堪悲傷。請不復問。
請問仁伯老爺辞世年月。
同治七年九月故。平齋
林矯齋君未知來否。此客何人。平齋
矯齋不同來。此人乃弟從僕耳。
此番弟等来滬者。欲議通信通商也。
老兄京都尚未去耶。平齋
未
同来有幾位。平齋
官員五名。從僕九人。

上海地方官見過否。平齋
一昨見同知陳氏。又以十七日二点鐘爲見
道憲之期。
以前老兄来申。亦云通商。已將數年。何得
尚未定。見近日西虜天津作怪。足下知否。
平齋
弟亦熟悉之。
此番欲議通商者。不曾上洋。在大欲尋唐代
旧盟耳。但弟固小員。不敢知通商大事。弟長
官柳原氏專掌今番大事。

柳公同來否。平齋
在敝寓。
足下何日進京。諒必坐火輪舟去。平齋
進京與不進未有定計。若進燕京則必坐火輪船耳。
聞得貴國亦造火輪船。然否。此番到此。坐自造輪船否。平齋
此番只坐米國驛船。
佛蘭西與大呂宋打仗。然否。平齋
弟亦聞。

請問天津之事。和與戰出於何道。
敝邦自平匪之後。兵强將勇。非比昨前太平日久不知兵。若不能和惟有戰耳。平齋
弟未信。若戰勝則已。若敗衄則恐不堪洋虜之責也。
當不在此。西虜所恃者。舡堅砲利耳。今敝邦亦有堅船利砲。不懼也。平齋
貴國亦新造堅船利砲乎。若仍旧貫。則恐不能敵西人砲船也。
此國家大事。當道者自有深謀遠慮。弟草

莽之人。不敢窺測也。平齋

明日四点鐘到尊處奉候。下雨則否。平齋

掃席謹待鶴駕翔下

旧雨款縈歡ヲ盡メ去ル二点鐘柳公以下諸君ト倶ニ寓ヲ出テ小東門ヨリ城ニ入リ城隍廟ニ遊ヒ遂ニ關帝廟ニ至リ西門ヲ出テ寓ニ歸ル

十四日晴八点鐘城ニ入リ張國英ヲ訪フ國英南京ニ到リ家ニ在ラス遂ニ廣福寺ニ遊ヒ十二点鐘寓ニ歸ル四点鐘侯平齋來ル筆語ノ文ニ曰ク

不違昨約鶴駕翔下。大兄真信士也。欽佩之至。

弟向不到此。故一路問諸。頃問隔壁東洋行。其云不知。故復至此。前足下在申時。嘱先父所書詩箋藏之已久。故今日奉繳。另有山水四幅。少不敷劣。望即哂收。平齋

弟臨黄泉謹奉謝。且山水多々之賜。不堪感謝之至也。弟羈旅之士。不便供点心。請以此輒充点心可乎。一咲。

昨日張雲溪過否。又往何處遊玩城隍去
否。平齋
所惠太多。不安之止。平齋
今早弟訪張公。々有南京之行。不在家。一憾。
昨二三点鐘伴一友。去遊城隍廟。池邊小棲。
風景可掬。
今日九点鐘有六位朋友。請弟在娼家小
飲。須倍異日耳。平齋
是了
此間新有鑄造局作鎗。兄知否。平齋

不知。君所言造鎗。是洋鎗乎。若果然。則弟爲
貴邦奉賀之。
盡是洋鎗洋砲。內太貞所管。皆因水火機
械。不用人力。極有可窺。平齋
最好。
貴國亦造輪船。未知機械辨否。平齋
辨矣。
娼家小飲可羨々々。
老兄去過否。平齋
亦好。

請付他日。
　柳公出外否。平齋
在内君欲見乎。
　可以不必。平齋
弟等以十七日為見道憲之期。若事容易。則進京之謀亦急矣。然明月初旬。或尚當在貴地。請緩日上高堂剪西牕燭。話盡巴山夜雨時是弟所希也。
　倘通商已成。貴國官員亦在此否。平齋
不啻貴地。或當在燕京及他數港耳。

将及五点矣。想必朋友来齋。弟當告別。後日再會。往城隍廟一遊。所賜之物。忝頼拜受謝々。平齋
十五日　晴　十二点鐘同知陳氏ノ使来リ中秋ノ喜ヲ道フ二点鐘蔡善多陳氏ニ到リ答喜ス二点半鐘寓ヲ出テ将ニ王宝善ヲ訪ハントス途中矦埏墫ニ逢フ相伴フテ蔡氏ニ過リ茶菓ノ興アリ更ニ王寶善ヲ訪フ遂ニ矦氏ニ到リ平齋ノ群弟ト晤語シ黄昏寓ニ歸ル同知ノ使来リ筆話ス

為本日賀被枉駕。謝々。賤姓名倉。他諸人皆
出外。請待回寓當轉致耳。
小人今日来道喜。並無別事。佚姓
途中虞挺導ト筆話ス曰ク
往表兄家如何。挺導
可也。今日中秋佳節。故欲道喜耳。
王家否。挺導
欲先到王家。後訪君家也。
我父出去。無由奉倍。挺導
王家可否。

先至此公。挺導
従教。
弟未悉此公家。請問大姓雄名。
此即姪舅氏也。姓蔡。挺導
昨日尊大人見訪敝寓。君知否。
知矣。老伯所贈之鞭甚佳。挺導
宰善ノ家ニ到リ筆話ス曰ク
中秋令節。專誠叩喜。
百拜謝々。宰善
郷雲君在内否。

往遊矣。挺導代宝善答

請問宝善兄令號。

楚臣。挺導

請再来。

叩謝。宝善

矦平齋ノ家ニ到ル

今日佳節。敢道喜。

拜謝。挺導

尊大人去何處。

家嚴到廟中去遊矣。不能奉倍。不恭思罪

挺導

弟歸路欲買碁子。請問此物在何處。

聞自往收可也。姪亦不知何在。伯若欲要

姪訪他人。於伯辨至可也。挺導

感謝。

天向晩。請再来。

明日父叔當到貴寓奉謝。挺導

不敢當。請固辞。

中秋分韻圓ノ字ヲ得タリ詩ニ曰ク

林立檣頭月正圓。清風滿楫絶塵緣。等閑休

賞中江景。皆是家郷夢裡船。
柳原公示サル、詩ノ韻ヲ次シ以テ琴嚢ニ題ス曰ク薄暮月ノ出ルヲ待ツ
青龍抱玉未全颺。小立滬城水一方。徒撫琴嚢吟意切。魂迎明月至東洋。
夜来散歩新大橋側ノ小園ニ遊ヒ月ヲ観テ奥アリ
十六日小晴八点鐘寓ヲ出テ張秀芝ヲ訪フテ筆話ス曰ク
鄙人早来警玉夢。多罪〻〻。

今夫弟所以上崇堂者。只在請尊毫一揮耳。但紙張大者直幅。小者横幅可也。
嚴公伯雅弟旧交也。聞得去往他。請問現今海防同知尊姓大號。
此乃敝邦馬鞭。敢奉送。哂收為幸。
貪眠晏起。致失迎迓。罪甚〻〻。
嚴伯雅前赴桂州。今春轉来滬。未晤面。近日亦不知其在何處也。今海防郭姓名階宇慕徐。張耔雲
貴國正副兩使。倶得瞻挹清光。欽慕之至。

祈代致起居。耔雲

弟徒號燕人。不能試馬春臺秋泊。早負馳驚。塩車下自貽羞慚。雖鞭之長。不及馬腹。

謹領嘉祝。謝甚々々。耔雲

願欲因閣下紹介。以見郭公。可乎。

郭君今午将晤食。適時試為言之。此君年甚軽。未卜其一見海外佳士否。耔雲

閣下晤時。願以弟言轉致之郭公。亦弟之志也。

謹受教。耔雲

請問前日柳氏所轉囑小帖。尊揮既成未。

本國中秋乃下元之節。俗事多忙。尚未命筆。伯數日内即當奉璧也。耔雲

本月内寫就。亦不為遲也。

遂ニ小東門内ニ到リ碁子及ヒ將棊ヲ買辦シ十二点鐘寓ニ歸ル

十七日晴一点半鐘柳公以下官員儀仗ヲ備ヘ正服ヲ着ケ道署ニ到ル其圖左ノ如シ

鄉導一人（塩田千之 河村勘介）尾里推少録轎子（二昇夫）名倉大佑轎子（二人昇夫）掌儀（小紫恰）

柳原従四位轎子（昇夫四人）高田精一郎（昇夫四人）武市久馬吉　花房権少丞（昇夫四人）鄭権正（昇夫四人）東馬安太郎　増田無蔵　田慶泰作
轅門ニ入ニ及テ祝砲三發刺叭ノ聲起ル既ニ
メ堂ニ上ル此時道臺涂氏（名宗瀛号朗軒）同知陳氏（名福熟号室派）出迎エ延テ席ニ就カシム公事語シ罷テ
後延テ別堂ニ到リ茶酒ノ饗アリ四点半鐘告
辞メ寓ニ回ル去ル時道台同知并ニ送テ廳庭
ノ外ニ至ル歸路看人堵ノ如シ
十八日晴九点鐘使ヲ遣シ道署ニ赴キ土宜數
種ヲ贈ル（不受）此日一点鐘米國驛船（吾輩乗リ来ル所ノ船ナ

リ）上洋ヲ發シ東洋ニ赴ク因テ卿書ヲ作リ其
船ニ付ス（兒玉子此船ニ乗シ東洋ニ歸ル）
余レ小恙アリ終日館門ヲ不出柳公花房郑等
同知ノ居ニ至ル
十九日晴十一点鐘柳公花房英國ノ公使館ニ
至ル一点鐘余レ寓ヲ出テ城傍ニ逍遥シ三点
半鐘寓ニ歸ル昨日余レ書ヲ作リ張籽雲ニ送
リ道台ニ謁見シ且ツ海防同知郭氏ヲ見ンヿ
ヲ請フ會ゝ籽雲他ニ出ツ今日答書来ル文ニ
云

釆函星使大人閣下。頃承惠書。祇悉明日謁見道憲。自當代請。海防廳郭公現赴金陵。歸期無定。敢以布聞。敬頌日祉。

愚弟張秀芝百拜

二十日 晴 九点鐘同知陳宝渠来ル柳公以下均シク出テ接ス陳氏云道憲曰ク貴官等天津ニ赴シ一事昨既ニ書ヲ作リ在天津ノ諸大臣ニ報セリ故ニ津ニ進ムニ於テ妨ケ無シト云々

其他公事ヲ議シ畢リ十点鐘陳氏去ル一点鐘寓ヲ出テ小東門ヨリ城ニ入リ一粟庵ニ至リ

筆話真アリ

弟子四年前。屢遊貴寺領教。今尚依旧佛光烟々。奉賀之止。

衲于去秋在寧波。有貴國安山呉山二客。又在上洋。于小東門美華書館。有薩摩州棚張先生主印書。又于二渡恒安棧。有畫工赤城城清水。衲聞貴國佳風。欲同往。望

雲

高僧若辱貴臨敝邦。則佛光當照吾東洋。謹待鶴輿翔下。請問高僧大号。

小名望雲。先請問法号。

鄙姓倉。名敦。號松總。賤行第一。

去年在寧波。有貴邦来者名安老山。君識

其人否。望雲

弟子本不知其人。頃及遊貴地。始相見耳。

現在何處。望雲

未問其居。

請領尊毫一揮。永以為好。

出家人筆墨。不足以當大雅一咲。望雲

遂ニ矦平齋ヲ訪テ筆話ス曰ク

尊大人在内否。

已出去。矦埏導

中秋節承枉顧。失迎罪甚。蓉江

弟進京在近。願依旧領尊毫一揮。

未知月内去否。蓉江

在月内。

現見恵大作。感深謝甚。

字句陋劣。有汗尊目。蓉江

君家兄弟叔姪皆金玉。欽佩之至。現所奉囑

紙張約數十張。請領金玉之令毫。永以為幸

宝。

承過誉愧甚。蓉江

閣下要進燕京，未知曾見道台面商否。蓉江

既面商得允准。

此者有眼者謂之藕。無眼者謂之梨。貴邦同有否。蓉江

萬物皆有双眼。第未聞有八九目者。敢問何說。

萬物只有兩眼。惟藕之為物出此湖州府

航海漫録 一之巻 二十九 福島藏

者有八縣。即出八眼。出之蘇州者九縣。即有九眼。以一眼照一縣。所以不曰孔而曰眼。蓉江

聿強最巧。

請問諸君亦曾遊燕京否。

家兄平齋去過二次。蓉江

君亦同弟駕驛船去遊燕京如何。

刺下因父喪守制在家。不能前去。須三年服滿。方能出遠。蓉江

官戢圖可否留在弟處。借觀以便細閱。以

資見識。蓉江
割愛以奉送。
謝々。蓉江
承恵多珍。弟尚無奉贈。何以敢當。未知圍
棋已辨就否。蓉江
已辨棊子及将棊。未得局。
緩日奉贈棋局可也。蓉江
謝々。請問弟来時在坐。及弟就席。忽去人姓
名。
此係医生。姓黄号小圃。蓉江

又問在君傍女人。是尊細君歟。
此拙荆也。蓉江
芙蓉不若。
過譽年老矣。蓉江
弟再到高居者。或當在念八九日。願以其日
領尊寫字可乎。
敬掃徑以待。所囑之書。恐不能全數寫就。
屆時約一半可耳。蓉江
一半字弟不能從教。强請所囑紙張。皆寫全
字玉句。

當勉力。蓉江
樂矣。
聞有貴邦大臣。與閣下同來。是何官耶。又
問尊銜在何處。蓉江
此番来者。弟就官位表。点朱露了。
歸路王宝善ニ至リ斜陽寓ニ回ル夜来尾里子
龍華寺ニ遊フ詩ノ韻ヲ次ス曰ク
遙認龍華烟樹間。蘇山一碧白雲環。扁舟
回棹斜陽處。倒路七層塔影還。
二十一日晴八点半鐘寓ヲ出テ張秀芝ヲ訪テ

筆話ス曰ク
此一書。閲敝邦雜史時頗有便。敢奉送。
請問赴天津驛船行号。
再承恵和漢年契。何以克當。謝々。
天津無甚船行。近年本國客商往来。皆搭
附輪船。由上海到天津。毎人廿両。舟金王
在何處附搭。陳公甚了々也。秀芝
今日弟竊有請于閣下。一昨弟等既経道憲
允准。進京在近。但弟等未曾窺燕京之美。故
不甚便地理。幸閣下燕人也。竊想閣下當有

要事報貴家者。願差令僕一名。導弟等進天津。入燕京。豈不兩便乎。談及此者。弟實與閣下交誼不淺。閣下若不遐棄弟不肖。允所請。則恩誼莫大焉。伏乞無憐。

昨晤道憲。諸君燕都之行。擬請少待。以貴邦来意。已亶通商大臣。俟筆帖批回。不過十餘日耳。未卜尊意如何。弟舍間無甚事。近亦有人初面。未能遵命奉陪。祈諒々。秀芝

承示天津批回。不過十餘日云々。僕歸寓當以閣下言。轉致也。鄉導一事。不蒙允許。亦無奈之何耳。但僕曾受閣下大恩。其誼宛如父子兄弟。故談及此。閣下若更賜一層工夫。以着鄉導者。則幸甚。

出言太重。萬不敢當。貴邦事未奉委辦。不敢越俎而代。所以區々寸忱不過以素承愛。未聊盡朋友之私誼耳。倘後来以貴邦事相委。必尚盡力設謀。本國戢有所司。不能相攙之故。幸見諒也。秀芝

遂ニ旗昌洋行ニ到リ天津ニ赴ク驛船ヲ問

航海漫録　一之巻　福島藏

聞得貴行係天津驛船行。弟有公事。欲赴天津。請問何日開行。

開行未能預定。行内人張仲延

請問自上洋到天津。上位船價若干銀。

唐人每位十五兩。洋人每位五六十兩。不定。仲延

中位多少。

天津船只有上位。仲延

再問月内尚有開行赴津船乎。

此月内開去尚有二三隻。仲延

航海漫録　一之巻　三十三　福島藏

弟寓新大橋側。若行期定。則請煩報知。

望閣下數日内到小行。一如有船開便可搭定。況小行門首曾有牌子。掛出門。是定見日期也。仲延

十一点鐘寓ニ歸ル頃ロ連日殘熱堪ヘ難シ此日午前炎埃焚カ如シ午後小凉生ス七点鐘柳原以下官員五名預シメ約ナリ宰國岡士館ニ至リ饗セラル十点鐘寓ニ歸ル

二十二日　小晴　天氣清凉小詩ヲ賦シテ蔡善多ニ示ス曰ク

憶昨同君遊上洋。（十年前倶遊上海相親。）遊萍縦一別夢魂長。愧吾今日相逢處。双鬢徒添江畔霜。

七点鐘柳原以下大小官員均シク寓ヲ出テ同知陳氏ノ公館ニ至リ饗セラル陳氏大ニ酒饌ヲ設ク文話歓ヲ盡ソ去ル

二十三日　晴　二点鐘寓ヲ出テ海防廳ニ至リ郭氏ヲ見テ筆話ス但前日張紆雲紹介ヲナス故ニ郭氏吾カ至ルヲ見テ大ニ喜ヒ晤語ソ歓ヲ盡ス筆話ニ曰ク

弟東洋鄙人。久聞雄姓。今天忽賜謁見。誠愜弟願。不堪抃躍之至。此乃敝邦墨盒敢奉送。咲收幸甚。

階久聞貴邦人文淵藪。閣下碩學鴻儒。急思奉訪俾暢叙一切。適以塵冗未克趨走。乃蒙枉顧。慚感何如乎。賜墨盒。却之不恭。敬拜領謝。郭階

前文過譽。慚愧々々。敢問大号。

前任伯雅蕺公弟故人也。聞得此公既罷官去。不識今在何處。

字子貞一字慕徐。階

巖公伯雅聞在江寧。不知確否。階與此公
未嘗往還也。階
閣下春秋方壯。而當此大任。其才其略可想。
不堪欽仰之至也。
階年少不才。更謬承上游拔擢。俾供斯職。
深懼德薄才疎。或致隕越。尚希錫以南針。
匡其不逮。幸甚感甚。階
不敢當。
請問閣下歷星霜約幾年。
階今年二十九。階

前任巖公有著作詩。已上梓。弟領之。藏于家。
願更領尊作一二。永以為好。
階學識庸陋。何敢附於作者之林。惟乱筆
無詢。敢不就正道。惟未有録。有副本。容録
成奉上。閣下著述想已宏富。尚希賜讀。俾
廣見聞。階
拙詩蕪稿。固不以足污電眸。但弟鄉友所作
小詩數卷已上梓。現帶有留敝寓。再上高堂
之日。當携來奉送也。
謝々。階

請問每日何時視朝。何時退朝。
鷄鳴視朝。退朝則因事之多寡以定。階
貴邦山公著有七經孟子考文。甚為博贍
精確。物公名茂卿。
聞亦著述宏富。山公七經孟子考文外。尚
有何書。兩物公書何名。希賜教。階
敝邦陋儒物茂卿。極雜駁。山子亦陋儒也。七
經考文一書。既汚電眸。但物子有著作數十
百部。大抵係辨駁古人之説者。此番弟等所
帶。更有敝邦書籍若干部。請待閑日。取一二

可觀者来。乞尊評大批可也。
容 諳尊齋拜讀。階聞貴邦有伏生尚書大
傳完本。果然否。希示悉。階
此書有之。弟等不帶来。
弟聞閣下言。熟察似專治四子六經者。弟亦
曾鷄牕讀經書。所謂同氣相求者也。想閣下
既有尊著經説。請賜一觀。
閣下乃積學之士。敝帚何足當方家一噱。
容 趨謁時携呈乞教正。階
果有尊著述。若賜拜觀。則弟當刮眇目仰讀

也。弟等假寓固在陋巷。不足容高蓋車。他日
弟拜趨賜一覯可也。
不欲再勞尊駕。定當拜趨謝。階
謹固辭。兩三日間携呈書。當再上高堂。敢請
日期。
更固辭。萬不敢當。連日稍有俗冗。遲日當
先行函訂日期。晤談一切。階
弟欲借尊著作書一二。帶去以拜讀。敢請如
何。
尊意諄々。謹不揣謭陋。拙作周易漢讀放

呈政。惟是書無副本。希閲後放還為荷。階
拜閲後定當奉璧。
請問蘄水亦算號歟。
階蘄水人也。蘄水縣屬湖北黄州府。階
弟本好讀易經。欽定四經述義啓蒙等書。曾
熟讀。此書　末書極多。想若尊著作。折其衷
拔其萃者也。
階所作踳駁庸陋。何敢云折衷。過奬殊覺
汗顔。尚希不吝教。階
弟前年遊李撫台曾鎮小南門外。蓋備毛戚

也。當時弟曾仰丰采。然未看其書。今高堂壁間掲此公書。字句并巧。弟初想李公是武辯。及今閲之。知文武兼備人。請問閣下與李公曾締交否。

曾見過。不甚熟。階

戕人久坐汚玉堂。多罪々々。請告辭。

五点鐘寓ニ歸ル此夜周易漢讀攷ヲ讀テ感アリ小詩ヲ賦メ以テ郭氏ニ贈ル曰ク

襟韻風流意豁如。高才早已馳聲譽。多君世事埤遺屨。看破韋篇三絶書。

題周易漢讀攷

近世學易者。大抵以唐宋諸家説為宗。其能泝秦漢者蓋鮮矣。子貞郭君年未上而立。既有此著。且以履霜起筆。以大過斷筆。蓋有寓意存焉。可觀學有淵源矣。他日成業豈可窺測哉。余東洋鄙人。腹無隻字。固非一辭可以妄贊也。但謬辱一面知。欽其人。善其著。不覺走筆題卷端云。于時大清同治九年。我明治三年庚午八月下浣也。　東洋倉敦拜草

廿四日小晴北京行近ニ在リ因テ小詩ヲ賦メ

以テ上洋ノ故人ニ留別ス曰ク
秋風一別涙潸如。雲嶽烟波恨有餘。若聽鴻
聲推戸看。天邊字様是吾書。
此日蔡善多驛舩ニ乘シ長崎ニ歸ル晩歩新大
橋上ニ立テ納涼ス又花園ニ遊ヒ頗ル興アリ
二十五日雲起書ヲ作リ郭子貞ニ與ヘ弁ニ周
易漢讀攷ノ題辭評文等ヲ贈ル九点鐘余鄭氏
ト共ニ旗昌行ニ至リ驛舩ヲ議ス舩價上位（官貫ヲ云）
毎名五十兩中位（從僕ヲ云）毎人ト五兩本月二十
八日ニ於テ定メテ上洋ヲ發シ天津ニ赴クコト

ニ決議ス議定テ寓ニ歸ル十一点鐘寓ヲ出テ
矦平齋ヲ訪テ別ヲ告ケ更ニ王宝善ノ家ニ過
リ別ヲ話ス
弟等行期頻迫。明後天下船。二十八日開行。
将赴燕京。故今日專誠来留別。但拙詞一章
送呈。并乞政。詩逸
詩絶佳。佩服々々。平齋
閣下行期何以如此急迫。囑書數紙尚未
告竣奈何。将碁圍碁局已辨流奉送。平齋
奉囑書未告竣者不妨。棋局拜領謝々。尊揮

數旅謹拜玉賜之辱。
字跡惡劣。恐携至貴邦。貽咲不淺。平齋
弟等未知燕京地理。聞大兄遊京既二次。請問京地舍館何處最好。
弟在道光廿六年。隨先父進京一次。廿八年弟自己有事。亦進一次。皆寓在前門西河沿。彼處舍館甚多。擇其佳者居之可耳。平齋
弟聞海路四晝夜達天津。在天津四五日。或八九日。當直進燕京。又聞天津有通商大臣。

料理外國事務。若果然則弟等淹留天津。當與之倶議事也。請問天津舍館如何。
弟前次進京。從內地而去。十餘站至清江浦。則江南之地盡矣。從此坐車登陸。十八站到京。經山東直隷各省而行。須得一月可到。彼時輪船未通天津故耳。已通之後弟並未去過。不知天津地方如何光景也。彼時進京極難。不比目下也。平齋
大兄進京時無輪船。只積步為里。積里為宿積宿三四十。始得達京耳。今則不然。一走千

里。數走而達京。又何時變之速如此也。

老兄用道台文書乎。抑至通商大臣處面見乎。平齋

前日道台作書。馳報北京及天津大臣。故弟等進京無妨云。

正一位在何處。平齋

敝邦以正一位為贈位。故生前無登此位者。

貴國将軍何品。平齋

君不聞敝邦政治一新。旧将軍一廢不用。今以天子為尊。然否。平齋

然。

舊将軍時。百官職名皆從俗稱。此番改正。故大兄閱之轉易了會耳。

去歲聞得貴國有干戈之事。諒必廢将軍而起。平齋

然。

兩三年前干戈大動。數十萬兵卒。晝夜苦矢石。至客年春間。干戈始熄。

為何事開兵端。平齋

将軍叛矣。

平秀吉有後裔否。平齋

無。

人臣專政者于今六百年。至三年前始復古。

貴國有徐村。係中國徐福後裔。然否。平齋

只道東洋紀伊州有徐福祠。當時奉秦始皇帝勅來採藥。然未曾聞有徐村者。

行裝匆忙。請告辭。

弟耳所好消息。平齋

廿六日小晴八點鐘寓ヲ出テ張秀芝ヲ訪テ別ヲ話ス曰ク

弟等行期頓迫。明日下船。明後自開行。故今日專誠來上堂敢告別。請閣下爲國自愛。

昨日差人賜尊毫數掕。謹領拜謝。此乃敝邦詩箋敢奉送。哂收是祈。

留別拙詩一章。奉呈斧乞正。

弟又有請于閣下。々々燕人也。弟等亦將入燕京。願得帶領介書一二。以達京內名士。伏乞愛下。

芝居處離燕京尚有五百里。且出京已久。所有故人皆已遊宦外省。芝亦京中不通

音問者廿餘年矣。秀芝
然尚當有一二雅友在京。拜領一介書
芝本係寡交。兼久離鄉貫故爾。書信索然
非故却也。祈諒之。京師文人雖多。不知者
恐難為介紹也。秀芝
無力。
前日因尊介得見郭公。謝々。年内必當復拜
鶴顏。請百事為國自重。臨別忽賜次韻。謝々。
弟敢獻蕪詞者。為釣得此好詩耳。

拙句貽笑大方。慚愧々々。秀芝
星軺北上。恕不走送。返旆再當奉教。秀芝
十點鐘寓ニ歸ル十一点半鐘又寓ヲ出テ旗昌
行ニ至リ船價ヲ交付ス洋銀計四百九十三元半遂ニ阜ロ
ニ至リ驛船ヲ点檢ス船名滿洲米國ノ驛船ナ
リ午後雲起リ天色如暗晩來小雨降ル旗昌行
ノ筆話ニ曰ク
請問貴姓名。
姓金。号逸琴。
門楣揭示云。今晚開行。今兄云。開行在明晩。

弟大慈馬。請問如何。
因今日不及下貨。故改明晚耳。金
請問貴姓大名。現往天津何事。金
姓倉。名敦。號松總。此番赴天津者。因有公事
耳。
請問自上洋至天津。海路幾日程。
、約四五天可至耳。金
今日欲撿驛船。預確定每位船室可乎。
儘可使得。金
每名各自可得領票乎。

五位駢做壹張票。八位各有壹張。金
再者搭客票。望弗遺失。如上船時。勿必交
出。待至天津將進口時交出。此弁以作為
憑心。金
上位客五人。此一票而足乎。
此弁係是寫明客人五位。望弗疑可也。金
閣下上船時。将此紙至船上賬房。一問即
知其住在何處也。金
受教謝々。
再問剜交付洋銀。更可領證記乎。

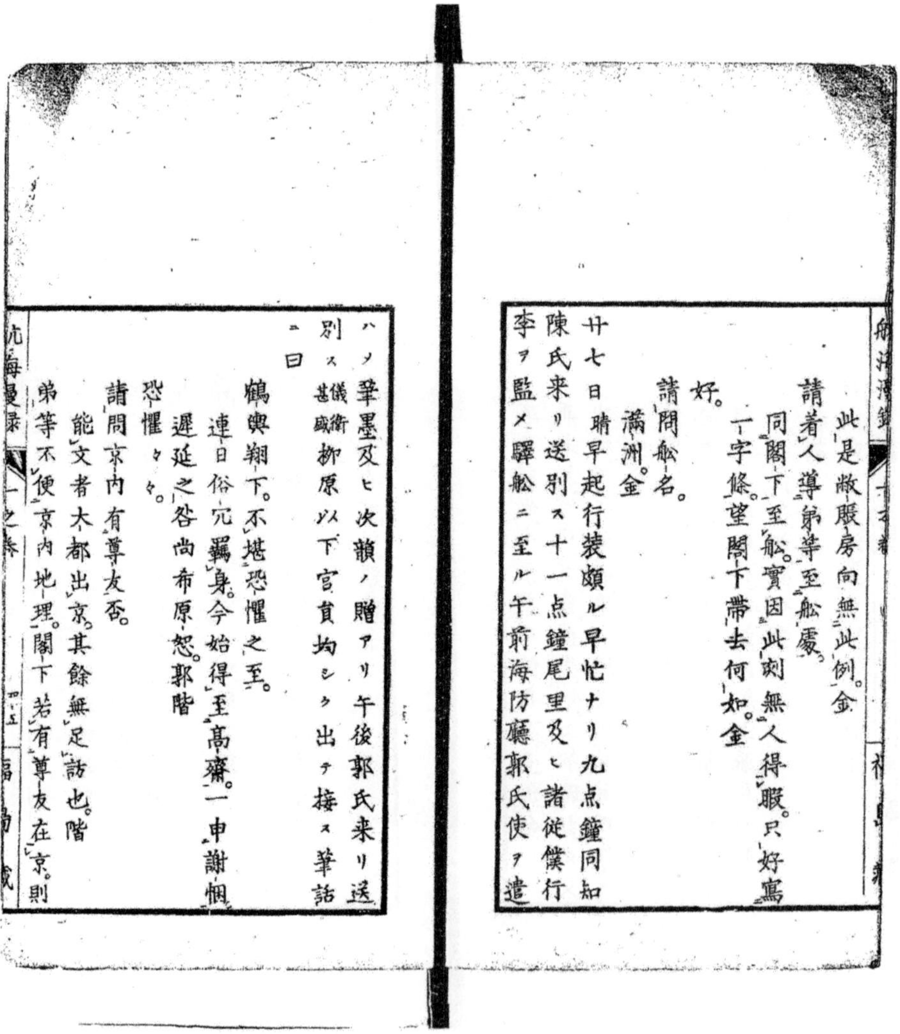

此是敝賬房向無此例。金
請着人導弟等至船處。
同閣下至船。實因此刻無人得暇。只好寫
一字條。望閣下帶去何如。金
好。
請問船名。
滿洲。金
廿七日晴早起行装頗ル早忙ナリ九点鐘同知
陳氏来リ送別ス十一点鐘尾里及ヒ諸従僕行
李ヲ監メ驛船ニ至ル午前海防廳郭氏使ヲ遣

ハメ筆墨及ヒ次韻ノ贈アリ午後郭氏来リ送
別ス儀衛甚盛柳原以下官員均シク出テ接ス筆話
ニ曰
鶴與翔下。不堪恐懼之至。
連日俗冗羈身。今始得至高齋。一申謝悃
遅延之咎尚希原恕。郭階
恐懼々々。
請問京内有尊友否。
能文者大都出京。其餘無足訪也。階
弟等不便京内地理。閣下若有尊友在京。則

願得領一二添書。因尊介達名士伏乞垂憐。
翰林院畢。名保堃号東屏。住琉璃廠鎰真齋古玩店間壁閣下
可訪伊問一切也。階
願欲領帶尊介一筒書入京。敢請如何。
謹作書轉達。晩間送上也。階
不堪伙忭之至。
今日筆墨之贈。感息之止。弟歸國之日。珎藏
家。永以為好。謝々。
久涸高齋不安之至。且諸君行色早々。不
便久坐謹拜別。階

郭氏去後大小官員從僕等均シク寓ヲ辞シ驛
船ニ下ル五点鐘海防廳ニ至リ郭氏ノ添書一
筒ヲ得テ船ニ回ル海防廳筆話ニ曰ク
前刻鶴駕辱枉顧。感深謝甚。
帶來書籍。深藏船底。採出甚難。請待歸滬日。
必當取一二部奉送耳。
弟自用雜什。撰一二敢送呈。薄品見哂之至。
長者是馬鞭。布是手巾。短者是小刀及錐。
高軒再過。感愧無地。崇惠多珎。心感壁謝。
萬不敢領。階

返旆後。此脾書籍。定當奉價。階

不腆土宜。閣下若不肯受。則弟慚汗無地。枉
哂收是祈。

賜尊介書謝々。

盛意諄々。不敢再却。謹領小刀及錐。餘珎
璧謝。階

弟誓不肯從尊讓。

雲情優渥。敢不敬領。拜謝々々。階

行裝早忙。請告辭。

航海漫錄卷之二終

明治十四年六月七日版權免許

同　年九月廿二日出版

定價金三十錢

著者　東京府士族　名倉信敦　東京府下芝區南佐久間町二丁目一番地

出版人　東京府士族　福島信堅　東京府下本郷區駒込曙町三番地

發兌

東京芝三島町　山中市兵衛

同馬喰町二丁目　石川治兵衛

同櫻田本鄉町　伊東武彥

書肆

同本町三丁目　金港堂

參考文獻

一、中國文獻

王一剛：《劉銘傳的日人幕僚名倉信淳》，《臺北文物季刊》第 10 卷第 2 期，1961 年。

黄遵憲著，鍾叔河輯校：《日本雜事詩廣注》，湖南人民出版社，1981 年。

王曉秋：《近代中日文化交流史》，中華書局，1992 年。

劉德有、馬興國：《中日文化交流事典》，遼寧教育出版社，1992 年。

周迅：《汪鵬事輯》，《文獻》1997 年第 2 期。

馮天瑜：《"千歲丸"上海行——日本人 1862 年的中國觀察》，商務印書館，2001 年。

吴汝綸：《吴汝綸全集》，黄山書社，2002 年。

林琳：《論清代通俗小説中的日本人形象及其演變》，浙江大學碩士論文，2004 年。

易惠莉：《1862 年日本"千歲丸"訪滬武士筆下的中國士紳考論》，《中國文化研究所學報》第 44 期，香港中文大學，2003 年。

顧廷龍、戴逸編：《李鴻章全集》，安徽教育出版社，2008 年。

羅森：《日本日記》，鍾叔河編《走向世界叢書》，岳麓書社，2008 年。

傅恒等編纂：《皇清職貢圖》，廣陵書社，2008 年。

臺北"中央研究院"近代史研究所：《同治年間中日經貿交往清檔》，《历史档案》2008 年第 2 期。

李啓彰:《近代中日關係的起點——1870 年中日締約交涉的檢討》,《“中央研究院”近代史研究集刊》第 72 期,2010 年。

劉岳兵:《幕末: 中國觀從臆測到實證的演變》,《南開日本研究》(2011),世界知識出版社,2011 年。

陸鼎元編:《各國立約始末記》,國家圖書館出版社,2011 年。

張明傑:《1862 年上海日記》,中華書局,2012 年。

楊棟樑:《近代以來日本的中國觀》,江蘇人民出版社,2012 年。

中國社會科學院近代史研究所、《近代史資料》編譯室:《太平天國文獻史料集》,知識産權出版社,2013 年。

范金民:《縹囊緗帙——清代前期江南書籍的日本銷場》,《賦税甲天下——明清江南社會經濟探析》,生活・讀書・新知三聯書店,2013 年。

張明傑:《明治時期日本人的中國游記文獻綜述》,《日語學習與研究》總第 168 期,2013 年第 5 期。

石曉軍:《清末中國研究日本的先驅者沈筠事迹考》,《浙江工商大學學報》2014 年第 2 期。

萬晴川:《明清小説中的倭寇叙事》,《2013 年明代文學國際學術研討會論文集》,鳳凰出版社,2015 年。

陳小法、鄭潔西著:《歷代正史日本傳考注・明代卷》,上海交通大學出版社,2016 年。

何如璋、王韜:《使東述略・扶桑游記》,中國旅游出版社、商務印書館,2016 年。

丁莉:《永遠的“唐土”——日本平安朝物語文學的中國叙述》,北京大學出版社,2016 年。

《總理各國事務衙門清檔》,臺北“中央研究院”近代史研究所檔案館藏,編號 01 - 21 - 023 - 01 - 013。

二、日本文獻

名倉予何人:《滬城筆話》,東京都立圖書館特別買上文庫,編號“特 3800”,1862 年。

名倉予何人:《滬城筆話拾遺》,京都大學文學部古文書室藏,1862 年。

浜田彦蔵:《榮力丸漂流記談》,早稲田大學圖書館藏,1863 年。

柳原前光:《使清日記》,宮内廳書陵部,1871 年。

名倉予何人:《航海漫録》,日本國立國會圖書館藏,JP 番號 41014780,1881 年。

名倉予何人:《名倉松窗翁自傳》,《奉公》,奉公會,1895 年。

名倉予何人:《杭海集》,《奉公》,奉公會,1895 年。

石川兼六:《名倉松窗傳》,《弘道》,弘道會,1911 年。

白柳秀湖:《歷史與人間》,千倉書房,1936 年。

黑龍會編撰:《東亞先覺志士傳》,黑龍會出版部,1936 年。

沖田一:《幕府第一次上海派遣官船千歲丸の史料》,《東洋史研究》第 10 卷第 1、第 3 號,1947 年;第 10 卷第 3 號,1948 年。

日本外務省編:《大日本外交文書·明治期》,1963 年。

青木茂:《高橋由一油畫史料》,中央公論美術出版,1984 年。

田崎哲郎:《〈海外日録〉——文久 2 年千歲丸関係史料》,《愛知大學國際問題研究所紀要》第 83 號,1986 年。

平岩昭三:《〈游清五録〉とその周辺——幕府交易船千歲丸の上海渡航をめぐって》,《日本大学芸術学部紀要》第 16 號,1986 年。

岡部三智雄:《名倉松窓と劉銘伝一清末台湾における井户開削事業をめぐって》,《臺灣史研究》第 11 卷,1995 年。

市古貞次主編:《國書人名辭典》,岩波書店,1996 年。

静岡縣編:《静岡縣史·資料編》十五《近世》,1996 年。

春名徹:《中牟田倉之助の上海体験——『文久二年上海行日記』を中心に》,《國學院大學紀要》35 號,1997 年。

納富介次郎:《上海雜記》,小島晋治監修《幕末明治中國見聞録集成》第 1 巻,ゆまに書房 1997 年。

日比野輝寛:《贅肬録》,小島晋治監修《幕末明治中國見聞録集成》第 1 巻,ゆまに書房,1997 年。

日比野輝寛:《没鼻筆語》,小島晋治監修《幕末明治中國見聞録集成》第 1 巻,ゆまに書房,1997 年。

峰潔:《清國海上見聞録》,小島晋治監修《幕末明治中國見聞録集成》第 11 巻,ゆまに書房,1997 年。

名倉予何人《海外日録・中國聞見録》,小島晋治監修《幕末明治中國見聞録集成》第 11 巻,ゆまに書房,1997 年。

松田屋伴吉:《唐國渡海日記》,小島晋治監修《幕末明治中國見聞録集成》第 11 巻,ゆまに書房,1997 年。

大庭修著,徐世虹譯:《江户時代日中秘話》,中華書局,1997 年。

王勇:《中国史のなかの日本像》,農山漁村文化協会,2000 年。

春名徹:《過渡期の一知識人における異文化接触の意味:名倉予何人の場合》,《調布日本文化》第 11 號,2001 年。

春名徹:《中牟田倉之助の上海経験再考——「公儀御役々唐国上海表にて道台其外と応接書」を中心に》,《國學院大學紀要》第 39 號,2001 年。

森田吉彦:《名倉信敦と日清新関係の模索》,《東アジア近代史》第 4 號,ゆまに書房,2001 年。

横山宏章《文久二年幕府派遣「千歳丸」随員の中国観——長崎発中国行の第 1 号は上海で何をみたか》,《県立長崎シーボルト大学国際情報学部紀要》第 3 號,2002 年。

《幕末期千歳丸・健順丸の上海派遣等に関する清国外交文書について——臺湾“中央研究院”近代史研究所所蔵「総理各国事務衛門新档」(1862—1868)ー》,東京大學史料編纂所《研究紀要》第 13 號,2003 年。

陳捷:《幕末における日中民間交流の一例——知られざる日本人八户弘

光について》,《中國哲學研究》第 24 號,東京大學中國哲學研究會,2009 年。

森田吉彦:《兵学者名倉信敦の幕末海外見聞》,《帝京大学文学部紀要日本文化學》第 40 號,2009 年。

岸田吟香:《呉淞日記》,武藏野書院,2010 年。

閻立:《一八六七年における浜松・佐倉藩士の上海視察》,《大阪経大論集》第 61 巻第 2 號,2010 年。

瀧井一博:《明治国家をつくった人びと(20)千歳丸という“Natio”》,《本》第 35 巻第 3 號,講談社,2010 年。

高杉晋作:《游清五録》,張明傑主編《1862 年上海日記》,中華書局,2012 年。

藤田佳久:《幕末期に上海を訪れた日本人青年藩士たちの行動空間—名倉予何人、中牟田倉之助、高杉晋作—》,《同文書院記念報》第 24 號,2016 年。

名倉予何人:《左院ヨリ千葉県士族名倉信敦清国交際上建白書回付ノ儀》,日本國立公文書館藏,檢索號:單 00660100。

後　記

本書的基礎作業始於謝咏讀研期間,我們師徒共同研讀日本"千歲丸"乘員訪滬時期(1862)留下的游記、日記、見聞録等。2014年王勇投標的國家社科基金重大項目"東亞筆談文獻整理與研究"獲批後,逐漸聚焦於名倉予何人的相關行紀。

圍繞"千歲丸"的相關研究不可謂不多,但學術界主要關注的是歷史上具有影響的人物,如高杉晋作等,而默默無聞的"小人物"容易被忽視。本書涉及的名倉予何人即是這樣的"小人物",有關其人、其事、其書,有待進一步深入發掘與研討。基於這種情況,我們的工作大致分以下幾步:

首先是收集材料,重點是名倉予何人的著述——尤其是訪華期間的筆談文獻,也包括傳記資料及先學的研究成果。我們多次赴日本公私藏書機構查閱資料,得到許多師友的熱情幫助,這裏特别要感謝王麗萍教授,她爲我們從京都大學文學部古文書室拍攝了《滬城筆話》與《滬城筆話拾遺》的抄本原件。

其次是文獻的録文與標點。由於長期以來筆談文獻很少有人關注,大多數抄本未經學人整理,所以録文時識讀手寫字體難度頗高,爲此我們多次在每周一次的"東亞筆談讀書會"上報告進展,群策群力解决疑難問題,收效甚好。

再則是文本校注。這項工作主要在王勇指導謝咏在碩士論文階段完成初稿,考慮到中國讀者的知識背景,注釋的重點是日本的人名、官職、名物、地名、書籍等。在本書的撰寫過程中,以東京都立圖書館所藏寫本爲底本，參照京都大學文學部古文書室藏本與東京大學史料編纂所藏本校核，對各本字詞的異同優劣加以校勘考證。

最後是專題研究，圍繞名倉予何人的生平事迹、"千歲丸"來華的活動軌迹、近代中國人日本觀的嬗變三個主題，徵引大量原始文獻進行梳理、考證、評述。這項工作由王勇制定整體框架，謝咏撰寫初稿，王勇審核定稿。

這部書稿雖然是兩人通力合作的成果，但大致上還是有個分工的。總體上説，王勇負責全書的架構布局，謝咏承擔瑣碎的基礎作業；"論説篇"謝咏出力最多，"校注篇"王勇用力最勤。回想兩年多來兩人之間共享資料、交换心得、秉燭交談、互爲審稿的過程，雖然行路艱難，但一步一個脚印，最終走出隧道，迎來曙光，心情十分激動。

本書作爲浙江省哲學社會科學規劃重點項目"東亞筆談文獻研究(中日編)"(項目號：14JDDY01Z)的結項成果，得到浙江省哲學社會科學重點研究基地浙江工商大學東亞研究院的大力支持，感謝陳小法教授、張新朋教授、吕順長教授、薛曉梅主任對謝咏的幫助與關照！

本書撰寫過程中，還得到了國家社科基金重大招標項目"東亞筆談文獻整理與研究""中日合作版《中日文化交流史叢書》"、浙江大學"雙一流"項目"經典文化傳承與引領——'東亞漢典'編纂與研究"，以及浙江大學日本文化研究所與上海交通大學出版社合作項目"漢字魅力：東亞筆談文獻資料的數字化多維度開發與跨媒體融合應用"等科研項目的支援，借此機會對相關單位及個人表示真誠的謝意！

最後還要感謝浙江大學日本文化研究所王連旺博士、周妍博士的鼎立支持，感謝日本東京都立圖書館提供《滬城筆語》、日本國立國會圖書館提供《航海漫録》的影印出版權，感謝上海交通大學出版社李陽編輯一如既往的推動與鼓勵！

王勇、謝咏

2018 年 12 月